小故事·大智慧·真感情

# 毓秀撷英

## ——教育叙事选粹

湖北省夷陵中学 编

WUHAN UNIVERSITY PRESS
武汉大学出版社

**图书在版编目(CIP)数据**

毓秀撷英:教育叙事选粹/湖北省夷陵中学编.—武汉:武汉大学出版社,2019.9

ISBN 978-7-307-20942-8

Ⅰ.毓… Ⅱ.湖… Ⅲ.中学教育—文集 Ⅳ.G63-53

中国版本图书馆 CIP 数据核字(2019)第 103533 号

责任编辑:郭　静　　责任校对:汪欣怡　　整体设计:韩闻锦

出版发行:**武汉大学出版社**　(430072　武昌　珞珈山)

(电子邮箱:cbs22@ whu.edu.cn 网址:www.wdp.com.cn)

印刷:武汉中科兴业印务有限公司

开本:787×1092　1/16　印张:20.25　字数:391 千字　插页:3

版次:2019 年 9 月第 1 版　2019 年 9 月第 1 次印刷

ISBN 978-7-307-20942-8　定价:60.00 元

英语剧（校园）

成人宣誓（三峡大坝）

运动场-各领风骚

新校鸟瞰

运动场-各逞英豪

# 目　录

## 四、世间行走篇

# 序：讲好“家”的故事

高圣奉

“讲好中国故事”，习总书记将其写进了十九大报告。

家是最小国，国是千万家。毓秀山下，夷陵新家。对于每位以夷陵为家的师者而言，优雅从容地讲述与“家”有关的故事，是日常必不可少的必修课。这种日常，从 2016 年 7 月举办“第一届教育叙事评比”发端，一不小心，到 2018 年已成功举办了三届。发动、撰写、征集、评比、分享，每一个环节自然演进，却又丝丝入扣。三年下来，当将“十佳”、“优秀”等次的“故事”整合在一处的时候，这个集子俨然已成某些气候。“撷英”，采录精粹芬芳，命意即在此。

其实，我们早已习惯有这样一方天地可以自由地倾吐：如果你在课堂上的颦与笑，刚好撞见了学生心间的小鹿，那么就用文字在“课堂生成篇”录写吧；如果你是与学生朝夕相伴的班主任，那么无论成与败的管理、愉悦与悲戚的体验，都让它在“班级体悟篇”中生成吧；如果你的脚步丈量了校园的每个角落，那么请将那些不一样的瞬间，在“校园剪影篇”中一一捕捉吧；如果身为教育人，某次家访的经历让你印象深刻，那么请用细腻的笔触，在“世间行走篇”里一一摹写吧……如此种种，在约二十三万字的尺幅里，便催生了本书四种大致的体例，即“课堂生成篇”、“班级体悟篇”、“校园剪影篇”、“世间行走篇”。

《大学》有云：“知止而后有定，定而后能静，静而后能安，安而后能虑，虑而后能得。物有本末，事有终始。知所先后，则近道矣。”“道”是初衷，是规律，也是智慧。我们一开始，就定位于“让身边的人叙写身边的事，用身边的事感染身边的人”。人无尊卑，事无巨细，袒露的是情怀，生成的是智慧。

而智慧的生成有一个路径，那就是“优雅地诠释经验”。当我们在日常的教育生活中，积累点点滴滴经验，诠释并发掘经验与故事背后的某些感悟、反思，教育智慧便慢慢地在生长。然后，我们又将生长历程中拔节的影响自然地拓展：我们选择在教师节的表彰会上，由优秀叙写者亲自登台，面向全体教师集中分享。年年如此，届届如此，今年自然也如此。

我期待这样的生长，更期待这样的拔节！

是为序。

2019 年 4 月于毓秀山下

校长简介：

高圣奉，1982 年华中师范大学毕业。特级教师，正高职高级教师，华中师范大学研究生导师。被表彰为宜昌市首届十大杰出青年、宜昌杰出校长、宜昌市优秀专家、享受省政府津贴的省管专家，被教育部、人事部表彰为全国优秀教师，湖北省教育厅聘为首届中学生物教学指导委员会主任委员，中国好校长提名奖，改革开放 40 年教育改革与创新杰出校长，入选首届荆楚教育名家。

历任宜都市教育局局长，宜昌市外国语学校校长等。现任夷陵中学校长。

# 一、 课堂生成篇

# 朝雨浥轻尘　青青柳色新

## ——做好高中学生“政治逆反心理”疏导转化工作例说

朱爱华

不久前，我在高三复习《政府的职能：管理与服务》这一主题的内容时，选取了宜昌学生都熟悉的宜昌东山大道刚竣工不久的BRT（快速公交）材料，让学生从身边的实际出发，感知政府的职能，体会我们的政府是便民利民的政府。

不料，一个个头很高的男生突然很大声地说，“老师，什么BRT快速公交哕，在我看来，BRT就是不（B）-让（R）-通（T）啊！”其他学生一愣，转而哄堂大笑起来。见我没有打断他的意思，那个男生越发激动，“花16个亿修个BRT，修的时候吧，到处挖道，经常搞得我家断水断电。现在修好了吧，速度也没有传说的那么快，有一回，还害得我差点迟到！”

“是的是的，”又有学生附和，“站台在中间，我那天大清早没睡好把方向坐反了，BRT把我坑大了！”

“东山大道修了BRT，但是沿江大道、夷陵大道就堵惨了，真是通了一条路，堵了一座城啊！”

“修BRT的时候，我家最惨，每天都要忍受施工的噪音、粉尘！现在想起都还心烦呢，干嘛脑子进水在东山大道修个BRT啊！”

“宜昌市政府为什么死要面子活受罪，花那么多钱给我们添堵，还不如把这些钱发给我们！”

又是一阵哄堂大笑……

面对这些学生的言论，我没有简单粗暴地制止他们，不让他们说话，而是发扬教学民主，先听一听。我对学生说：“看来这件事，大家意见还不少啊。都说说看。心里怎么想的，就怎么说，把最真实的想法坦露出来。”

学生吐槽完毕，我话锋一转："看来，在同学们心目中，修 BRT 真的是宜昌市政府的重大失误啊，害苦了大家！早知如此，那就干脆不修，就让东山大道"肠梗阻"下去好了……可是，修 BRT，真的一点好处都没有吗？能不能客观一点，能不能用全面的、发展的、实事求是的眼光来看 BRT？"学生渐渐冷静下来。

"那也不是吧，以前我从葛洲坝船闸坐车去东站，遇上堵车要 70 分钟，现在我特意留意了只需 40 分钟。我觉得还是快了不少！并且，站台上还有电子提示屏，播放车辆到站信息，方便了不少。至于有人坐错方向，是因为他是个迷糊！"

"宜昌有了 BRT，更高大上了！改善了宜昌城市形象，宜昌更美了，作为宜昌人更有面子了！"

"宜昌 BRT，车厢地板与站台平齐，乘客上下车安全也更快捷。站台内还设有盲道，方便残疾人进出站台……"

"修 BRT，可以创造很多就业岗位，扩大内需，拉动经济增长……"

看来学生渐渐"上路"了。我突然觉得，这个话题不仅可以带动对《政治生活》的复习，而且可以带动《经济生活》《生活与哲学》的复习，是一个综合性很强的"切入口"。解决好这个问题，更重要的意义是可以对学生进行社会主义核心价值观的教育，是一个小中见大，内涵可作深刻挖掘的话题。于是，我调整了原有的教学设计，转而提出以下问题与学生交流沟通：

1. 宜昌修建 BRT，是哪位政府负责人的个人意志的决定，还是经过宜昌市人大批准的？这一决策过程听取了专家咨询意见没有，宜昌市民参与相关听证会讨论没有，是不是科学化、民主化的决策？

2. 宜昌东站建成后，每天开行 80 多趟动车，客流量 4 万~5 万，旧的东山大道已经不能适应客流量的要求了。面对城市"肠梗阻"，宜昌市政府要不要有所作为、方便市民出行？假如你是市长，你是积极作为，还是不作为？

3. 根据宜昌市的财力物力，目前修市区到东站的地铁不现实。因为投资大、建设周期长。那么，修建 BRT 是不是一种选择呢？

据了解，目前世界不少国家在修建 BRT，我国也有不少城市有。宜昌要不要也"赶趟"，抓好 BRT 这一公共产品的供应，提升城市形象，提升宜昌竞争力？

4. 从哲学角度看，修建 BRT 是不是新事物？如果是，新事物是不是一开始就完美无缺？我们应该以什么样的心态对待这一新事物？

5. 作出正确的价值判断和价值选择，应当以什么为标准？能不能以我们个人的一时的不方便为标准？

我没有要求学生立即作出回答，而是把上述问题分给各小组，要求学生先独立思考，可以翻开课本查找依据，也可以上网查阅资料，写出发言提纲，然后再小组讨论。最后，我们利用一次晚自习时间进行全班交流。

学生立即兴致勃勃地进行准备了。他们有的登录宜昌市政府网站了解宜昌BRT的决策过程，有的通过百度查阅国内外BRT的建设情况，有的还和家长讨论这个话题。

一个晚自习时间，全班对这个问题进行了交流。学生在黑板上写了“我看宜昌的BRT”几个大字。讨论紧张有序，生动又不失理性。有的学生说：世界上许多国家的城市修建了BRT。宜昌BRT是新事物，因为符合发展公共交通的客观规律，也符合人民群众的利益。新事物的完善有一个过程。宜昌BRT的速度没有我们设想的快，其中一个原因就是有的司机违规挤占BRT车道，随着管理的加强，这些现象会逐渐减少，速度会有所提高。有的学生说，修建宜昌BRT的过程体现了民主决策、科学决策的要求，走了群众路线。有的学生说，修建宜昌BRT，符合事物发展的客观规律，符合人民群众的利益，是正确的价值选择……事后，我特意找了那位“放炮”的高个男生，既充分肯定他思维活跃、大胆发言的优点，也指出他在思维方式上的主观、片面、人云亦云、盲目附和等不足。他也虚心接受。

政治课上，有些学生很喜欢“唱反调”、唱对台戏，表现出一种“政治逆反心理”。现在，虽然早已不是“以阶级斗争为纲”的极左思潮泛滥的年代，但是，学生的有些言论听起来还是让人感到震惊，也让人感到深深的担忧：如果这些学生形成这样的政治立场、政治态度、政治主张，如果这样的学生成为一个人数众多的群体，不仅对于其个人的发展会带来消极影响，而且对于整个社会的政治安定，对于中国特色社会主义事业，都是一种潜在的威胁。

在政治课堂上，学生的这种“政治逆反心理”，不一定就是坏事。有时恰恰是一种现实的鲜活的课程资源。学生的政治逆反心理，尽管已经反映出其在政治立场、观点方面的偏差，但还是属于思想认识的问题。既不能回避、绕开，也不能采取压制、戴帽子、打棍子的方式来“堵”。风起于青萍之末。对于学生政治倾向、政治观点存在明显偏差的言论，不能视而不见，听之任之，更不能模棱两可甚至附和。应当指明其错误政治观点的性质，指出理论上的荒谬与实践中的危害。洗涤学生思想上的灰尘，净化学生的灵魂，对于我们政治教师来说，这是比搞好高考复习更重要的责任，也是政治教师专业价值的意义所在、灵魂所在！

# 当课堂冷场碰上高冷学生

袁楚桥

2017年秋季学期，我在高一任教语文。我带着无比享受和珍惜的状态展开每一堂语文课的教学。因为，我的身份不仅仅是一位语文教师，还是一位幸福的准妈妈。想想我肚子里的宝宝也和班上的学生一样在知识的海洋中自在徜徉，共同进步，我的嘴角便会漾出丝丝微笑。我并没有因为自己怀有身孕而懈怠神圣的讲台。对于每天的语文课堂，我都倾尽心力地设计，说真的，我感恩教师和母亲这双重身份给我带来的快乐和动力。

细心的班主任给学生强调过我的孕妈妈身份，学生对我可谓是照顾有加。我的课堂里总有学生举起手分享自己的思考成果，课堂氛围整体而言轻松愉快、民主高效。如果这样的状态持续一学期，我觉得自己的教学真的很成功。直到一次语文课打破了自我陶醉的梦境。一个男同学盯着课本一动不动。他当时在想什么呢？我便点他起来回答一个刚刚讲解过的问题。他慢吞吞地站了起来，浑然一副木讷的表情。我尝试着给他提示，他却无法应答，还是呆若木鸡地站在那里。很显然，这位同学没有很好地跟进课堂。他的沉默击碎了原本课堂应有的活力，教室里的空气也因他的一语不发而凝固起来。这样如死水般沉寂的局势僵持了两分钟。我准备开启必要的破冰之旅。于是我带着指令性的语言说："那你点一名你认为能够解答这个问题的学生来完成这个任务，不然，你就站着听课。"其实我是想通过学生自己做出选择的方式让他自己找个台阶下。从权衡利弊的角度来看，学生只需要点一位同学就可以避免站着上课的"惩罚"了。结果这位同学淡淡地吐出几个字："我不想点。"我有点不相信自己的耳朵，然后假装没听见他说话似的要求他再说一遍。潜台词是："学生啊，三思而后行啊!”更出人意料的是，他竟扯着嗓子大喊：“我不想点。”原本是想给他找台阶下的我弄得自己没有台阶可下。这位学生倔强的选择带有一点点挑衅的意味，似乎就是要和怀孕8个月的我对抗到底。此时的课堂一片唏嘘声。学生们等着看老师如何收拾这桀骜不驯的“野马”。我的大脑快速传来一种声音：越是在情绪失控的时候越需要理性的支配。你在课堂僵局中的所有反应可都被学生一五一十地考量着。我直接大发雷霆会有失师者的风度，学生并不会发自内心地认同；如果对这件事不加任何干预，我在学生心中的威信会大打折扣，哪怕现在的我看着像是需要学生特殊照顾的“弱势群众”。我按照平时正常的教学节奏推进课堂，就像刚才的事情没有发生一样。接下来的一周里，我采取了“若即若离”的方式观察这位学生。我每天点他附近的一位同学，并根据学生的课堂状态进行针对性的表扬。受到真诚表扬的学生扬起嘴角。显然被隔离的他也会低头莞尔一笑，但仍然不愿抬头正视老师和同学。估计他心里那道认错的坎还是迈不过去。就这样冷处理了四天之后，我在他的作业本上写了一排字：“有空来找我谈谈吧。”他如期而至。我并没有对他进行讨伐，只是问了一句：“你还愿意参与课堂回答问题吗?”他说：“愿意。”他告诉我，上次课堂回答不上来又不愿意点同学，确实有点执拗，但也是他坚持自我的一种方式。我大赞：“壮士!宁愿全班唏嘘一片也要聆听内心的声音。”他接着说：“可是课堂是大家的。我上课分心耽误了时间，还碍于面子不愿让别的同学来解围。这样的课堂浪费的是大家共同的时间。”我微微一笑，也真诚地向他道歉：“我当时的指令也有一些自以为是。罚站或者请同学回答这道选择题本身都是不对等的。所以我的指令让你感到压力，对吗?”他点点头。“所以师生僵持不下，没有谁是真正的赢家。在课堂里，只有我和你们彼此配合，才能彼此成就。后面的语文课你抬起头来自信地听讲吧。”后面他的课堂状态慢慢就跟上了，语文成绩也有了显著的提高。

我从没有如此近距离地深入一个学生的内心去探究其意象丛生的地带，也从未对学生进行过细致入微的情感教育。虽然我美其名曰“语文教师”，但很多时候却是固守书本的教书匠。著名教育家肖川教授曾说：“教师是‘自由之精神，独立之人格’的守护者，经由宁静的沉思、潜心的创造、执着地追问、从容的表达，创获一种触及心灵的影响，使认知、交往和审美真正地培育人的精神，培植直面心灵与真实的勇气，生成洞幽察微的睿智与深刻。”一名优秀的教师不应该是单纯的知识灌输者，更应当是深入学生心灵，懂得倾听、理解、分享和引领的朋友式的智者。在任何时候，师生心灵相通，才能创造教育更广阔的蓝天。感谢我的学生，让我在瞬息万变的课堂里明白了教师的真正意义。

# 我愿做你们的大朋友

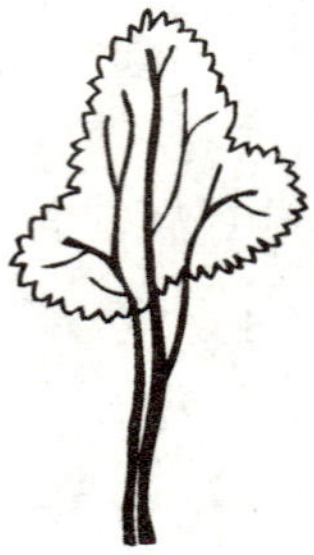

周　易

音乐是生活的源泉，是熏陶性格的熔炉，是推动素质教育不可或缺的组成项目。细细回忆，在我从事音乐教学工作期间，满载收获，也发生过一些令人深思的值得回味的小故事。记得有一次音乐课，伴随着预备铃声，我愉快地走进教室，打开课件准备开始今天的课堂。上课铃响起，我转过身来，心理顿时凉了半截，超过半数的同学还在埋头刷题。我清了清嗓子，喊道："上课!"大部分同学回过神来，纷纷放下作业站起来回应："老师好!"可仍然有极个别同学在写他们的作业，我有些生气了，提醒到："上课了，请把作业收起来。"有一个同学一脸不耐烦，似有不甘心，我盯着他有些怒气："你再不收我就来帮你收了!"他故意将书本发出很大声音，但也没收进去，我不依不饶："快点！全班同学都在等着你!"他憋红了脸，收了作业，但整堂课没有再抬过头，我的心里也有些不好受。

下课后我找到这个同学想跟他谈谈："你怎么对老师是这个态度?"没想到他语气僵硬："我没什么态度。""你上课为什么要做别科作业？为什么不参与课堂？是在跟老师怄气吗?"他争锋相对："我不喜欢，我不愿意上，没意思。""那你喜欢什么？数学？物理?"我故意激他："我看你不是不喜欢音乐，是不喜欢音乐老师吧？又或者你觉得音乐不用参加高考，所以音乐老师在你眼里也是不用被尊敬的。"他立马说："不是！我没有这样想过。""那是为什么呢?"他低头不说话了。我看气氛缓和了，轻声说："我知道你是个很有素质的同学，品学兼优，还非常有个性。请你换位思考一下，假如你在台上，我在你的课上做别的事情，你会生气吗?""会。""那以后不要出现这样的情况了好吗?""嗯。"他点点头："我不是故意跟您作对的，只是您说全班都等着我，我有点下不来台，而且写作业的不止我一个，为什么只说我呢？我也没有不喜欢音乐，我只是不喜欢书上的那些，太老了，我喜欢欧美音乐，喜欢阿黛尔。”“课堂上老师的态度也不好，冲你一个人发火，是我不对。书本上的内容有些确实落伍了，但有些是基础知识，或是传统文化，我们作为华夏子孙不该摒弃优秀的传统文化对吗？世界是多元化的，音乐课的时间极其有限，我只能帮你打开音乐世界的大门，让你有辨别优劣的能力，更多的还要靠你自己去探索。以后我会结合大家的意见讲一些课外知识，甚至让你们自己去讲，希望你能多给我宝贵意见哟。”

本是一次小矛盾，但给我的思考良多。想教好课，做个好老师，得想办法让学生喜欢你。学生喜欢的老师，对上课感兴趣，认真听你讲的每一句话，他信任你，甚至成为你的粉丝。学生不喜欢你这位老师，即使你满腹经纶，准备了五车的知识，他们也不爱听，还在课堂上我行我素，扰乱他人。让十五六岁的孩子喜欢你，可不是容易的事，他们进入了“逆反”阶段，你的严格教诲可能更会激起他们的反叛心理。我的实践是：同学们，我是你们的大朋友，与你们一同成长。

大朋友喜欢同你们聊天，朋友之间的交流可以增加信任，建立感情。上课前，有的同学已经坐在教室，问问他们：“这周学习忙吗？有没有考试？”男孩子聊游戏，女孩子聊偶像，凡是学生有兴趣的话题，天南地北地聊会儿，日积月累感情就近了。下课了学生会主动过来找我聊天，甚至塞给我糖果巧克力，不让我走。上课也好，课余也罢，大朋友以同等的身份跟学生交流，老师并不单是会教人知识，更应该理解体贴关怀学生。我愿变成童话里的天使，帮助你们，鼓励你们，教会你们在音乐的天空自由翱翔。

# 特别的风格给特别的你

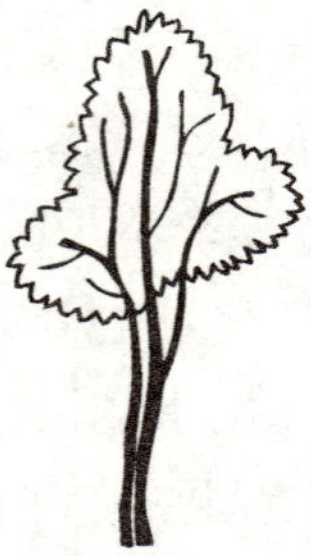

丁娇阳

说起火锅，你一定不陌生吧。我国的火锅花色纷呈，千锅百味。而我在这众多种类中，更喜欢符合宜昌口味的豆浆鱼火锅。鸳鸯锅中大锅煮上麻辣锅底，它融合传统四川锅底，本身辣劲爽足；小锅则是新颖的清淡豆浆，口感醇厚。两锅交相辉映，层次丰富，让人酣畅淋漓。

这当然不是一篇讨论火锅的教育叙事文章。

2017 年初，高一下学期分班后，我接手了 1612 班。原 1612 班有 31 名男生，仅有 17 名女生，就化学成绩来看，普遍男生优于女生。上课时男生更活泼，思维灵活，喜爱表现；而女生偏于安静，缺乏自信，沉默寡言。我初上课时维持一贯细致风格，尽力做到和风细雨。很快，我们度过了最开始的相互试探阶段，男生开始按捺不住自己，开始各种冲动表现。

短期内，我迅速总结了“和风细雨”式的教学弊端：1. 课堂出现了屡屡被带偏的情况，整堂课吵吵闹闹，看似所有知识点已经讲了，但是从作业情况来看，仅有少数同学领会了课堂知识，整体的完成度实际很差。2. 我给那几位思维灵敏的男生表现机会太多了，被表扬冲昏头脑的他们开始飘飘然了。3. 女生被忽略得太多了，我对知识点的粗略讲解无法满足她们的理解程度。4. 短暂相处后，学生屡屡试探我的底线，不交作业情况日益恶劣。

从教 7 年，我也曾数次思考，寻求与学生之间最合适的相处之道。终于，爱吃火锅的我发现，豆浆鱼火锅之所以吸引我，是因为它的辣锅“麻、辣、咸、香”，它能充分刺激味蕾，让人浑身通畅，而在一颗心沸腾得无处安放时，一碗清淡豆浆又能及时抚平这份躁动。

于是，我开始着手调整自己的教学方式。我第 1、6 节课较多，进教室时学生常常昏昏欲睡；而我们当时正学习“元化”知识，恰恰需要记忆的知识比较多，当务之急是要把“落实”放上最重要的位置。说办就办，进教室后，我一改之前的“温柔叫醒”，先啪啪开灯，再卷起书，依次去拍打那些还在睡觉的学生，扯起大嗓门：“起床啦，快点，谁最后起来就上黑板听写方程式啦。”哈哈，这一招真的超级管用，我先把氛围煮成了一锅叫醒味蕾的麻辣锅，学生们都很关心谁上黑板去写方程式，纷纷帮我找最后一个醒来的人，这样既让全班学生沸腾起来，也顺便通知了接下来我们的教学活动。然后，除了最后一个醒来的同学来演排，我常常还假意说：“他一个人也太孤单了，再叫个同学陪他吧。”这个来演排的机会我往往安排给几乎不会主动发言的女生，我有意识地提醒自己，在面对女生时要像一碗清淡醇厚的豆浆，缓缓滋润，一是起到提醒她重点落实的作用，二是告诉她我很关注她，帮助她建立自信。与此同时，我建立了有理有节的处罚措施。如果课堂表现不佳，作业不交，允许补交，允许解释理由，情况恶劣时请抄写学案并请家长假期签字后带回。而多数家长签字后都会及时与我沟通，也更好地促进了家长、学生与老师之间的联系。

渐渐地，我发现课堂发生了重大的变化。气氛仍然很热闹，但是整体参与度变高了；虽然我甩脸色的时间变多了，但是女生的笑脸变多了；最重要的是我们师生的关系得到了阶段性的升华。2017 年教师节前一天，学生来问我：“老师，你想要什么节日礼物？”我白了他一眼，说：“一卷透明胶布可以吗？你们天天五花八门的问题真的让我很头疼啊。”大家笑作一团。没想到，第二天，一个男生真的把自己嘴巴用胶布贴上捧着一束鲜花站在我面前，学生齐齐喊道：“老师教师节快乐啊！”

我常常在想：当老师的职业幸福感是什么呢？无论拥有什么样的教学风格，真心爱教育的人会真正爱自己的学生吧，而我从学生那里获得一种满足，收获一份感动，收藏一份纯真！这种感觉无法言喻，无法复制，在我内心深处滋生起来，膨胀起来，氤氲起来，这种体验本身就是一种幸福，也是只有老师才会拥有的一种财富吧！

# 教师应该懂得宽容

成昌华

本学期我有幸任教 1316 班，它汇聚了本届理科学生中成绩最好的 50 个孩子。面对这 50 个品学兼优、思维活跃的精英，我自认为像不交作业的事情应该不会在该班发生，所以开学初的几次作业就疏于统计，但是后来多次发现每次作业都少一份，最后统计发现是 Z 同学经常不交作业。但当我找到他单独谈话时，他解释是作业太多做不完，当时我很难接受他说的这个理由，因为本班的孩子都能完成当天的作业，并且我这门学科的作业量绝对不是最多的，而且每个班级的作业内容都是一样的。

事后我和该班班主任和其他科任老师交流得知，该同学不仅仅是我这个学科作业不交，其他学科基本也是不交。当知道这个结果时我也有些束手无策了，但是在上课过程中我有意地多观察了一下该同学的听课状况，当我上课几分钟了，他还在忙于从课桌或杂乱无章的书箱中翻找我这科的学习资料；当我说动笔练习时，他才开始找寻他的钢笔。由此看来，这个孩子缺乏整理的习惯，动作也是非常慢的，甚至上课还会走神。曾经几次下课后我都单独找他交流，叫他整理资料和培养良好的学习习惯，提醒他跟上整个班级的进度，只要能和这个集体进度一致，仍然会收获成功，但是收效甚微。

从心理上说，对这个孩子我有点想放弃了，但是有一件事却改变了我的看法。有次考试后评讲试卷，我已经讲了两道选择题后发现他还在翻找试卷，并且表现得比较急躁，我顺势将我讲台上一张空白试卷递给他，就是这样一个举动，却引起班上大部分同学的唏嘘，有同学就直接说了：“老师你给他试卷过不了两节课他也是丢了的。”也就是这句话触动了我，让我感觉到周围同学对他的态度，甚至是一种同情之心油然而生，当然也是其他同学的这句话提醒了我，在以后评讲作业时我不再在班上公布交作业的情况，也不再点Z的名字，并且在每次评讲作业的时候我都会多带一份空白作业，看他找作业的时候就偷偷放到他桌上，也许是我的行为影响到他。在以后的学习中，我注意到每周四我上完第三节课后他都会主动留下来跟我问几个问题，并且和我一起下楼梯，边走边聊直到运动场附近。在期末复习时，他每次作业都按时交了，让我深深地感到了他的进步。这件事让我认识到：老师对待学生，尤其是有个性的学生，要有一个比海洋、比天空更宽阔的胸怀，来包容学生，也许这就是一种爱。

正如我所教的Z同学一样，80、90后的独生子女们，是一类很特殊的群体。他们相当自信，他们勇于创新，他们敢于表现。他们骄傲，他们叛逆，他们个性张扬。面对80、90后的独生子女们叛逆和张扬的个性，老师应该有更多的包容和理解。在教学过程中，我们经常碰到学生犯错误，而教师则小错小怒，大错大怒，怒其不争，怒其屡教不改，语罚、体罚随之而来，最后为学生定性“朽木不可雕也”，必定伤及孩子的自尊和自信，结果往往会令孩子自暴自弃。

莎士比亚名剧《威尼斯商人》中有一段台词：“宽容就像天上的细雨滋润着大地。它赐福于宽容的人，也赐福于被宽容的人。”莎士比亚给我们诠释了宽容的含义，宽容是最美丽的一种情感，宽容是一种积极的心态，宽容也是一种崇高的境界，能够宽容待人，他的心胸一定像天空一样宽阔、透明，像大海一样广阔深沉。教师的宽容进而会对学生有潜移默化的影响，学生都喜欢模仿教师的言行。教师友善宽容地对待学生的错误，久而久之，势必对学生的思想行为产生影响，他的学生也会成为一个善良、宽容、大度的人。让我们在平时的工作中，多份耐心，多份宽容，多份引导，多份关爱。

# 行走在粉丝的光晕之中

雷冬梅

上课了，1215 班的教室里仍热闹得很。原本知道，今天正是 2014 届高三毕业生回访母校的日子，正想控制局面，两个男生兴匆匆地跑进来：“雷老师，快看快看，这是胡枭汗的签名！韩晓旭还弄到了胡枭汗的题字呢！”全班顿时哗然，一人高声喊道：“哇，标准的胡粉啦。”

面对这帮孩子崇拜偶像的可爱之态，我不禁笑道：“明年的今日，在座诸君，谁能坐拥 2016 届的铁粉啊？”下面欢笑声顿起：“路莞萍！”我知道，他们正调侃路莞萍这名典型的理科王不会写作文呢。

那好，今天这节课，我们正是讲评“熬”的优秀作文。我的话语还未结束，全班异口同声：“胡粉——路莞萍！路莞萍，来一个……”经同学的点拨，我恍然大悟：胡枭汗是我校 2014 届考上清华的一名男生，路莞萍同样梦在清华，唯有语文作文分外令她苦恼。近来，在我陆续推介上届佳作中，她“迷上”了胡枭汗！于是，在同学们的“热情举荐”之下，路莞萍同学大大方方，来了一段偶像胡枭汗的原文背诵：

“板凳须坐十年冷”，熬不是消磨时光，而是在孤独寂寞中沉潜，在艰苦的工作中积蓄。

“雨中黄叶树，灯下白头人”，闻一多先生为完成《楚辞校补》，伏案头，点孤灯，读黄卷，潜心研学，能下能应，出处一致，喧寂两忘。仰之弥高，钻之弥坚，青灯照壁，冷雨敲窗……”

于是，全班掀起了“胡粉热”，从作文的借鉴创造到语文学习习惯，从高三学习方法到如何实现梦想，从爱上胡枭汗到爱上语文、爱上雷老师，我行走在粉丝的光晕中，满是轻松与喜悦。我深深地意识到，学生群体的相互学习效应，远远超过教师喋喋不休的知识灌输与苦口婆心的教导。

光阴的故事不断书写着，2015 年 6 月 24 日，高考放榜。路莞萍，这位“语文不开窍”的典型理科王，语文竟然考出了 136 分，作文为满分。这位胡粉如愿以偿，也考入了清华。我真没想到铁粉也可以如此“爆棚”。6 月 20 日，1215 班毕业聚会的日子，我翻看杨明老师珍藏的班级日志，不禁豁然开朗，找到了答案。

这是 1215 班的最后一次班级总结，主持人正是路莞萍：“各位同学好！今天是 6 月 3 日，距离李仁韬同学在试卷上激扬文字夺得 60 分作文还有 108 小时，距离彭耕孜同学不留遗憾不再放水拿到数学满分还有 115 小时，我班学霸周裕康曾写道：‘一年三百六十日，风霜刀剑严相逼’，想必大家在过去的三百多天里，在众多的押题试卷中，早已刷出王功元老师说的题感，今日，我特为大家提供 2015 年湖北卷高考作文大猜想，请听题目……下面是我的范文示例——

或许你认为，现实是低矮的屋檐，只剩苍凉残照，但我想说：为生命宕开一笔，耐得住寂寞，方才守得住繁华。‘雨中黄叶树，灯下白头人’，新疆小伙彭耕孜同学为完成《十年高考》，伏案头，点孤灯，读黄卷，潜心研学，能下能应，出处一致，喧寂两忘。仰之弥高，钻之弥坚，青灯照壁，冷雨敲窗……如果没有‘十年辛苦不寻常’的忍耐，又怎么会有‘春风得意马蹄疾’的潇洒，如果没有‘千锤万凿出深山’的打磨煎熬，又何来‘朝为田舍郎，暮登天子堂’的辉煌？……”

后文还有很长，在此略过。至此，我知道了，这正是今年湖北高考作文的命题之一，作文满分，根据在此。但我更明了，原来，在最艰苦的日子，同学们正是借每天的班级日志总结，用他们铁粉般的激情，用我们经典的习作，用闪耀思想与真情的文字，相互勖勉着。偶像、追星、铁粉，我在不断地推出偶像，也在不断地变铁粉为偶像、变灰姑娘为国民女神。我——一名高三教师一直行走在粉丝的光晕里。我愿做这群粉丝的领舞者。

回想过去，不禁想起同样的一段故事。

那是 2012 年 9 月，0915 班一个平常的晚自习：按照惯例，我初步讲解了关系型作文题的写作规则；一如平时，投影出本次训练的作文题——藏与露；一如既往，同学们开始限时写作。

没过 40 分钟，李治呈走上讲台，请我到教室外评习作，一脸神秘与喜悦。我快速浏览，不禁由衷感慨：“好作文！高手啊！”李治呈得意道：“雷老师，你一定认识张沁吧！我可是她的铁杆粉丝呢。”“嘿，张沁是我上届 0803 班的学生，你怎么认识？”我惊问。“老师，我早认识张沁呢，她不是 2011 届著名的才女和写手吗？您看看——”他拿出一叠张沁的读写手稿复印件，第一篇正是张沁在全真模拟高考中的满分作文《隐山露水皆风流》。

好家伙！还真是张沁的铁杆粉丝呢。于是，李治呈不无得意地描述道：“雷老师，这份张沁的手稿可是来之不易啊！您知道，6 月 5 日，我们高二学生去布置高三教室的考场，您任教的 0803 班和 0815 班的教室外都贴着张沁、柳舟等人的满分作文卷，我们班早有人瞄准机会，先下手为强，提前窃取了 0815 班教室外的优秀作文卷，幸亏我信息灵通，赶早去 0803 班，才弄到了这宝贝……”接下来，他便对张沁的《隐山露水皆风流》一一赏析，并为我介绍自己的这篇作品，是如何深受张沁启发，巧妙借鉴并加以创造性发挥的。

最后，李治呈仍是不无得意地为我背诵一则“女神妙语”：藏者，隐于“那汪青山几重遮望眼”的迷离意境中；露者，显于那“静影沉璧，浮光跃金”的通透月色里。藏者，如老庄，曳尾涂中，吞吐芝兰之气，匿遁天地洪荒，任你密雨斜织，我亦持竿不顾坐拥王城，烹茶煮酒间，咀嚼清风明月，何愁不乐而忘忧？露者，如战国七雄，纵横捭阖，流血漂橹，逐鹿中原，才思尽显，锋芒毕露……末了，他不忘说：“雷老师，您是张沁的语文老师，我们久仰大名呢！”谢天谢地，我是明星才女的老师，这名声不胜光荣！此后，李治呈自然被我塑造成新一届铁粉心中的的男神！因为没有哪个孩子注定只能是铁粉啊……

身为人师，原本平凡。如果能够不断推出一个个“明星写手”，着意创造一个个“才子才女”，未尝不是一种满足。我愿隐去自己，幸福地行走在粉丝的光晕之中！

# You Are the Apple of My Eye

## ——记初为人师，第一次班会

向晓晓

工作虽近 3 年，却缺乏班主任经历，所以接到以“学会欣赏”为主题的班会任务时，更多的是茫然和惶恐。再加上刚刚接手 1011 班半载不足，这是一个相对安静沉默的班级，学生性格内敛，更何况是在紧张忙碌的高三，他们愿意积极配合我吗？这堂班会又该如何入手呢？一连串的问题困扰着我，寝食难安。

准备的过程是煎熬的，对着电脑屏幕绞尽脑汁，却毫无头绪。打开音乐播放器，传来王菲的《因为爱情》，优美的旋律萦绕在耳旁，不禁轻轻跟着哼唱起来。突然灵机一动，何不把这首歌改编成《因为欣赏》呢？于是我找来两位班干部。逢晚餐时间，又订好肯德基外卖。汉堡散发的香味、思维碰撞的火花、还有跳动的音符，在办公室里弥漫开来。师生三人串台词、排歌曲、剪视频，好不热闹。

转眼到了班会的日子。课堂上，我分享了三位爸爸妈妈的短信，其中一位父亲写道：“他从小就是一个有爱心和责任感的孩子，知道心疼父母。更让我们欣慰的是，他独立稳重，为人谦和，很少让父母操心，希望他能一直保持这些品格。这个孩子平日言语不多，温雅含蓄……”他哽咽着读完，眼眶有些湿润，其他孩子也陷入沉思。当提到“你眼中的同学和自己”时，有个男孩鼓足勇气，坚定地说道：“我最欣赏自己的诚实。虽然我有些莽撞，但我能勇敢地面对自己，遵从内心的想法。”他的发言掷地有声，同学们被他的真诚所感染，纷纷发言，勤奋、坚强、善良等这些美好的品质和背后的故事，此刻像一道道金色光芒，温暖着教室里每一个人。

我知道，当父母对孩子的优点如数家珍时，孩子的心和父母靠得更近了；当同学们对彼此不吝赞美之辞时，同窗间的友谊加深了；当他们学会悦纳自我，开在心上的花朵也愈加的曼妙芬芳。于我自己，又何尝不是一个成长的过程？用欣赏的眼光，去看待每个孩子，他们安静沉默的背后都有着不俗的才华和让人欣慰的品质；此外，教书育人是份平凡而琐碎的工作，欣赏着这其中的不平庸之处，亦不失为一份真挚的快乐！

班会结束了，想起冰心老人的一句话，稍作改动，“爱在左，欣赏在右，走在生命两旁，随时撒种，随时开花，将这一径长途，点缀得花香弥漫，使穿杖拂叶的行人，踏着荆棘，不觉得痛苦，有泪可落，却不悲凉”。

献给初为人师的自己；也献给 1011 班的每个孩子，以及生活中无处不在值得欣赏的美。You Are the Apple of My Eye.

# 玩得出彩

何　春

“信息技术课该如何学?”高中第一节信息技术课上，我问学生。

“信息技术课还要上课啊，不是玩吗?”很多学生回答。

学生对信息技术课堂的认知停留在玩上。在实际教学过程中，有部分学生不但自己玩，还蛊惑其他同学一起玩，严重扰乱课堂教学秩序。对这部分孩子说管教育完全没有用，很是头疼。

经过观察，我发现学生在信息课堂上的玩法有：聊 QQ、听歌、逛空间、看小说、看视频、玩网页游戏，等等。看到学生五花八门的玩法，我时刻在反思：是教学内容不吸引人？还是教学环境不合理，导致教学效果不好呢？学生只能去玩吗?

我反复思考，如何把课堂设计得更加生动有趣，让更多学生参与到课堂活动中来，而不是开小差。既然学生喜欢“玩”，那我何不把学生“玩”的过程搬到课堂中来，结合学生的兴趣来设计教学呢?于是，我便尝试把玩和教学内容有机结合，让学生在学中玩，在玩中学，用这种寓教于乐的方式，让学生既能学到知识，又能玩得高兴。

高一教材为《信息技术基础》，教学内容非常丰富，可以设计一些贴近学生生活的例子，来激发学生热情，吸引学生兴趣。

在设计“因特网信息查找”课程时，我打破常规，用学生在学校参与活动的照片，或者班级任课教师照片等内容来引入新课，学生兴趣非常浓厚。学生一看到自己熟悉人物的照片，课堂立马活跃起来。这时，再加以适当的引导：去网页上搜索这张图片，并且找到此图片的出处。学生立刻就投入到教师布置的查找任务中去。

记得有一个 15 级的学生李某，他在信息课堂上不怎么理会老师，自顾自地玩。在“因特网信息查找”课上，我问他：

“你最喜欢的科任老师是哪位？”

“数学老师！”

“同学们，喜欢你们数学老师吗？”我又问其他学生。

“喜欢！”“非常喜欢！”“张老师，我的男神！”……

“那么你能在网上查找一些张老师的图片吗？”我又问。

“老师，网上好多同名的哦，怎么去掉这些呢？”李某问道。

“同学们，不能只输入张老师的名字，这样会把所有网页都搜索出来。那么，怎样把我们不需要的信息剔除掉呢？这里需要一定的搜索技巧，可以把关键字加一些修饰。例如，“湖北+名字”，或者“宜昌+名字”，甚至是“夷陵中学+名字”，这样就把相应地域的同名的网页搜索出来，其他不显示，同学们再试试。”“老师，我查到了，有张老师参加比赛获一等奖的照片呢！”

“网上还有张老师其他照片吗？”我再次引导。

“我搜到了张老师大学时候的照片啦！张老师好年轻啊！”李某高呼。

“你是怎么搜索到的？”我问李某。

“我在一个网页上看到张老师上过的大学，再用“大学+名字”的方法就搜索出来了。”李某答到。

“同学们，在网上搜索信息的时候，要合理选择搜索引擎，提炼合适的关键词，配合适当的搜索技巧去检索，这样得到的结果更精确。”我在合适的地方加以适当的引导，学生能主动跟着教师的思路去玩，教学效果非常显著。在很多课堂教学组织上，我采取的方法是，你不玩，我让你玩。我摒弃掉书本上的例子，用学生身边熟悉的人，比如某某老师、某某同学、某某女神或男神之类的，效果好到不能再好。因为调动了学生的积极性，学生愿意配合教师的教学活动，从被动学习，转换为主动学习。“图像处理”课堂上，用班级老师或者是学生照片来导入讲解，学生一看到照片，课堂氛围立马活了，学生在没有开始学习时就热情四射，听课也非常专注。

特别值得一提的是，不要小瞧了学生，他们的动手能力非常强。自己去网上获取素材（有些学生把自己的照片用来处理，非常好），进行加工处理，玩出了我意想不到的效果。

除指定教学内容外，学生玩的范围还可以更大。在“音频信息加工”中，我故意让我的手机铃声响起，让学生来猜我的手机品牌。引出如何制作一个专属铃声的话题。接下来，讲解铃声的制作，让学生制作一个铃声（或 QQ 提示音），甚至自己录音，玩出新花样。

摸准学生的喜好，才能玩得出彩。记得一次信息技术课上突然停电了，让学生们看书，他们没有带书，回教室又会影响到其他正在上课的班级。我灵机一动，何不给学生来一个计算机内部世界大揭秘呢？（讲解计算机硬件）。我让学生从准备间搬出了几台坏电脑，开始了这次别开生面的讲解。

“电脑最重要的三大件是什么？”

“看视频哪个硬件最重要？”

“玩游戏是否必须要有显卡？”

“你们下载电影是储存到哪里？”

结合这些问题，把答案穿插在知识的讲解中，学生不单是纸上谈兵，而是跟着教师思路，一起玩下去。这种玩法，学生的学习热情被极大地激发出来。课后，有的学生告诉我：“老师，我们很喜欢这样的课，收获很多。”

玩，并不是让学生自由活动，而是让学生根据教师的课程设计，沿着计划好的“玩”路，结合学生自己的能力水平，学得知识，玩出花样，玩出每个学生的特点，张扬每个学生的个性，在知识的海洋里玩得出彩。

# 用心沟通，温暖孩子的内心

刘丽琴

时光流逝，岁月如歌，不知不觉中我已经在教育这片沃土中走过12个春秋。这期间既有成功的喜悦，也有失败的遗憾，但我最大的感受，却是充实。作为教师，我们的教育对象是学生，所以我们应该全身心、无保留地关心和热爱学生，用心和学生沟通，化解一切不必要的矛盾。

打开记忆的阀门，一个学生的影子浮现在我的面前。他的遭遇也并不是我有限的教学经验里最值得拿出来分享的，但正是因为他的存在，让我明白了用心与学生沟通的重要性。

有一年，我接手两个班的生物教学。自然，非班主任的班学生相对而言要自由一点。在生物课上，我发现一个叫小江的同学总是提不起精神来，不是睡觉就是走神。刚接手新班级，总是要树立威信，总是要迅速走进学生的内心，帮助学生迅速适应我这个新老师的——下课后，我主动找他谈话："你叫小江，是吧？"他似乎很诧异："是啊，老师你知道我的名字啊？""没错啊，谁让你每节生物课都会走神呢？是不喜欢生物呢？还是不喜欢我这个新老师？还是为了吸引新老师的注意力？"我自认为一针见血，幽默地指出了他的问题，并没有注意到自己语言中的问题。他沉默了，不管我问什么问题，他都不说话了。没办法，我只好让他回到教室，然后自己去找班主任沟通了。

从那以后，每一节生物课他都开始肆无忌惮。要么是接嘴，哗众取宠，要么就趴在桌子上睡觉。我想这下完了，以后该怎么办？处理不好的话，他可能会影响整个班级的生物课堂秩序。苦思冥想了好几天，我还是决定再做最后一次努力，和他再谈一次。"如果再谈不好，这个学生我就不管了"，我在心底"破罐子破摔"地对自己说。于是我调整了自己的心态，再次找到他，和他开始了谈话。

“小江，我非常高兴你能成为我的学生。”我把他叫到教室外面。“谢谢……”他以一副玩世不恭的样子笑着说。“开学以来你的表现各位老师都觉得不行，但是我相信那不是出自你内心的想法和真实的行为，你知道我最欣赏你什么吗？”我强忍住怒火说道。“不知道，我能有什么优点呀。”小江有点不好意思。“每个人都有优点，你也有。实践证明，一般调皮的学生都很聪明，我觉得你就很聪明，这就是你的优点。”我笑着对他说。“但是我学习不好，又经常违纪，老师都不喜欢我……”他更加不好意思了。“那是以前，一个人不能老回头看。现在可以试着开始，你可以利用你聪明的大脑把成绩提上去，让老师和同学都对你刮目相看。”我以温和的口吻对他说。“其实我也想学习好，但许多事情的发生并不是我的错，你们都不理解我。”他有点激动。“我理解你，从今天开始你在我心里就是一个全新的人，以后你要用自己的行动来向别人证明：我不是你们说的那种不会做人，不会学习的人。”我坚定而有力地说道。“老师，你放心，我会的。”他看着我说。

从这以后的一个星期里，他上课确实表现不错，虽然有时会像一匹被关起来的野马表现出烦躁的迹象，但在生物课堂上却老老实实，规规矩矩，一切表现得都比其他同学更优秀。好景不长，就在我暗暗得意自己的成功时，某一天生物课，我突然发现教室里没有他的身影。第二天看到他时，我再次和他进行了谈话。

“昨天怎么了，是出了什么事吗？”我关心地问。“……”他沉默着，看来似乎不愿和我谈论。“有什么困难，可以和老师说说吗？也许我可以帮你呢？”我真心地说。“……”他仍然沉默。我意识到，是不是家庭的问题？也许家庭的问题就是让他敞开心扉的关键。“你这样，你的父母会……”“不要跟我说他们，我没有父母……”我的话音未落，他的情绪一下崩溃了。看着这个男孩满脸的泪水，我一时不知道该说什么。“老师是真的想帮你。”沉默良久，我对他说。就这样，我们聊了很多，我也第一次知道了这个不满16岁的孩子身上背负的压力。父母离异，父亲什么都不管……

了解了这些之后，我和他的班主任交换了相关情况。第二天，我们把他的家长请到学校，告诉了他们孩子的内心想法。我所做的一切小江都看在眼里，在后来的生物课上，他再也没有出现过掉队的情况，其他各科也都努力去学习。

在以后的学习中，通过交流，以及他自己的努力，小江的成绩一直在进步，表现也比较好，也懂得如何去体谅和理解别人了，与老师和学生之间相处得也比较融洽。

学期末，我在成长导师手册上对他说：无论你出在什么样的环境中，都要学会沟通与理解，在学校要与同学和老师沟通，将来在单位要学会和同事与领导沟通，多换位思考，理解别人的难处。或许我们做不到“海纳百川，有容乃大”的宽宏，但是我们却可以用一颗坦诚、恳切的心去面对身边的人与事；多一份沟通与理解，就多一份温暖；多一份沟通与理解，就多一份感动；多一份沟通与理解，就会多一份美好。我相信在今后的日子，你会做得比现在更好。

# 妙笔生花

## ——记一堂英语作文课

向晓晓

英语高考题型中最能发挥学生能力，体现学生素质的主观题型，莫过于书面表达了。然而步入高二，学生的写作能力却还是不尽如人意，遣词造句漏洞百出，更遑论笔下生花。于是，一次月考过后，按照漂漂亮亮、清清楚楚、马马虎虎、糊里糊涂几个档次，我分别收集了学生的四篇考场作文。

课上，我把准备好的文章展示出来，让孩子们来当一回考官，给作文评分，并说出理由。果不其然，学生平日里“我为鱼肉，人为刀俎”，这回“翻身农奴把歌唱”，个个兴致勃勃，讨论得热火朝天。

轮到发言时，小组代表从书写卷面、段落结构和语言表达各方面，点评得头头是道，娓娓而谈。我顺势说道：“大家都拥有一双慧眼，看来每个考官都喜欢赏心悦目的文章！”然后笑着望着他们，“漂漂亮亮、清清楚楚、马马虎虎、糊里糊涂，你的作文属于哪一档？”有些同学惭愧地低下了头，还有同学投来期待的目光。时机已到，我抛出下一个话题，要怎样才能做到笔扫千军，字字珠玉呢？

我让同学们对 I will never marry you 进行改写，大家对这个句子颇有兴趣，一个男生抢先回答：“never 位于句首，构成部分倒装。”“改变语序，加强语气，”我肯定了他，“不过 never 能不能换成更高级的词组？”话音刚落，“Under no circumstances！”另外一个男孩一脸得意。我接着问道：“除了倒装句，大家想想还可以用什么结构？”一个女孩跃跃欲试：“You are the last man I am willing to marry.”教室里喝彩声一片。我继续启发：“哪位同学能用虚拟语气来表达？”课代表满怀自信：“ If you were the last man in the world, I would definitely remain single!”全场掌声雷动，欢呼声此起彼伏。

漂亮的作文都是相似的，问题作文却各有各的问题。要想妙笔生花，如若没有平日的积累，面对考场话题纵然心智万千也是有心无力。课堂结束时，我和学生一起诵读书面表达技巧和润色后的文章，书声琅琅，仿佛比往常的声音要更加响亮。

# 信心点亮希望

曾晓宇

“老师！谢谢您！”两天的高考刚刚结束，我送考回到学校，两位家长突然拦住了我。“我家小孩，感觉状态特别好！特有信心！感谢您一直鼓励他，最后关头的激励更是极大地增强了他的信心！”家长握着我的手久久不愿放开。望着这对热泪盈眶的父母，我想起了他们的孩子——H 同学。

已经是高考前停课复习的阶段了，H 同学天天在我语文辅导的时间拿着习题来问我。说实话，H 同学的基础并不太好，有点儿贪玩，平日里对语文学科也不太重视，大考小考总是在一百零几分，不会出现明显的下滑，也没有超常发挥跨过 110 分大关。在离高考仅剩两个月的时候他突然认真起来，停课期间更是堂堂不落地找我来问习题。

这天课间他又找我来问习题，是一道诗歌鉴赏题。因为这首诗本身理解上有难度，所以他并没有完全读懂诗歌内容，两道题目的答题情况并不理想。他本已惴惴不安，这时和他玩得比较好的男生凑过来，看到试题上我批的分数，哈哈大笑起来，对他说：“你语文本来就不好，一百零几分就行了！现在离考试只有几天了。做语文还有啥用啊！像我平时积累得好，考试才能考好！”说这话的男生平时语文成绩确实不错，考试也经常过 120 分，也许这话是他的心里话，而依他和 H 同学平日里的交情，想来他认为说了也不会对 H 同学造成太大的伤害。然而，就在他挥一挥衣袖仅留下一句话离开后，在我看来平日里一向心态很好的 H 同学很犹豫地小声问我：“老师，我是不是高考时语文真的就上不去了？”

“当然不会！你自己订的目标是高考过 110 分，我觉得你的目标订低了，起码应该是 115 分。这几天你再努力一把，冲一冲 120 分都有可能实现!”我深知此时老师的一句话鼓励是多么关键。“可我现在做题目得分依旧不理想啊!”他迟疑道。

“那你自己看看你现在的答题和以前有什么区别?”我将他以前做的试卷上的诗歌鉴赏题指给他看。“我现在知道题目问的是什么了，答题格式也比以前规范了不少。除了没有想到的要点，答案也基本能够往标答上靠。”仔细观察比较了一会儿，他似乎有所触动。

“对啊！只有能力达到了一定的高度你才能对自己的状况认识这么全面呢!”我夸他道，“你现在是个别的答题要点掌握不牢，理解诗歌的一些小诀窍在运用的过程中不熟练。所以在没有完全读懂诗歌的情况下，你才感觉有点束手束脚。”紧接着我又让他将最近的几次试卷中失分较多的试题找出来，他发现并非每一次考试都是在同一板块栽跟头。“每一次暴露出的问题你已经查缺补漏，每一次考试虽然在分数上没有太大的变化，但你已经获得了提升！你要相信自己的付出是有收获的！高考一定没问题!”我肯定地下了结论。

在离高考仅剩一周的时候进行了高考前的最后一次考试——高考模拟考。试卷改出来后我一张一张地发给学生，试卷上只有各个小题的分数，总分并没有打在试卷上。发到他的时候，他满怀希冀地望着我——模拟考完之后他就跟我说感觉考得不错。试卷发到他的手上，他立刻加起了分数，我看到他拿着试卷的手颤抖了起来，他加了一遍两遍好像依旧不敢相信一般，同桌见状将他的试卷抢了过去。“天！你考了129分!”他抬眼望着我，眼睛里闪闪发光。

高考前一天的晚上，下晚自习时，我在教室门口和班上的孩子们一一握手拥抱。本来是和男生握手，女生拥抱，但到他时，他一下子抱住我：“老师，你觉得我明天语文可以考多少分?”“120!”“我也觉得我行!”他的眼睛亮晶晶的，我感到我的心中也是暖暖的——我相信，他的信心一旦被激活，他所蕴藏的巨大能量一定会喷薄而出!

鼓励、鞭策的力量到底有多大?也许，只是几句朴实的话语、坦诚的交谈，便能打开一扇紧闭的心门，大大推动学生的成长和进步，改变一个人的人生。作为一名教师，帮助学生树立信心，欣赏、赞美学生的每一点进步，自信的种子就一定会在他们身上发芽、开花。而当我们努力去雕琢每一块璞玉，使它永久地焕发光彩，我们的人生也获得了升华与圆满。

# 慢慢等，花会开

袁楚桥

2015年7月，我接手两个理科班，继续着高三的追梦之旅。比起第一年上高三，第二年的我在备课上课方面显得从容很多。学生很快适应了我的教学风格，投入了紧张的高三复习备考中。然而这一年也并非一帆风顺，有一个女同学的故事给我这一年的教学增添了别样的色彩。

语文向来在理科班被作为一门“特殊”的学科“特殊”对待。高三上学期，学生还能跟上老师的节奏主动完成学习任务。高三下学期，有些同学就集中时间去攻克提分更快的数理化学科了。2016年4月份，班上的同学不交语文作业已经形成了一股风气。为了抑制这种漠视语文学科风气的顽固盛行，我在批改完作业后对着班级的花名册清出了没有交作业的名单，一共有23个。在办公室里，我小心翼翼又正襟危坐地酝酿着自己的情绪，斟酌着自己的语言，狠下心来准备在课堂上严厉地批评没有交作业的学生。我早早地来到教室，却并没有像往常一样走到学生身边与学生沟通聊天，而是一个人站在讲台前对着花名册没有露出任何表情。学生似乎也意识到我今天的“不同寻常”，在班级报信人“嘘”一声的暗示下，学生安安静静地回到了各自的座位上。上课铃响了，我将没有交作业的名单在班上集体点名，并要求没有交作业的学生站着听讲。陆陆续续的，有些没有交作业的同学拿着已经完成的作业给我检查。法不责众，由于没有交的人太多，写了的人总比没有写的同学明显态度要好一点。于是我要求已经完成且给我检查的同学坐下来。但是班上还是有4个同学既没有交也没有完成语文作业。为了显示语文老师说一不二的威信，我当着全班的面要求这4位同学下课后到教室外找我说明情况。其实这样的课堂处理在当时并没有看出什么大问题，大部分同学第一次看到语文老师大发雷霆，上课听讲也就格外认真了。然而下课后，有一个没写作业的女同学像固体胶似地在粘在座位上，并没有屈服于我的“威势”。在学生去请她无效的情况下，我又在窗户前清晰地喊出她的名字，希望她能够出来和我说明情况。这时她却更加稳如泰山，岿然不动了。周围的同学都在劝她出去，她依然不为所动。按照我第一年上班“血性方刚”的脾气，我一定要风风火火地将她叫出来或者移交至班主任。可是今年是我工作的第4年了！我应该有更符合教师专业素养的行为来应对教学中的突发状况！周围的同学瞪大了眼睛看着我，有的还在窃窃私语，我知道此时我的一举一动都被学生观察着、放大着。如果我稍微冲动粗暴一点，学生可能就会觉察到年轻的我在面对“负隅顽抗”的学生时的笨拙无能，这样的教育效果就会大打折扣。

如果学生执拗不从，那么教师退一步又何妨。我故作轻松，对出来的另外三个学生说：“作业补交后送到我的办公室。算了，不等她了，我要给另一个班的学生上下一节课了。”就这样我从极为尴尬的窘境中摆脱了出来。下午我一直在思考要不要把这位执意不从的“女侠士”的情况给班主任说一下，至少可以从伟岸的班主任那里获得些许的安慰和力量。但是我想了想，也许等一等，那位学生如果自己在后期学习中有了改正的意图，就没有必要在班主任那里打小报告了。况且那个女同学曾经在和我分析语文试卷时大哭一场，说明她是一位有着强烈自尊心的学生。这样的学生要给她足够自我成长和自我修复的空间。反思我自己的行为，我觉得这样当面批评学生也许对于大大咧咧的男生而言并没有什么，但我恰恰忽略了学生个体的差异性和复杂性。在事先没有成熟的计划和充分的沟通前，切不可以高高在上的教师“淫威”来压倒学生。这样即使让学生表面服从，也会增加部分学生的逆反心理，对事情的解决并没有好处。

等等果然有奇迹！在晚上上交的作业中，全班一个不差，包括那个倔犟的女孩。第二天的课堂上，我当着全班的面狠狠地表扬了她，不仅在于她作业的完成质量，也在于她迈开脚步与老师再次接近的勇气。

福勒和布朗根据教师的需要和关注的不同焦点将教师的成长划分为：“关注生存”、“关注情境”、“关注成长”。“关注生存”阶段的老师将大部分时间花在与学生搞好关系上，试图牢牢控制学生。“关注情境”阶段则更关注如何更好地教学。“关注成长”阶段则是教师成熟的标志，此时教师更多关注学生本身，关注到学生的个体差异。而我离成熟型教师，确实还有一定的距离。

从教4年，我对教师这门职业有了更多的认识。对于教师来说，教育它本来就不是一个无忧无虑的童话。它有时像一朵带刺的玫瑰会扎破你的双手，甚至弄得你疼痛不堪、望而却步。但是，教师的价值也似乎正在于面对复杂的教育问题时，依然积极应对。我会坚持教育，因为我有教学智慧。我不怕教学跌倒，因为我有教学勇气。

慢慢等，终有一天，这朵带刺的玫瑰花会悠然绽放。

# 弥足珍贵的课堂

崔　莹

春节的时候，我再一次拿起了《炼金术士》读了起来，在微信上留下了自己的阅读感悟，写道："创世者创造人类是因为需要转化成更优异的事物。真正的炼金术士试图使自己像金子一样发展，不是为了过去或未来的幸福，而是在追寻的过程中的美景和握在手里的两滴油，以及肯定会有的成长，这就是人生的金子！！2016除夕，我希望收获的这份金子能一直指引我前行——一本每读一遍就会有新感触的书，别名《炼金术士》。"然而让我意想不到的却是两年前毕业的一名学生留下的一段评论，她写道："老师，高二时候的那堂课是我对高中最深刻的印象，关于梦想的话题一直激励着我去实现自己的梦想，哪怕所有人都对我说不。一直很感激老师，那堂课会对我的一生产生影响。"

看了这段话，让我感触良多，将我拉回了4年前的一次课堂。那是一个普通的文科班，或者说是一个学习不太积极的班级，许多孩子出自农村，对自己的未来有着较低的预期，也不太相信自己可以取得伟大的成就，可能也是受到市面上流传的"鸡汤"文章的影响，总是对自己说着"平凡是真"。一年半的时间中，在他们身上我总是很少感受到青少年对梦想的追逐和坚持。然后，我看到了这篇在《外国小说欣赏》中出现的《炼金术士》，我想，也许我应该和他们好好地分享这篇文章。

于是，这次课堂中我只设定了一个中心问题："你对小说的哪一句话感受最深？疑惑最大？"课堂一开始是干瘪的，因为他们没有真的去读，在安静的课堂中，他们沉默着，等待一个倒霉蛋被老师点起来回答。我等待了一会儿，告诉自己："这不是你早就预料到的吗，那就自己先说吧。”虽然一直在说要将课堂还给学生，但那一节课，的确是我主讲，主讲着关于梦想、关于相信、关于期待自己。在那次的周记里，有一些孩子谈到了自己的梦想，谈到了梦想的消失，谈到了也许不能叫做梦想的一些对未来生活的期待。也有一些孩子敷衍地写了一些自己都不相信的话语。我问自己为什么在孩子受教育的过程中越来越说着一些口不对心的话？为什么教育让孩子越来越不自信，越来越没有了对自己的期待？在他们的周记中我看到了家长的否定，老师的质疑，消极的网络，和还没长大的自己，也似乎看到了无能为力的自己。我告诉自己，也许我无法改变每一个人，但我应该尽己所能。于是，在那个女孩子的周记上，我告诉她，当兵是你的理想，这并不是一件应该被否定的事，或许父母有着他们的考虑，希望你能去接受更好的教育，然而这并不矛盾，到了大学，有了更认真的思考和判断后，你仍然可以去实现。可是，我想也许她只是一时的感慨。

然而，3 年后，她发来了一张军装照，头发短短的她精神焕发。今年，我回复她："其实我才是被你影响最深的那个人。"她让我明白，老师的职责之重，因为会对孩子产生一生的影响；她让我明白，老师的任务之大，因为也许每一个被埋没的孩子的天性都与你有关；她让我明白，原来每一堂 40 分钟的课都是那么弥足珍贵。

# 化学习题讲评课也可以这么上

秦治成

今天下午第一节课是化学课，我拿着备课夹边走边想，学生在下午第一节课时精神往往不佳，没有几个学生听你讲课。再说，今天讲的是化学平衡习题课，难度大且枯燥无味，可想而知，这节课肯定效率不高，得想想办法。想着想着，有了！就这样上。

一走进教室，看着同学们无精打彩、像没有睡醒的样子，我立即灵机一动，给学生讲了一则笑话，马上提高了学生的注意力，学生的精神一下子提高了。我接着说，今天的习题课，我们换一种方式，由你们讲给老师听。这时，同学们有点骚动，我没有理会，转身面对组长们说，下面有八道题，每小组任选一道题，由各小组组长作为代表，上讲台选题和讲解。请八位小组长拿着书和笔记上讲台，各小组先讨论、交流后讲解。若再讲解不出，可以有两种求助方式，即求助课本学案或本组的其他同学。请学习委员上来计时，每道题 4 分钟。这时同学们已变得神采飞扬，课堂一下子活跃起来，这时课堂上已不再是只有我的声音了。选题、求助、讲解，被求助的同学响亮的回答声，在我听来是那么动听。老师或其他同学的点评又常常引起同学们一阵阵热烈的讨论。讲解的过程中，我发现，有很多没有预先想到的问题都暴露出来了，站在老师的角度和站在学生的角度对题目的理解可能完全不一样。有时庆幸用这一方式把问题展现出来，不然我真的不知道。

不知不觉中，欢快的下课铃响了。我和同学们仍沉浸于刚才的热烈课堂气氛中，不少同学围着我说着自己的想法或对某些题目的不同理解。走出教室时，我才突然发现自己的脸红红的，激动的心不能平静下来。我认为这堂课是成功的，一是充分发挥了学生的主动性，教师真正成为了学生学习的参与者、协助者、引导者和促进者；二是触发了学生们思考的激情，调动了教室里多种声音的存在，实现了师生、生生的真正互动。

教学方法制约着教学效率，而方法的选取又受到教学内容、教学条件、学生知识技能基础、教师基本素质等因素的限制，所以说“教学有法，教无定法，贵在得法”。按规律施教，探索出教和学两方面都适应的教学方法。

由上可知，教师必须加强学习，转变观念，使中学课堂教学真正作到：教是具有创造性的、启发性的教；学是积极的、主动的学；过程是心灵相通、情景交融、师生互长、平等和谐的交流式的过程；发展是科学素质、创新精神、实践能力的整体性的发展。

# 一个学生

张 艳

这个叫学生李佩融，2000 年出生，属相龙，是个龙宝宝。个子很高，长着龅牙，戴着眼镜，很是普通。但是在和这个李佩融相处的课堂内外，我特别有成就，他让我感受到帮学生找到学习的快乐是最快乐的教学。李佩融留给我许多记忆。

今天，我在这里记下几件课堂里的事儿，透过这些故事，我真正感受到了什么是最实在的寓教于乐。

第一次认识李佩融是在班级名册上：他是这个班级名册的 1 号，应该算 1 号选手，成绩表现为语文 80 分，语文成绩很不理想；理科综合 270 分，真是优秀。又是一个奇葩的聪明学生！有学习能力却表现如此不均衡，可能是因为顾此失彼或者一方的潜力有待发掘。不能划为那种各方面表现都一般并学习能力一般般的学生。

我心里认同了名册上学生李佩融的能力。

第一次的课堂，他明确表示出他的叛逆：他执着地对着墙壁，极其认真地思考着、写着他的理科作业，完全无所顾忌！不过，他是个很专注很爱学习的人，只是不爱语文！不爱学习的人会在该学习的课堂上睡觉的。

我没有批评他，包容地站在旁边看着他计算一道又一道数学题，不想阻止、打扰他的思维。

该交作业的时候，他没有上交，因为没有写完。他憋红了脸带着一腔怒气结巴着对我说：“我写了，还没有写完。”他的字歪歪扭扭很是难看，像一只只蚂蚁手拉手连在一起，但写得很认真，句子感悟是来自心底的那种真挚。我打心底喜欢他写的这几句为数不多的话！他做事其实很专注只是速度很慢很慢而已。

我没有怒责他，而是平静地欣赏他说："你写出来的句子句句饱含真情，我很欣赏你对待学习的这种执着认真的品质。"

带领全班阅读时，他非常气愤，抱着理科作业说，不想阅读，愿意去写作业。他从来不阅读，这是一个没有阅读快乐的学生。

我还是没有批评他，站在他面前仰视着高大的他，为他挑选了一本人物传记并说，读一读这个人的故事，也许因为读了这本书你就有点想阅读了。他拿着我给他的那本书选了一个位置坐下来后安静下来。

第一次看他的考试答卷，作文没有写完，字数还不到400字，答卷还有许多题目都空着，只是选择题做完了，仍然是八十几分。并且他很不耐烦地说，不用管我了，我没救了。其实他是在绝望中求助。

我还是没有指责他，而是对他说，我帮你想办法，你按我的办法去做。他的眼神里露出了绝望后的认同。

他个子高大，这个班最高的一个，有两颗龅牙，一张嘴说话龅牙就可爱地露出，说话很有特色，一着急就结巴。很任性，很可爱。

我看好这棵苗子，他很爱学习，只是没有入门，速度很慢，如果告诉他一个对他有用的办法，他一定会用自己的专注去做得很好的。这是他在学习上表现的最可爱之处。

不了解情况就一味指责，那是扼杀，并会弄得师生都不愉快。

个别问题个别解决，不解决个性的问题便做出判定，那是机械。

对李佩融，我决定先教给他阅读的快乐。

用课文作媒介引导他感受阅读故事的乐，再教他把自己的感受写出几句话或者一段话来，每次学完一篇课文后我就会给他一个话题让他写出自己的解读。他的文字朴实自然真实，我会读他写出的文字给他听，经我一解析他就乐起来了，露出浅笑，露出他的龅牙。

他读《种树郭橐驼传》时露出了快乐的龅牙，他高兴地写了"育人"的话题：

## 种树与育人

育人之道，不在于勤，在于顺其天性。柳宗元笔下的郭橐驼身怀绝技，他种的树，不仅盛茂，而且早结果实。但他却说只是顺树之天性，不妨碍树生长而已。但其他的人，有的培土"若不过焉则不及"；有的甚至摇动树，用手抠皮，来看树的死活。他们种出来的树自然不如郭橐驼所植。道理用于育人上也是一样。人在小的时候应多接触世界，多与他人交流，培养好一个健康的身体与心灵。青少年时期重点努力深造，将来成为对社会有用的人。然而有些家长从小就将孩子送进各种辅导班，而且时间安排得密密的，孩子几乎没有休息和玩耍的时间，这毫无疑问违背了儿童的天性，并且极大地挫伤了孩子的学习兴趣，丧失了想象力和创造力，长大后便没有了学习的动力。顺其天性，可以育人；逆其天性，可以毁人。

他读《子路、曾皙、冉有、公西华侍坐》时露出了快乐的龅牙，他高兴地写了“礼”的话题：

**“礼”是文化的根**

守住文化的根就是要记住礼，“礼”遇他人，礼治天下。孔子问子路、冉有、公西华、曾皙之志，前三人的回答孔子没有表明赞同，而对曾皙“暮春者，春服既成，冠者五六人，童子六七人，浴乎沂，风乎舞雩，咏而归”的回答大大赞赏。因为曾皙所言的是与人民出游，描述的正是孔子心中文明和谐、以礼治国的理想社会。我国是礼仪之邦，我们更应该在生活中对他人有礼，做一位有素质有修养的文明人。

看李佩融写出了上面的文字，我比他更快乐，更有成就感。

现在他也很乐于去写一整篇文章了，写完后他会露出龅牙自信地递给我。

我读着他写的时评，同他一起乐着。

# 因势钻出牛角尖，豁然开朗一片天

蒋为民

学完第三章“磁场”后的一节复习课上，按计划我复习的是：带电粒子在磁场中的运动，其中涉及洛伦兹力的做功问题。由于平时已多次提到洛伦兹力是不做功的，因此我想学生应该掌握得不错也就随口问道：“洛伦兹力对运动电荷做不做功?”大多数同学张口就来：“不做功。”但其中也有一个异样声音传来：“不一定。”寻声望过去原来是班上爱钻牛角尖的王倚天同学，他正举着手迫不及待了。

在同学诧异的目光中，王同学站起来说：“我认为不能简单地说洛伦兹力不做功，应该说洛伦兹力对自由运动的电荷不做功，而对受束缚的运动电荷可能做功。”一石激起千层浪，回味过来的同学们开始纷纷交头接耳。不明就里的同学眼里流露出的则是茫然的目光，看到学生们因这个问题而表现出的好奇心、求知欲，也包括拭目以待我如何应对而展现的“坏坏的”表情，我意识到这个学生肯定有备而来，不管这个问题是否会打乱我的教学计划，我都不能含糊其词、搪塞了事。我决定先把问题交还给学生自己，静观其变。于是我请王同学上讲台来讲他的理由。

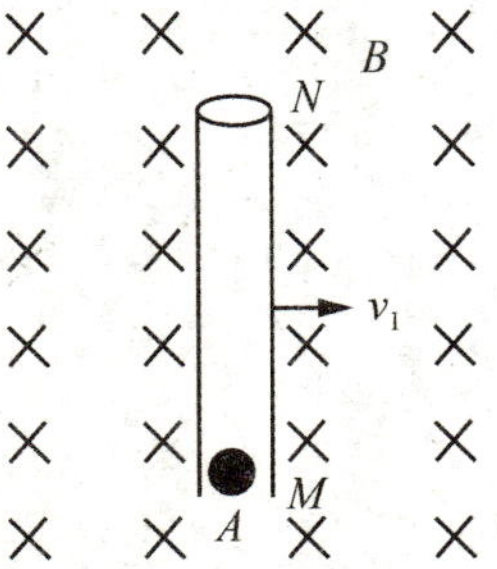


图 1

王同学走上讲台将早已备好的稿纸投影在屏幕上：某空间有一匀强磁场，磁感强度大小为 $B$，方向如图 1 所示。一光滑绝缘空心细管 $MN$，管内 $M$ 端有一质量为 $m$、带电量为 $+q$ 的小球 $A$。开始时小球 $A$ 相对于细管静止。当细管带着小球 $A$ 沿垂直于细管长度方向以恒定速度 $v_1$ 向右运动时，设小球 $A$ 的电荷量保持不变，不计其重力和其他阻力。问小球受到的洛伦兹力的方向和运动形式?

题目一投影，其实我心里已经有底了，一定是他做过一道类似的计算题后而设计的情景，我安心地做起了听众。

很快就有不少同学在底下纷纷嚷道："小球沿管壁加速向上走"；"向上运动，速度增大"；"力方向向上，小球加速向上"，等等。王同学听到这些回答脸上露出一丝似乎不经意的笑容："不错，小球向上加速，动能增加，那请问是谁在做功?"此语一出，课堂上顿时鸦雀无声，从同学的眼中我感觉到了他们心中的迷茫和不解，个别同学则自言自语地嘀咕道："洛伦兹力难道真的做了功?"看得出不管是成绩好的同学还是成绩不理想的都在努力思考着。见没人提出反对意见了，王倚天将得意的眼光投向了我，等待着我的评说。

正当我胸有成竹地上讲台准备分析时，底下同学有了一丝"骚动"，原来有学生在怂恿班上的梁云皓同学起来发言。在我的鼓励下，梁同学站起来解释道："我只是觉得小球的运动应该没这么简单，刚才我们只盯着小球的水平匀速运动，但一旦在竖直方向加速后小球的实际速度就不再是水平的了，有点类似运动合成与分解实验中玻璃管里蜡块的运动，只是我还没来得及证明这种运动中洛伦兹力是否做功。"从同学们给予的掌声判断，有部分同学已经察觉到自己刚才判断的失误之处了。

既然问题的端倪学生已经发现，一不做二不休，干脆将题目的分析交给同学们自己，但我作了几个提示：小球的运动轨迹如何；怎样分析这种运动；能否证明球做这种运动时洛伦兹力不做功。由于有正确思路的导引，学生的思维变得异常活跃："曲线运动"，"抛物线运动"，"类平抛运动"，"水平匀速运动，竖直做初速为零的匀加速运动"等各种答案纷至沓来。在如何证明上很多同学提出了相近的观点：采用分析平抛物体的方法，先分析两个分运动方向上洛伦兹力的做功情况再叠加。很快，不少同学就发现了竖直方向上的洛伦兹力分量 $F_1 = qv_1B$ 做正功而水平方向的洛伦兹力分量 $F_2 = qv_2B$ 做负功，而且这两个方向上洛伦兹力分量的功率数值上是相同的，即洛伦兹力 $F$ 对小球的运动做的总功为零，如图 2 所示。

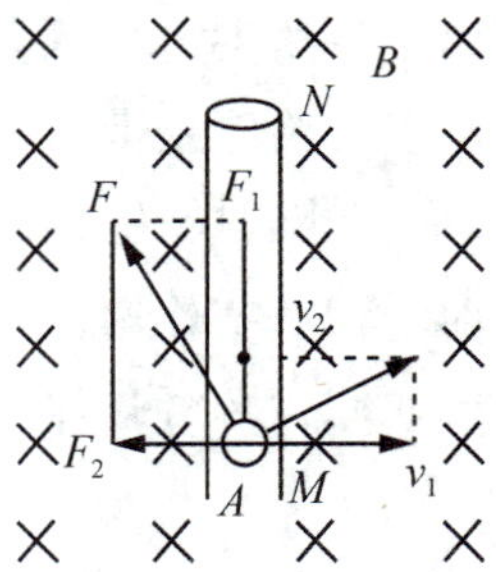

图 2

正当大家为解决这个难题而高兴时，又有同学提出了新的疑问："既然洛伦兹力不做功，那么小球的动能的增加从何而来?"我表扬了这些同学思考问题深入、细致，穷追不舍的精神。同时就这个问题让同学们继续讨论。相互议论后学生发现了问题所在并提出了看法："题中管要水平匀速运动则必须要有水平向右的拉力，且拉力和 $F_2$ 等大，因此拉力应随 $F_2$ 的增大而增大，只不过这个拉力在题中没有提到。"我对学生的发现给予了高度肯定之后，因势利导地做了小结：“洛伦兹力对运动电荷永远不做功的结论是正确的，本题中洛伦兹力通过一个分力 $F_2$ 做负功，同时通过其另一个分力 $F_1$ 做正功，从而将外界机械能传递到带电小球上，使其动能得以增加。可以说，洛伦兹力在能量传递中起到一个“中转”的作用。”

王同学的质疑让我高兴：学生没有迷信课本和老师的说教，通过一道题目来质疑我们认为理所当然的结论。不论这个同学提出的观点是否正确，我们都应该看到这背后所表现出来的学生敢于思索、敢于怀疑、敢于质疑的精神。爱因斯坦也说过：“提出一个问题往往比解决一个问题更重要。”这种精神正是我们要提倡、培养和保护的。问题得到了解决，利用这个契机鼓励学生在今后的学习中多动脑、多提问则显得更为重要。因此，我对学生说道：“今天我们通过自己的努力探索，了解了新的知识、拓宽了解题的思路。应该说每个同学都受益匪浅，饮水思源，这节课我们最应该感谢谁？”很多同学笑着回答：“王倚天。”“对，我们应该感谢王倚天同学，但我们更应从他身上学到学习过程中所必不可少的质疑精神，不人云亦云，摆脱各种条条框框的束缚独立地思考，只有这样我们才会发现问题并在解决问题的过程中得到更多的收获。”

走下课堂反思这堂课，虽然没能完成原定的教学计划，但感觉得远大于失。不仅因势利导让学生钻出了牛角尖，解决了一个问题让学生豁然开朗，更重要的是利用钻出了牛角尖这个机会拓展了学生的思维空间，点燃了学生的智慧火花，同时学生的主动参与给课堂带来了生机与活力。六十来个学生六十来个脑袋，课堂上各种可能和偶发问题随时发生，不论喧宾夺主、冲淡主题，只要合情合理就不应回避，适时地改变原来的教学计划，灵活处理，就会收获意想不到的精彩。正所谓处处留心皆有学问，三人同行必有我师。因势钻出牛角尖，豁然开朗一片天。

# 文科化学的小感悟

杨焱媛

收拾抽屉，无意间发现一个已经好久没有用过的U盘，打开后居然看到命名为“1301”、“1302”、“1303”的文件夹，作为化学教师的我实在记不起什么时候还收藏了以文科班班号命名的文件夹，就以为是同事借过U盘后遗留的东西，于是好奇地点开了，居然是学生们的有关《化学与生活》的小论文，几年前的记忆瞬间就涌入了脑海。

13级是我的第二届学生，当高一下学期文理分科后，已选文科的学生每周仍然会安排一节化学课。在第一届的时候我也带过这样的文科班，当时的课堂就像是我一个人在表演没有观众的独角戏，枯燥的化学用语从我的嘴里跳出来，然后又默默地从文科班学生的头顶飘过。有时候我甚至在想，他们到底看没看清我的样子，下课后还记不记得刚刚上课的是个女老师还是男老师。由于自己有着深深的挫败感，那时每到周一都希望该班的老师缺课了，替我接收了这节课。如今到了第二轮，我不想再重蹈覆辙。

其实也不怪学生，对于他们而言，我所讲的又不用参加高考，也没有什么吸引力，如何激发学生的兴趣呢？正在我一筹莫展之时，脑海里突然闪现出每周六放松时会看的娱乐节目——《快乐大本营》，里面每隔几期就会有一个环节，叫做《啊啊啊啊科学实验站》，里面会涉及很多跟物理、化学原理相关的小实验。在网上搜索的过程中，还有些意外之喜，又想起了和发现了一些类似的节目，比如《是真的吗?》《养生坊》，等等。我下载了好多视频，然后按照实验原理剪辑成一个个的小视频，再对应教材的顺序，插入到我的课堂环节中。

比如讲《元素周期律》时，我的标题就是——《神奇的化学元素》，以学生们熟悉的碱金属、硫、卤素作为载体，弱化复杂的知识点，重视其在生活中的应用。比如碱金属，学生们对钠有一定的认识，但是现在是要介绍同主族元素的相似性和递变性，我选择了一个外国爱好者拍摄的视频，是一个在室外，穿着防爆服，以一系列夸张动作完成的锂、钠、钾、铷、铯分别与水的反应，学生看得哈哈大笑，同时也记住了它们的金属性是越来越强的。对于硫，学生大多停留在对二氧化硫以及硫酸的危害认识上，我反其道而行之，同样是介绍浓硫酸的腐蚀性，但我却给大家看了一段一位退休的化学教师运用不同浓度的浓硫酸对木板腐蚀程度的不同，从而用浓硫酸画出了我国名画《清明上河图》的仿制品。关于碘，学生只记得它遇淀粉会变蓝色，于是我给他们介绍了碘在指纹鉴定的发展历程中所起的重要作用。

在讲《化学能与电能》时，给他们讲“两颗假牙引发的头痛”、“如何用口香糖纸和电池取火”，在讲《化学反应进行的方向》时给他们观看定向爆破的视频。在讲乙醇的时候给他们介绍葡萄酒的制作方法、与酒有关的小故事……慢慢的我开始发现，学生开始期待一个星期一次的化学课了，还有学生很兴奋地跟我讲他回去之后有了一个必看的节目，就是《是真的吗?》，还会给我推荐他觉得大家会感兴趣的环节，就连我所带的理科班也开始跟我闹了，原来有文科班的学生跟他们炫耀了我化学课的内容，于是月考之后奖励一个在文科班放过的小视频成了他们最喜欢的化学课内容。

在学期末，我给文科班的学生布置了一项作业，就是写一篇关于化学在生活中应用的小论文，也就有了文章开头的那几个文件夹。点开学生的文章，其中有一篇就是介绍《如何用锡纸和电池取火》的文章，里面细致描述了锡纸的宽度、缺口的宽度以及电池的型号，原来他在家里实验失败了，就上网收集了相关资料，并整理成文。

其实对文科班的学生来说，告诉他们高深的化学知识于他们并没有太大的意义，我上化学课的目的只是为了告诉他们作为一个高中生要有最基本的科学素养，要明白如何正确使用科学才能造福我们的社会。如今13级的学生已经踏入大学校园，只要他们看到生活中某些场景，能够自豪地说一声“虽然我是文科生，但是我知道这个是怎么发生的哦”，于我而言就是成功!

# 一次激励的意外收获

汪 葵

7月暑假的一天，正在家里休息的我接到一个家长的电话。

“请问您是汪老师吗？”

“是的。”

“我是杨薇的妈妈。请问您这几天有没有空？我想请您和其他老师吃个饭。我的小孩杨薇被清华大学录取了，我想当面感谢一下老师。”

“不客气，杨薇取得这么好的成绩主要是她自己努力的结果。作为老师，平时给予她的指导和帮助是我们应尽的职责。您的这份感谢我们心领了，但饭就不必吃了。”

“汪老师，我非常希望能跟您聚一下，要当面感谢一下您。您还记不记得高二时您曾答应她的请求让她坐讲台旁边学习的事情？这件事情杨薇多次跟我讲起，当时您的这个安排和鼓励给了她很大的勇气和信心。”

“是吗？听到您和杨薇有这样的感受，作为老师，已经很满足了。”

虽然最后这顿饭没有吃，但听到家长对老师的真诚感谢，还是感觉比吃了一顿豪华大餐还要高兴。不过，说实在的，因为和学生的沟通太多，一年多以前的事情在我的记忆里已经有些模糊。为什么在我看来很平常的一件事情对学生有如此特别的影响？这促使放下电话的我仔细去回忆一年前这件事情的细节。

记得那是高二上学期，当时的我还是杨薇所在的1302班的班主任。杨薇是我们班的一名美术类学生，她性格内向，说话不多，只要发现其他同学们看她，就会低下头。有同学主动和她聊天，她总是笑而不答，然后就悄悄走开了。记得有一次上课，我点名让她回答问题，只见她满脸涨得通红，头微微向下低，缓缓地从凳子上站起来，眼睛都不敢正视我，似乎是犯了什么错误。这时，我鼓励她："杨薇同学，没关系，你是很有自己见解的同学，大胆地说出自己的想法！"听我这么一讲，只见她两手紧贴着裤缝搓了搓，过了大约十几秒钟，才从嘴里蹦出了答案。她的声音很小，以致全班同学似乎都屏住了呼吸，竖起耳朵用力听，才能听清楚。我温和地对她说："你讲得很好。下次，声音再大一些，让全班同学都能听到你的回答，好吗？我们大家都对你有信心，是不是啊，杨薇？"这时，她的头更低了，脸更红了，像秋天熟透的柿子，惹人怜爱！

这节课后的一节自习课时间，她来到高二年级班主任办公室，走到门口的她停了下来，似乎想进来但又顾虑着什么。我把她叫了进来，对她说："是不是找我有事情？其实不管有没有事情，老师都欢迎你经常来坐坐，其实，无论是班级还是我个人，都希望得到你一如既往的帮助。"

她很惊讶地问："很惭愧，我好像没有帮班集体做什么事情呀？"

我说："这个月的科体艺节，你交了那么多美术作品，得了多个一等奖，这不是为班集体做贡献吗？平时的班级文化墙布置，每次你都主动帮忙设计布置，这不是为班集体做贡献吗？"

听了我的鼓励，她顿时不好意思地说："我是美术生，这些事情对我来说其实不算什么。"虽然这么说，但经我这样一鼓励，看得出来，她的脸色明显好看多了。

"今天你找我是不是还有别的事情？"我问道。

"是的。我想……我想……"

看着她似乎还有一些顾虑，我鼓励她跟今天上课发言一样，大胆讲出自己的想法。

"我想换个位置。"她用恳切的目光看着我。

"原来是这样，我以为是什么事这么神秘呢。不过我想问一下，现在的你坐第三排，在我们看来是一个不错的位置。你想换到哪里呢？"

"我想坐最前面的位置，就是第一排前面讲台旁边的位置。因为这个位置没有同桌，而且离老师最近。我想从现在开始，更专注地去学习。"

"原来是这样。你想用最专注的状态去学习，老师听了你的想法很欣慰，也一定会全力支持你。不过，只要你真正有这个决心并能持之以恒地坚持下去，不管坐在哪个位置，都会取得进步的。而且，你想独立学习，这和其他同学的交流、相互帮助并不矛盾。你说是吗？"

"谢谢您的鼓励，我知道您的意思，除了独立学习，我会积极和其他同学互帮互助的。不过，我还是觉得目前的我要用一些有效的方式逼一下自己。"

看着她渴求的目光，我答应了她的请求，并对这样一位目标坚定的学生提出了我的期望：“在人生的竞技场上，有明确奋斗目标的人，注定是生活中的强者。一个人只有树立明确的奋斗目标，才会充满前进的动力，人生才会在开拓进取中得以提高、在失败挫折中得到成长、在困苦磨难中变得坚毅、在希望——失望——希望中获得快乐和满足，人生才会在这跌宕起伏的过程中变得更加充实精彩。希望你为自己的梦想而努力，为成功而拼搏！无需惊天动地，只要你脚踏实地，只要你一直在努力，就不会给岁月留下遗憾，给梦想留下哀叹！”

听完我的激励，杨薇点了点头，虽然没有多说什么，但我能感受到她的喜悦。自那之后，杨薇特别努力地学习着，她也更加开朗了，乐于与老师、同学交流。虽然中途遇到一些挫折，但因为她的目标足够坚定，内心足够强大，这些挫折和困难都得到克服。一年半后的她考取了清华大学，对我来说，这既是意料之外，也是意料之中的事情。

格林曾说：“人的根本在心灵，教育应回归心灵的深处。”每名学生的心灵深处最渴望得到别人特别是老师的肯定。老师的工作充满了艺术性和责任性，作为老师，应该告诉自己，一个细小的行为，可能成就一个学生，也可能毁掉一个学生。很欣慰自己有这样一段教育经历，它使我感受到做教师的快乐，也会激励我坚持做这样的事情。

# 在笑声中让化学渗透于生活

王恩元

站在高中讲台上已经有 12 年了，我一直在思考一个问题：如何将高中化学中和生活紧密联系起来，既能让学生感受到化学的魅力，也能激发学生的兴趣反过来促进课堂教学？面对这个问题，我曾经做过一次有意思的尝试。

那是高一上学期期中考试结束后，试卷刚刚改完已经六点半了，七点半就要上晚自习，学生刚刚考试完，学习情绪不高，这时评讲试卷估计效果不会很好。如何利用好这个晚自习？我想到了刚刚看的一个法兰琳卡的广告，灵机一动，做了一个广告影视作品的 PPT。

当我走进教室，打开 PPT 之后，学生惊呆了。老师这是什么意思？这节课的主题居然是——《我要吐糟!!!》

很快我播放了当时在 CCTV-8 播放的法兰琳卡的广告。在广告中反复出现的“我恨化学”已经让学生直觉上感到有问题。这时我放出法兰琳卡的产品说明书。

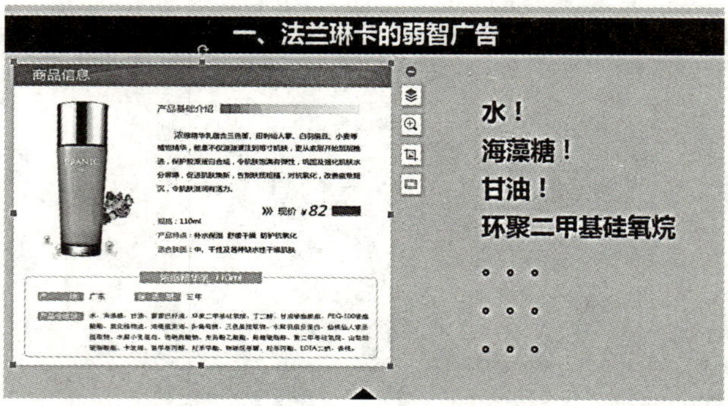

可以看到，它的每一种成分都是典型的化学物质！而它在广告中信誓旦旦地说“我们不含化学成分”，这不是打自己的脸吗？

顺势我就推出了影视圈中的“化学四煞”，让同学们运用已经学习的化学知识找到其中的化学错误。

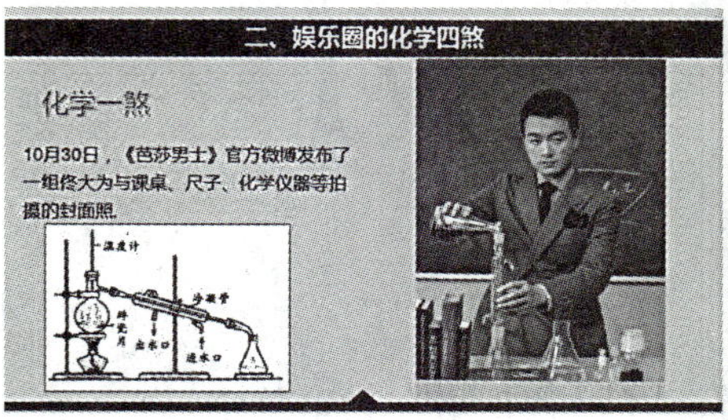


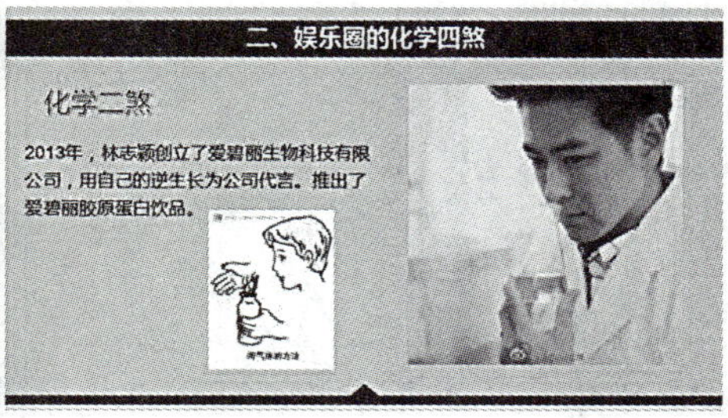


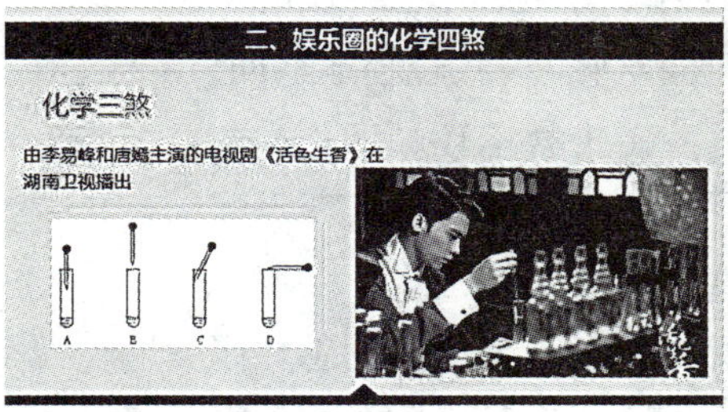


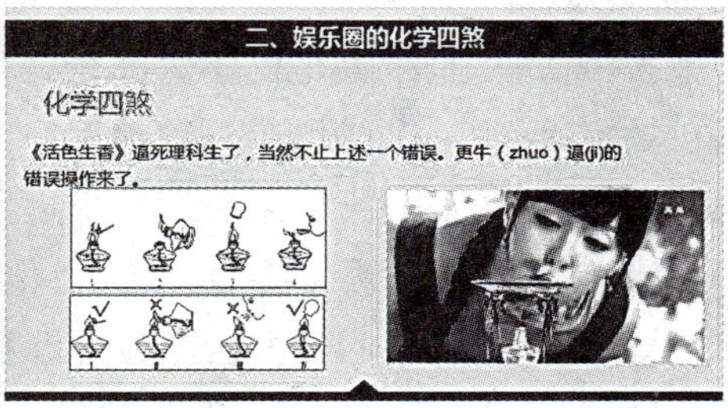


通过这种“我们来找茬”的游戏，学生的情绪完全被调动起来，纷纷回顾高一刚刚学习的实验操作，我从来没有见到过学生对于知识点有如此的热情。顺势我就引导学生认识到这种操作所会带来的危害，我相信，这节课会给学生留下深刻的印象。

我们高中的学习目标中，知识与技能，过程与方法，情感态度与价值观，这些是完全可以融合在一起的。课本中有大量的化学知识在生活和生产中的应用，我也企图激发学生的学习兴趣，但是很多时候不容易起到很好的效果。根本原因还是这些例子脱离学生的生活，脱离学生的兴趣点。而本节课的成功，我觉得首先是走进了学生的世界，这些明星、这些影片都是他们看过的、感兴趣的，只是以前从来没有从这个方面来看待，这节课等于给他们打开了一道大门，原来透过化学这个镜片去看，这些影视剧还有如此的笑点。原来化学也可以如此轻松活泼，丰富多彩。

课本的编排对于时代而言有一定的滞后性，但是我们老师是没有滞后性的，当我们老师走进学生世界，运用我们的专业知识将他们的世界和我们的学科世界联系在一起时，这样的化学课堂还会枯燥吗？

# 静中生慧

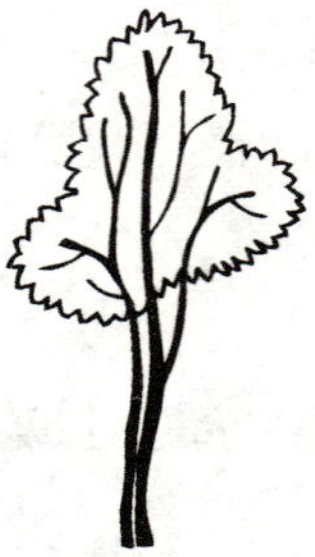

魏华平

一天上午我正准备上课，碰到女生余苏苏（化名）坐在教室外吃早餐。我走过去轻声问道：“早自习之前为什么不吃呢?”“没时间吃。”她大声回答道。“其他同学为什么有时间吃呢?”我轻轻地追问。“他们在教室里面吃。”她稍带气愤地回答。我走进教室环顾四周，却没有发现学生吃早餐。我急速走到她身边问道：“我怎么没发现呢?”她阴沉着脸，瞥了我一眼，冷冷答道：“他们已经收起来了。”一股怒火在心中升腾，但多年的班主任经验告诉我，冲动是魔鬼，我憋住了怒火，强迫自己冷静下来，关切地说道：“自习之前不吃早餐怎么有体力读书呢？饿出胃病怎么办?”“那我以后不在教室外吃早餐好吧!”她讥讽地答道。我愣住了，看来没达到教育目的。

上课铃响起，我得上课。下课后，我静心琢磨着：“如果余苏苏以后不吃早餐，饿坏了身体怎么办？如果她对我心生怨恨，影响自己的心情，影响自己的学习怎么办？如果其他同学在教室外面吃早餐或干脆不吃早餐怎么办？我得想办法再教育。”一种想法立即闪现出来。第三节自习铃响起，我快步走进教室，说道：“同学们，我们都知道早餐是人一天最重要的一餐，只有早餐摄取了足够的能量，人才能在一整天保持一个较好的状态，长期不吃早餐会引发多种疾病。现在我来做个调查，了解同学们吃早餐的情况。朱木子你什么时候吃的呢?”“六点二十左右。”“方雨欣你呢?”“六点半左右”……我连续问了五位走读生、离学校距离和余苏苏差不多远的女生，答案大致相似。在同学们的回答过程中我用余光扫视余苏苏，她略带羞愧地低下头。学生回答完，我微笑着说道：“同学们能按时吃早餐，令我很欣慰，希望同学们继续保持。”我立即把从网上下载的《早餐的重要性》科普文章贴在教室的外墙上，提醒同学们自习之前要吃早餐。张贴后，我想此时找余苏苏了解她的想法，但顾忌此时同学的猜测会让她很没面子，我冷静下来克制自己没找，寻找恰当时机。

课间操解散后，余苏苏正好走在队伍后面，我走向前，微笑地说道：“听到没有，她们在进教室之前就吃完了早餐，方法总比困难多。”“她们都在说谎！”她红涨着脸答道。我一怔，我没想到她会这样狡辩。我有些愤怒，但强迫自己冷静下来，然后说道：“在《悲惨世界》一书中，有位男主角叫冉·阿让，一次他在主教家过夜时，偷了主教的银器逃跑，被镇上的警察抓回。主教不但声称银器是送给冉·阿让的，还送他两个值钱的烛台，让警察放走他。主教告诉冉·阿让要好好利用银器‘做一个诚实的人’并且说他已经向天主赎了冉·阿让的灵魂。正是主教的宽大和仁慈深深感化了冉·阿让，他决心行善积德，做一个好人。他化名马德兰，在一个城市办了个工厂，成为了富翁，为贫穷的人提供就业机会，给他们饭吃，给他们房子住。我相信每位同学都是善良、可爱的，如果没有真凭实据，我相信她们说的都是真的。”余苏苏无言以对，低头走了。此后她坚持早自习之前吃早餐。

当我得知余苏苏家境比较困难时，我及时帮她申请助学金，减免学费，及时关心鼓励。有一天晚自习结束，待其他同学离开教室后，她走到我面前深深鞠了一躬，动情地说道：“遇到您这样的班主任，我很幸运。”

如今，余苏苏已毕业近两年，我时常在思考，如果刚开始被余苏苏激怒，劈头盖脸地批评教育一通有效果吗？余苏苏会接受我的教育吗？她会快乐地学习生活吗？我能感受到教育成功的喜悦吗？答案不得而知，但冷静让我能找到智慧解决问题的方法，达到理想的教育效果。

# 目标不是越低就容易达到

艾双叶

刚进入高三，学生们有的斗志昂扬，而有小部分却毫无目标，得过且过，觉得自己基础不错，做一天和尚撞一天钟。我看在眼里，急在心里。

有一天最后一节自习课，我在黑板上写下两个数字：“480 分，560 分”。我和颜悦色地问学生们：“同学们，问大家一个问题，是考 480 分简单，还是考 560 分简单。”学生哈哈大笑，觉得这个问题不置可否，一起在下面说：“还用说嘛，肯定 480 分啊。”我轻轻地摇了摇头，用粉笔把 560 分一圈，斩钉截铁地告诉他们其实 560 分更容易。

看到孩子们一脸茫然的表情，我知道我的目的马上要达到了。我给他们讲了一个关于自己的故事。

“同学们，艾老师小时候想当个老师，这是我从小的梦想，我进的是一个普通的高中，宜都二中，当时我的目标就是考上长江大学，是一个二本的师范学校，决定当一个小学老师，当时长江大学高考录取分数只需要 480 分就够了，我觉得我肯定能上，结果 2003 年高考时我考了 479 分，以 1 分之差与长江大学失之交臂。

2004 年我决定再读一年，依然要进入师范类的大学，但第二年，我不想考长江大学了，我想考华中师范大学。当树立这个目标后，我拼了命地学习，找各种各样的方法提高自己的成绩，第二年我增长了近 90 分，考了 566 分，成功地进入华中师范大学学习。”

我顿了一顿，问了他们一个问题：“同学们，是不是艾老师第二年就智商大增呢?”我摇了摇头，接着说：“不是我的智商一年有大的改变，也不是卷子变简单了，变的只有一个，目标的改变！当我把目标定在 480 分的时候，我选择了不思进取，选择了得过且过，结果这么低的目标我以失败而告终，其实在我想考480分的选择之下，失败已经铸成。第二年，我选择了我遥不可及的560分，当我选择以华中师大为目标时，我选择了以勤奋刻苦为伴，选择了破釜沉舟，奋力一搏，选择了大无畏，选择了不怕失败，勇于进取的决心。我的成功已经随着目标的改变在改写。

同学们，目标真的不是越低就越容易达到，有时目标越高反而会取得成功，目标不一样，你选择的态度也就不一样，而态度，在学习中是非常重要的东西。所以，我倡议大家，要有远大的目标，要有不怕吃苦的精神，这样我们一定能成功。”

从此，那些自己的目标是三峡大学，或者随便哪个大学的同学，悄悄地把自己的目标改了用白色的纸粘在了教室的后面。每个孩子都有了一个目标，而且都很努力地朝自己的目标前进。班上无所事事、不思进取的孩子少了很多。因为他们终于明白一个道理：不是目标越低就越容易成功，反而，目标越低，还有可能失败。

# 1317 班感动我诸事之一

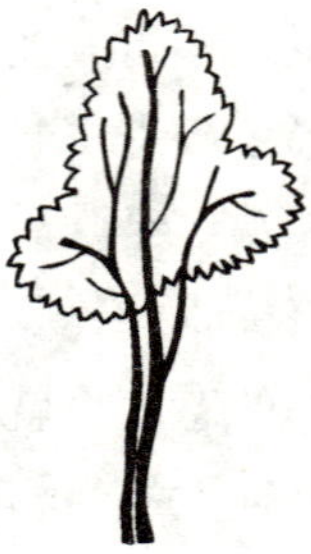

谭立婷

一天晚上，我风风火火地赶往学校坐班批改作业。在通往办公室的林荫道上，昏黄的灯光下闪现出一个熟悉的身影，定睛一看，原来是我们班的张津铭同学，刚好她也发现我了，于是问了声“老师好”。看到她背着书包回家的架势，让我想起白天的一幕：大约是上午第三节课，高三分班体检的时间段，大多数同学回原班级了，教室里只有屈指可数的几个学生，我坐在讲台上给一个掉课的学生补课。突然，教室的一个角落里传来一阵抽噎声，我抬头一看，就是她，边打电话边哭，我想去安慰一下，但是和这些孩子们相处才几天，害怕自己突然过去太唐突就打住了，所以只跟恰好也到教室里来的班主任杨老师说了一声，就没有多管。下午第一节课，看到这个学生，又让我想起上午的一幕，我想试探一下她的情绪是否好转，于是在讲题目的时候就专门点了她回答问题，看她回答的还可以，就以为她的小情绪已经好转了，更没有多在意。

这会儿恰好碰到，相互之间也搭上话了，顺势就问了句：“今天你哭了，是怎么啦?”我刚问完，就敏锐地观察到她的泪花又慢慢溢上来了，不过强忍下去了，她很真诚也很平静地说道：“我家狗狗死了。”明白了，原来这个小女孩是因为家里的宠物去世而伤心难过。“怎么死的呢?”“它生病了，在吃药，抱到医生那里，医生说不能继续维持它的生命了，然后就死了。”狗狗的去世让她落泪，而且在这复习的关键时期还要赶回家去，我想她是真难过，不好再过多地询问，怕撩起她难过的情绪更加不好，只说让她早点回家休息就匆匆而别了。说真的，已到而立之年的我还真不会安慰人，惭愧。

和她分手后，我放慢了脚步走到办公室，内心一直有一股热浪往上涌，已经记不清上一次灵魂的触动是什么时候了，这一次完完全全地被感动，因为我一直坚信一个连小动物生命都如此珍视的孩子，她也必定会尊重别人和自己的生命，她绝对是一个充满爱心的孩子。为什么此事会如此深刻地触动我？因为尊重生命和充满爱心这种我们从幼儿园开始就开始灌输给孩子的理念在这个充满功利的现代社会已经是非常少见了。且不说社会大丛林，即使身处象牙塔，教育失败的案例比比皆是，很多学生为了名次、为了荣誉、为了升学内心变得冰凉。前段时间，新闻爆出一则震撼人心的故事，江苏 36 岁的女教师监考时发病，可是学生未察觉仍做题，虽然后来官方有各种说辞，但是很难想象当考生听到老师的呻吟声后没有反应的场景是怎样的。我完全没有指责孩子的意思，是整个不对劲的社会风气将他们塑造成这样。曾几何时，看见路边的乞丐和摔倒的老人，我们的第一反应都觉得他是骗子，还是敬而远之为好，这样的环境下你能指望每个人健康地成长吗？

在我读大学期间，曾有幸听到北京大学钱理群教授的讲座，他曾如此感叹："我们的一些大学，包括北京大学，都正在培养一些'精致的利己主义者'，他们高智商，世俗，老到，善于表演，懂得配合，更善于利用体制达到自己的目的，这种人一旦掌握权力，比一般的贪官污吏危害更大。"难道不是吗？

也许内心一直贮藏起太多的负能量，面对如此晶莹剔透难能可贵的心灵，今晚的我怎么可能不煽情一下，拿起从高考结束后就不再写作文的笔写下这份感动。这几天，我一直担心这群从原班级分出来的学生会因为自己的特殊性而感到自尊心受到伤害，所以说话做事都是小心翼翼的，然而现在证明我的想法是多余的，内心有爱的孩子怎么会有那么多阴暗的想法呢？

# 我愿为你倾耳听

袁楚桥

我开始关注这个学生源于刚接手这个班的一堂语文课。我问班上的学生,《子路、曾皙、冉有、公西华侍坐》多少人学过。大家异口同声地说“没有”。只有一个人应声说道:“学过啦,不需要再学了!”看来一接班就遇到了高手,我心想这位学生的语文基础应该不错。另外,通过她独自一人大胆地表达自己的看法,说明她也是一个较为自信的人。我低下头跟她说:“温故而知新,可以为师矣。学过的内容现在再来看,说不定就有更深的感悟了。”正如我所愿,这位学生按着我的意思认真地复习课文。就这样,我跟她认识了,一个自信、乖巧的姑娘。

慢慢地,我发现她上课的时候总是一个人偷偷地瞄着我,却似乎不太愿意与我的眼神直接相遇。我猜她外露的自信也并非那么光芒万丈。于是,我巧妙地抓住她课堂进步的每一处(一次语文笔记整理、一面阅读摘抄亦或是一次平时练习)在全班大力地表扬她。我想,随着她对我信任的加深,她会愿意与我分享更全面、更真实的自己,我也能更好地帮助她解决成长过程中面临的问题。当然,这需要时间。然而,我愿意等待。

果不其然,在一次月考过后,她走出教室找我分析试卷。看着她本该明亮却忧郁迷离的眼睛,我敏锐地发现这位学生仿佛有着万千的心事。她极度压制着自己的情绪,然而眼神中却闪烁着求助的光芒。于是我并没有针对哪一道题说她答题存在的不足,而是让她自己谈谈对自己目前的状态是否满意。一说到这个问题,她的眼泪就止不住哗哗地流下来。她对自己从初中阶段的宠儿到高中阶段的相对落后感到非常失落、无助甚至还有一丝愧疚之情。这种学业方面的压力让她缺乏安稳长久的夜间睡眠。听她说了自己的情况，我逐渐走进了这位学生丰富的心灵世界。外显的自信，是因为她对自己期待一直很高。而一旦没有符合自己的预期，自信就变成了随时泛滥的负面情绪。我立马说道："我跟你有一样的经历了。这说明'同是天涯沦落人'嘛。看来每个人都有过失意不平的经历。"对于我赞许、共鸣的态度，这位学生感到非常意外。因为在这种情况下，学生一般想到教师会站在权威的制高点指出学生的不是，然后给学生灌输一段心灵鸡汤鼓励学生重整精神，再次启航。

面对我放下身段的谈话，她感到很安全，话题自然就打开了，紧张激动的心情也逐渐得到了平复。她带着我重温了初中时代的风华岁月，成长过程中的些许阵痛，目前学科存在的困境……整整一节晚自习，她说了又哭，哭了又说。在她对我足够信赖的条件下，我诚恳地告诉她："你不哭的时候最漂亮了！擦干眼泪才能够走出过去，未来的自己才会少些眼泪！我相信这颗温润善感的心灵将是你成长路上的重要养分！"学生若有所悟地点点头。

在后面的日子里，我每逢考试之前、考试之后都会主动找她谈心一次。谈话的时间不一定很长，但我总能如期而至地聆听她的声音。她谈语文，也谈现在面临的学科平衡问题，也谈到未来的大学规划。当然，她偶尔也会掉出豆大的眼泪，但总能在谈话过程中及时清理内心的不快，心志也变得更加坚韧、成熟了。在寒假到来之际，她在语文作业中夹了一张新年贺卡，上面写道："袁老师，感谢您一如既往对我的关注！我的家人一直希望我去当老师！但不论选择哪一条路我都会坚定地走下去。I'm so glad you are in my life. No one but you."看着她日益成长的足迹，我感到由衷的高兴。

正处于狂风骤雨时期的高中生，内心的情绪也瞬息万变，波澜起伏。可能在成人看来不值一提的小事，在他们眼前却是一道难以逾越的坎，难以愈合的疤。试想光阴回溯，作为教师的我们在当高中生的时候也很难做到心静如水，无忧无伤吧。此时，教师简单粗暴的说教、目空一切的施压会让学生的心灵表达日渐枯萎。按着这样的逻辑，老师用心倾听学生的想法，对他们的状态进行真诚地共情和恰到好处的智慧引导便是对学生最好的体贴和帮助。每一个学生背后都有一个传奇的故事。你说我听，师生之间才有了情感互动的可能，教育才有了生长的缝隙。

五味杂陈青春歌，我愿为你倾耳听。在学生拔节成长的年华，我能途径他们生命的盛放，想想也觉得教育是多么荣幸，多么温暖。

# 让生活走进语文课堂

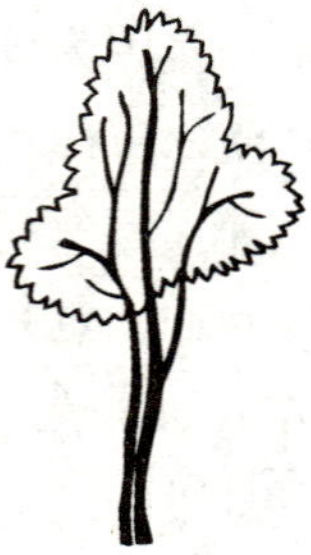

张万敏

语文的外延就是生活的外延，课文文本离开了生活，就成了死水一潭，离开了生活的课堂也就了无生趣。由此表明，生活是语文课堂的灵魂和生命，语文课堂只有和生活结合才能产生情趣、意趣的火花。

记得在和学生学完《香菱学诗》后，我问学生在《红楼梦》中，你喜欢哪个人物，不想很多学生回答是“王熙凤”，我问他们为什么喜欢，他们说喜欢王熙凤的“辣”。下一节课正好是写作课，我要就学生用自己的笔描写“凤辣子”的形象，然而学生竟表现不佳。在失望之余，我分析了原因，尽管凤辣子以“辣”出名，但毕竟远离了学生的生活，已在与生活的脱节中成了一朵枯萎的花——毫无所用！于是，我想不写凤姐了，写一写熟悉的人吧。毕竟学生还是有些生活经历的。着力点依旧是“辣”，要求学生“在你熟悉的人里面，你觉得谁最辣？学习曹雪芹，抓住人物的神态、语言、服饰等，写几句话来表现他（她）的辣。”

情况似乎好了一点。

“闹哄哄的教室，因老师的出现顿时鸦雀无声。只见老师眉毛紧锁，盯着我们的眼神如电，让我们心惊胆战。”

“妈妈跟凤姐有得一拼，骂起人来声如洪钟，发起火来凶如豹子。”“我的同桌也挺‘辣’的，深邃的眼神有无限的智慧，紧缩的眉毛似乎不把任何人放在眼里”……

思路好像是宽了，笔下之言也有了并不空洞之意。但细看，老师令人恐怖，妈妈凶如恶煞，同伴目空一切，这表象的“辣”非但没有了色香味，而且歪曲了“辣”的深刻内涵啊！展开想去，学生习作中存在的“负面”倾向，绝不是一个个案，或者牢骚满腹，或者凭空想象，究其根源，是缺乏正确的情感、态度、价值观的指引，缺少对生活细腻深入的观察。而这种倾向，往往又容易麻痹在所谓“真实”的假象中。这需要师者及时的提醒、点醒、拨正！再细细想想，莫说“凤辣子”的形象百年难遇，就是学生的生活里真有类似的人，也是一个需要仰视才能得其神韵的人物形象，与学生的生活、思维还是相去甚远，写起来自然不真切。课堂还是要有生活的源头活水，于是设计再三修改：

写一写你熟悉的某个人。只抓住一个方面来写，比如外貌、语言、神态、动作等，通过你的描写表现他的特点。

就如折翼的鸟儿重新插上了翅膀，学生的思维顿时翱翔在了广阔的天地：

“瞧瞧我班的小‘辣子’：圆眼睛，双眼皮，瓜子脸，红嘴唇。身材娇小，步履轻盈。笑声就是她的名片。安静的午休，大家正静默看书，远处出来一阵清脆的‘咯咯咯’的声音——这就是小‘辣子’发出的信号了。未见其人，先闻其声。与凤辣子比起来，是毫不逊色啊！”

“我的弟弟鲁歌，我称之为‘格鲁派’，意思就是‘格外的粗鲁’。这不，家里的两只猫在抢鱼吃了，‘格鲁派’一见，马上跨步上前，左手一伸，居然加入了‘抢食’的队伍。只见他手脚并用，踢开这只猫，挡住那只猫，把那条鱼牢牢地握在手中。我想：难道他也想吃鱼？不料，这‘格鲁派’却把那条脏兮兮的鱼硬生生分成两截，分别扔到两只猫前面！

“老师的话音刚说完，只见‘何急躁’就急不可耐地大吼一声：‘我来！’如平地一声雷，把大家的眼睛齐刷刷地吸引到他身上。瞧，他‘噌’地一下站起来，红扑扑的脸上挂着满满的自信，圆溜溜的眼睛放着智慧的光芒。老师似乎还没反应过来，他就嘴巴一张，放鞭炮似的把课文读了一遍。老师微笑地看着他，轻轻地说一声：“我的要求是——背诵。”话音刚落，‘何急躁’还没合拢的嘴又张大成了圆形，那满意的笑容慢慢凝结成滑稽的‘？’。‘啊！背诵啊，我可不会！’顿时，全班笑成一片。”

……

这一次的描写，人物的形象是生活的，形象的描写是立体的，立体的文字是有温度的、可触摸的、活灵活现的。学生的心灵如鸽子在飞翔，情感如小溪在歌唱，思维如火苗正兴旺，人性如旋律般飞扬。一个小小的改动，竟能有如此的成效，让我始料不及——只不过离生活近一点，却打开了一方丰盈的世界。语文与生活的相通交融，真正触及了孩子的内心世界。在生活的牵针引线中，语言在与思维的聚合中碰撞出巨大的能量，激发出灿烂的智慧火花。难怪叶圣陶说，生活如同泉眼，语文如同溪水。惟有泉眼丰盈而不枯竭，溪水才会自然而活泼地流个不停。我领悟了：语文课堂，一定还学生一口生活的泉眼。

# 定期开展班级学科小竞赛 充分激发科代表的工作热情

张建华

2017 年 3 月 24 日下午第 3 节自习课上，1614 班教室里，有一位小“老师”——李昕旺正在认真地组织学生进行一次班级内的生物小竞赛。

“本次生物学科小竞赛分两个部分，第一部分是抢答题，谁知道正确答案就直接站起来答题，表现好的同学会有奖励哟，第二部分是试卷检测，排名前十的同学会有小奖品哟！”小“老师”开始用奖品激发同学们的参与热情。

“下面开始抢答，第一道题：三倍体的无籽西瓜比普通西瓜（二倍体）甜的主要原因是什么？”……

抢答过程，同学们聚精会神地听，热情地参与，踊跃站起抢答；抢答完毕后，小“老师”还利用事先准备好了的 PPT 为同学们进行讲解，PPT 的风格很萌，也展示出快乐学习的心情！

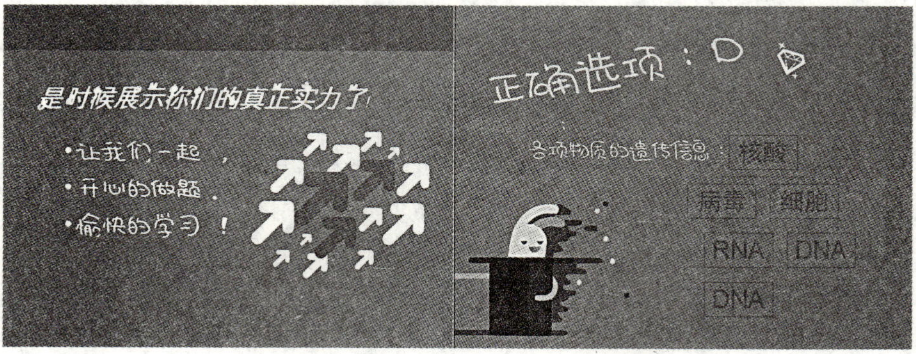


PPT 展示

现场讲解图

现场颁奖图

抢答完毕，小“老师”给每位同学发一张小小的试卷，并煞有介事地强调，不得提前答题，等所有同学都拿到试卷后才同时做题。所有的同学按照要求，认真答题。

试卷收上来后，小“老师”会同班上几位生物成绩优秀的同学利用课余时间批改，当天晚自习就将优胜者名单公布，并亲自为他们颁奖，奖品由班费支出，每位获奖同学自由选择奖品：一根红色笔芯或一小本便笺。获奖的同学喜笑眉开，其他的同学也为获奖同学热情地鼓掌。颁奖完毕后，小“老师”还将获奖同学的名单张贴在班级荣誉栏中。

这位小“老师”就是1614班的生物科代表李昕旺同学。

以上这一幕是每周班级学科小竞赛活动内容，该项活动是我作为班主任激发科代表工作热情的一个办法。按照班级规定，科代表由学习委员组阁，负责对科代表的工作进行督促、指导。一般来说，有的科代表的工作仅仅局限于帮助老师收发作业本，不利于科代表工作的主动性，也不能激发科代表创新工作的热情。由此，班级对科代表的工作增加一条：每周利用自习课10到15分钟的时间开展一次班级内某一学科的小竞赛，由科代表负责组织，形式多样，竞赛内容与学科老师商讨，并在一周前告知同学，赛后由科代表组织评价，评出优胜者，并利用班费发一点小小的奖品，并张贴在班级荣誉栏中。

班级学科小竞赛在一定程度上激发了科代表的工作热情，也锻炼了科代表的组织能力，科代表在竞赛之前必须弄清楚竞赛内容的学科知识，也激发了科代表对本学科的学习热情。在几次班级学科小竞赛活动中，同学们积极参与，平时的学习主动性也有所增强，希望自己在这种频度较高的小竞赛中成为优胜者，获得一点小小的奖品，获得同学们的认可。

设置学科小竞赛的活动体现了相信学生，以生为本的理念，让学生在自我教育中成长，同时也激发了学生自主学习的积极性，唤醒学生自主学习的潜能。

# 建设教师的美丽

应贞贞

对于青春，对于印象最深刻的高中课堂生活，在年少光阴诗卷中，我们高中教师成为青春少年最重要的见证者。一起立誓、一起奋斗、一起拼搏，少年们所期待的是一个永远美丽如斯的地方，所追求的是经纶在手，珠玉在侧。对于我们教师而言，我们要和少年们一起创造这样的美好，在这美好的时光里一起走过。而往往他们青春的叛逆会让我们破坏当初的心境。我们要先建设自己的美丽，才会带给他们所期待的美丽。

有一次在课堂上，我刚布置了作业，一连串“咚咚咚”击打桌面的声音传了过来，带着愤怒的气焰叫嚣着。我心里腾地升起一股火，看了一下全班同学，发现全班同学有些吃惊地望向传来声响的地方，然后就无所谓趴在桌子上开始写作业。幸运的是我一直关注着这个学生的成长，对他的品行赞赏有加，估计是他今天情绪有点问题，并不是故意针对谁。我压制住自己的情绪，不断告诫自己：老师就得遵守老师的职业道德，我会碰到很多情绪失控的学生，这没什么！但我的一句伤害的话可能让学生留下阴影。我默默地和其他同学一样，坐了下来，认真备课。

什么事情貌似都没有发生，而实际上大家就是这样认为的。后面的课堂上，这位少年仍然积极有礼貌地提出自己的见解，课堂外老远就和从前一样和我打招呼。我想，这种知性的包容会保持教师的美，让人想起来会觉得内心柔软和安宁，是一个有关青春岁月所有记忆的归依之处。

很多学生会忆起自己的某位恩师，教给了自己很多知识，但是总是那么理性和睿智，让人亲近不起来。我们和学生的交流可以偶尔用自己的真性情对待，这份随性会拉近和学生之间的距离，是一种随性的美丽。

当然我们的教育必须要严谨、认真，才能让学生感受到我们的严格，服从规章制度。这样我们对学生的赞美和鼓励才显得真诚而有意义。在学生的问题上我们得有很多新点子，有效地解决很多问题。这样每次当听完课后对学生说出的那句“好”便成了天籁之音。在校园里，学生会经常去追随所喜爱的老师的目光、表情，觉得他/她就是一切，是主宰快乐幸福的一切。我们在听取学生的回答时，一切评价都写在脸上，如果边听边在微笑，那就是一个字，“好”；如果脸上晴转多云，那肯定就是哪里出问题了。如果实在不像样，一定要愤而起身，毫不留情地“赶”下讲台，自己亲自示范。这样随性的老师会让学生去憧憬、期待那笑容。我们的笑容是绝不吝啬的，只要课上稍有亮点，就会赞许。因为我们知道，学生们都需要得到那样的奖赏。只有成为这样一位严师，才能让学生时时刻刻审读自己，不敢有丝毫懈怠。

少年们最感谢的还是在他心里播洒阳光的人。感念那些在他的成长路上伴他同行，或为他鼓劲加油，或为他挑刺修枝，或给他信心鼓舞的人，让他一路温暖走过。建设温暖的美丽势在必行。

一个月后，这位学生找我，他对最近的学习感受到了怀疑，我让他把自己的学习方法说了一遍，他在说的过程中踌躇、忐忑、没有底气。我对他的学习方案进行了改动和建议，然后非常肯定地坚定他的信心：“好！相信我，继续坚持，一定成功！”他整个人都热起来了，满脸笑容、信心十足地走了。看到他情绪的变化，我也满怀热情地继续关注着他的学习和生活。后来他说：“在这样的鼓励和肯定中诞生的给人信心和力量的温暖话语，像刀刻般烙在我的灵魂深处，每当碰到困难自己怀疑自己时，我就会把这些话拿出来‘晒晒’，于是，心底就会滋生出阳光般的温暖。于是，就又有了重新站起来的信心和勇气。”

一个人的气质里藏着他走过的路。我怎么样，世界就怎么样。这是一个夷陵学子应该有的自信。美丽教师的建设之中，越来越多的同学用新的眼光重新认识了高中生活这个朝夕相处的“天敌”。这里是他们来时的路，而这条路值得更美丽。情之所钟，即是吾乡；心之所在，便是天堂。

# 道是无情却有情

刘德凤

2019年下半学期第二周，高一年级开始选课走班，几天后班级固定了，我带二班的政治。上学期因为时间关系，《经济生活》第四单元没能上完，分班后的学生都带有文科倾向，按照备课组的要求，第四单元市场经济的内容按文科的要求上课。

分班后的第二天，从AP班转进一名男生朱某某。第一节课，我发现他没有教材，同桌的同学与他共用书，导致有书的学生也不太好在书上记笔记，下课时我提醒朱某某赶紧解决教材问题，他不在意地说："上学期我们没上政治，没发书。"我没再多说，第二天上课，他照样想与同桌共书，我提醒同桌，不要把书给他看，朱某某只好看着黑板上的知识结构。学生专心安静地看书时，我在教室里巡查，科代表小声对我说："老师，把您的书借给他吧。""不借。"我回答得非常干脆。一节课很快结束了，下课时，我感受到了不少学生对我的不满，但依然大声说："下次上课时，没有书的同学，请到教室外面站着听讲。"

第二天上课，首先检查有没有书，不少学生脸上一脸的不屑，朱某某的桌上也放着一本崭新的《经济生活》，我问他，"哪来的"？他说在学校买的。我站在讲台上，看着敢怒不敢言的学生，问到："你们想不想听故事啊？"一听说讲故事，他们一个个很快地露出了笑脸。

"这个故事是我很多年前看到的：一位日本父亲，带着他6岁的儿子去湖边郊游，父亲钓鱼，儿子在一边玩耍。在湖边不远处，有一个很深的大坑。孩子好奇，自己偷偷摸索着下到坑里，他为自己的新发现而兴奋得手舞足蹈，高兴过后，他才发现，大坑离地面很高，下来容易上去难。于是，他不得不求助于父亲：'爸爸，帮帮我，我上不去了。'但他没有得到回音。其实，他知道他父亲就在离他不远的地方钓鱼，他万万没想到，他父亲对他的要求置之不理。于是，他的第一反应是愤怒，他开始直呼他父亲的名字，并骂他父亲是八格牙路（混蛋），他父亲还是不理他。这时，天渐渐黑下来了，出于恐惧和无助，他的第二反应是哭泣，他又哭又喊，那种哭叫声足令其父亲揪心，结果得到的反应仍然是沉默。这样过了大约十分钟，他不得不自己想办法。他在坑里转来转去，寻找可以上去的地方，终于，他发现在坑的另一面，有几颗可以用于攀援的小树，他艰难地爬了上来。他发现他的父亲还在那里叼着烟卷，悠闲地一动不动地钓着他的鱼。令人意想不到的是，这个6岁的顽童，没有抱怨，更没有愤怒，而是径直走到父亲的身边，自豪地对父亲说：'老爸，是我自己上来的'"……

故事讲完后，同学们陷入了沉思。但我并未就此打住："请问同学们，你们是不是认为，我和这位日本父亲一样很无情啊？""是的。"有几位学生在下面小声回答，明显的底气不足。"是因为这位日本父亲和你们的父母不一样，无视孩子的求助，放任危险的存在吗？是因为我没有像其他老师，无条件地帮助学生吗？""是的。"下面的声音更小了。我一不做二不休，继续问学生："请问同学们，你们认为读书是为了什么？"这下子，气氛很快活跃起来，大家七嘴八舌，高大上的答案是实现中国梦；古典的答案是学而优则仕、或修身齐家治国平天下；中间点的答案是考个好点儿的大学，将来有个体面点儿的工作，等等。突然有个学生站起来问我："老师，您认为是为了什么？"教室一下子非常安静，所有的眼睛都看着我："我认为，读书就是为了明白事理，进而解决问题，读书的过程就是培养你们解决问题的方法和能力的过程。"我顿了顿，接着说："你们不是6个月的婴儿，也不是6岁的儿童，你们已经已经15岁了。在学校已经生活了一学期，没有教材这样的问题自己都不愿意主动去解决，在我没借书给他时，还有不少同学认为我做得很过分。我想如果朱同学是一个没有行为能力的婴儿，或者学校就我们一个班，又或者你问过学校，学校没有一本备用的教材等，任意一种情况，我不会拒绝借书给他，可是他给我答复是尝试一下都不愿意，这样对自己毫无责任和担当的人，我为什么要去帮助，自助者人助之，这样的助才是有意义的。你们的表现，让我想起了我们几位带学生出国交流的老师说的，一个个低头玩手机，上个厕所都要问：老师，厕所在哪里？WC不认识不知道吗？完全不注意观察周围的环境设施，当真的危险来临时，你们该怎么办？你们在心里肯定在说，除了你之外，无论是老师还是爸爸妈妈，都为我们想得很周到，没什么问题需要我们操心，我们只要把书读好就行了。如果是这样，我想说，别说老师，就是你们的爸爸妈妈，也不可能为你们解决所有的问题。与其将来你们遇到问题不知道该怎样处理陷入被动甚至危险，不如从现在开始，学着自己主动承担争取将来主动。你们想想学而优则仕的仕也好、治国平天下也好，要想做得好，不就是要帮助老百姓解决他们关心的问题吗！希望你们回去后对自己的父母说：为了你将来能游刃有余地承担该承担的责任，让他们别太'多情'了，像我这样'无情'点儿吧。"

# 教学中的心灵“碰撞”

崔　蓉

背诵默写是语文教学中的一个常见教学环节。高一分科后我接手了理科班的语文教学，长期的教学使我懂得学生默写过关是有些“水分”的，所以关于默写课文的要求我专门对学生苦口婆心地教育了一番。

学生陈某某，默写课堂上，这已是第二次默写《琵琶行》了，教室里静悄悄的，只有笔尖在纸上划动的声音。突然我察觉到他的异常，笔尖飞快地在纸上飞跃，一丝慌乱的余光扫向我所在的位置，我发现了“猎物”，故意在教室转了几圈后，出其不意地悄无声息地站在了他的身后。果不其然，默写本里夹着一张密密麻麻写满了字的草稿纸，我缓缓地伸出了手，笔尖突然凝滞了，在洁白的稿纸上拖出了一道印迹。刹那间，我清晰地看到红色从他的脸部迅速蔓延到耳根，就这样没有任何语言我静静地站在他的身边十几秒钟，也许对他来说这是一种煎熬，……总之我无言，转身走开。(实在是无话可说)

苏霍姆林斯基曾说：“责罚是一种特别刺人和不无危险的教育方法。促进自我教育的教育才是真正的教育。”庆幸的是，也许我的无语却无心插柳，创造了一个学生自我教育的机会。也许我的默然为他筑就一个台阶，让他拾级而上。后一段时间，他在语文学习各方面有了很大的变化。有时，对学生的错误真不必太较真。放下也不失为一种方法。只有放下，师生关系才有营养。教师尊重学生，宽容学生，能唤起学生的进取心，从而自觉地进行思想转化和行为控制。

学生王某某，机灵，自荐为班长，活泼热情，好动贪玩。早自习默写《李商隐诗两首》时，我很快在看似平静的“战场”上发现了他。我走过去，抑制着自己的情绪说“有必要这样做吗”，关上了打开的课本，拿掉了他的默写本，狠狠地丢在了讲台上。戏剧性的，也许因为力道过大，默写本“啪”的一声掉在了地上。坐在他周围的同学感到了变化，眼光“刷”的一下“电”到了他。他无声无息地趴在了桌子上。对这个性格活泼、不够踏实的学生需要借助他自尊心强的特点“刺激”一下，要给予直接式的批评；当然在批评完后别忘了“善后”。3 天后我利用上课课前检测的机会给了他展示的机会，大大地表扬了他，让他重拾了信心。老师批评的目的在于激发学生改过的积极性，而个别学生有自尊体验的极端性，批评之后，感情上也很可能会产生自卑、消沉、低落等消极反应，细心观察这些变化，适当地创造机会给他“表现“，获得称赞的机会。

学生程某某，一个面色赤红长满青春痘的大男孩，沉默寡言。每一次默写，他总是拖在全班最后。对于这么一位“温吞水”、“蔫蔫”的孩子，我虽然对他颇有微词，但碍于他的无法交流所以不便多说什么。但几乎就在同时有件事让我有所触动：月考语文试卷的考试总结中，他在文中赫然写着这样一句话：“虽然每次默写我都是最后一个过关，值得庆幸的是我的默写没有丢分。”

看到这些，我心里反问自己难道我就没有在心里忽视和小视过这个学生吗？尤其在他一次又一次拖拖拉拉时。优秀的学生和经常犯错的学生常常备受老师的瞩目与关注。只有那些极不起眼、内向甚至有些木讷的学生可能“像空气一样被忽略了”！我第一次意识到，原来忽视也是一种伤害。我也意识到自己的经验往往令自己对学生的评判不公。作为教师与学生的交流无时不在，但学生对你的启示有时却在不经意中产生，这些启示有时只是一句话，或者一个动作，但却能让你感觉到学生的过人之处。也就是在这种交流过程中，让你学会了该怎样做老师。

做好一名教师，那就千万别忽视了学生对你的启示。

# 将心比心　以心换心

朱时林

现在离异家庭越来越多，来自这样家庭的学生一般老师会格外注意，因为他们性格或孤僻寡言、或叛逆多动、或固执偏激……总之，就是让老师头疼。我也遇到过一个这样的让我头疼的学生。

起初，我并不知道他的家庭情况。有一次和同事们课后闲聊，说起这位学生，于是我们开始“痛诉”这位学生的种种不是——上课乱接话、有点娘、抢女生东西吃，等等。正当我们义愤填膺之时，班主任插了一句话：“一般单亲家庭的孩子还是问题多些。”

班主任的话立马就改变了我们谈话的方向。我们马上就问了这位学生的家庭情况，原来他父母很早就离异，现在他由父亲抚养，但父亲早已和育有一子的女人重新组建家庭，并且婚后又给他生了一个弟弟，更主要的是他的父亲现在在外地工作，家庭关系相当复杂。听他班主任这么一说，我们又开始同情这位学生了，在反思是否对他要求太严苛了。

在那之后，我似乎对他格外宽容。直到有一次，在课堂上，我由一道题迁移到“老鼠”这个话题，全班同学哄堂大笑，原来班上有位王同学的外号就是“老鼠”。为免王同学尴尬，我赶紧进入一个新的话题，转移大家的注意力。可他似乎停不下来，还在那里笑，嘴巴上还念叨着什么，我瞪了他一眼，他才收敛了一些。几分钟后，他突然把他同桌——也就是王同学堆在课桌上的书全都推到地上，全班都望着他。我正在想怎么办时，下课铃响起了，看来得利用课间去了解一下情况了。

我还没来得及走下讲台，他倒是拿着作业先过来了：“老师，这题怎么做?”我没回答，直接问刚才怎么回事，他说：“王某某不尊重我，叫我的外号。”我反问：“你刚才讥笑他你就尊重他了？”“别人不能不尊重我！”“要想获得别人的尊重，你首先要尊重别人！”“我就可以不尊重别人。”感觉他的眼睛里都闪着泪花了，但我还是狠心拒绝了他：“那行，你回座位吧！你今天的题目我不给你讲！”我们总是对弱者抱有一颗慈悲之心、宽容之心，殊不知这未必就是一件好事！他们有些人在享受着别人给予的慈悲、宽容，久而久之，觉得理所当然。

在那之后的几天，我故意疏远了他，他肯定也感受到了我的疏远，上课没有“异常”表现。几天后，他再次主动来问问题，我耐心地讲完，然后对视了一下，他非常不好意思地笑了，我知道他肯定知道我接下来要说什么了。“老师，那天我太激动了，不好意思！我已经和王某某道过歉了！您看这次换位置我们还是同桌呢！”我开玩笑道：“哟，怎么一下子觉悟这么高了？”他似乎不好意思了，但很认真地说：“我后来仔细想了一下，您说的对，尊重是相互的。”看着他认真的样子，不管别人信不信，我是信了，我相信我那天的话对他多少还是有一些触动。

现在所谓的问题学生比较多，家长、老师都不敢多管，怕他们心里承受不住，做出一些极端的事情。但是我想说的是，只要讲究一定的方法技巧，该管的还得管，该说的还得说，不能让他们过于“特殊化”，不能助长“歪风邪气”！

# 二、班级体悟篇

# 请站在学生的立场看问题

谭志鸿

当老师时间久了，容易形成师道尊严。我这里说的是指教师习惯从自身处理问题的经验出发，喜欢用“我是为了你好”的思维，按照惯例处理学生出现的问题，要求学生改变自身，而不适应从学生的立场出发，站在他们理解、思考问题的角度来处理问题，从而导致因为思想观念的不同而产生误解，影响教育效果。

对于这一点，我深有体会。2003 年，我接手一个新的班级，因为原班级班主任比较自由随便，班级管理松散，导致班级纪律、学习风气都不太好，领导让我来接这个班。最初，我坚持推行严格管理，各个时间，各种行为，可以干什么，不能干什么，违纪会有什么处罚措施都有明确规定。我自己坚持全天候待在班上，事无巨细都亲力亲为。学生很不适应，女生表现还比较平和，男生反应很强烈。几个平时调皮的学生甚至专门违纪，早自习迟到，上课睡觉，自习课打球，晚寝熄灯后讲话，在寝室打扑克牌等。写检查、罚站、请家长等办法都使用过，但是收效甚微，因为这些学生不把家长放在眼里。通过与部分同学的谈心，我了解到，学生认为我是学校派来管他们的，开始就比较抵触。其中有一个同学闹得特别厉害，还发展到要与班上的老师打架的地步，科任教师实在无法忍受，提出了换班授课的要求。我一方面安抚老师的情绪，一方面决定从这个学生入手，做好整体班级工作。我首先调查了解这个学生的情况。原来这个学生家长在外地担任检察官，经常出差办案，对孩子疏于管理，比较纵容，孩子平时就很任性，情绪波动大，妈妈根本就不敢管他。但这个孩子特别喜欢足球，讲义气。

我决定从他喜欢踢足球入手来做思想疏导工作。为此我特地组织了一场师生足球友谊赛，在踢球中，他认识到老师可亲的一面。后来，我经常和他一起踢足球、聊足球拉近关系。我收集了很多足球明星的成长故事，从他们的足球生涯中归结出杰出运动员的优秀品质来激励和引导他。我又从他讲义气的角度跟他一起设置逐步完成的君子协定，让他在自我约束中学会自我管理。慢慢地他有了很多改变，自己的行为习惯逐步得到纠正，对老师的认同和尊重不断提升，非常热爱班集体。

后来发生的一件事，让我十分感动。在学校举行的运动会上，因为单项第一名的班级班主任可以上台为学生颁奖，他为了给班级争得荣誉，让我上台为他们颁奖，在100 米接力跑冲刺时过于用力，直接摔在地上，手臂上擦伤了一大片，他很坚强地爬起来，面对迅速跑上去的我和同学们笑着说："不好意思，没有跑第一。"那一刻，同学们都哭了，我也热泪盈眶。后来，这位同学大学毕业后在一个军工企业从事程序设计工作，成为技术骨干。每每想到这样的学生，我就觉得教育永远应该保持谦卑的姿态，站在学生的立场上思考处理问题，这样才会真正唤醒那些沉睡在在他们内心的强大自我，走好生命之旅的每个阶段，成就属于自己的生命精彩。

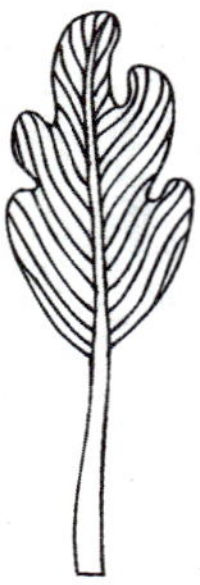

# 背后那些事儿

陈金文

过去3年，我所带的班级，人称人文实验班。绝大多数情况下，留给大家的印象是孩子们乖巧听话，学风正、班风好，班主任带这种班，省心省事儿！但是，在这光鲜的背后，有些事儿还真是令人五味杂陈！

## 一

某日晚自习时间。

“老师，我要回去！”

“怎么了？”

“不想上晚自习。”

“为什么呢？”

“就是不想上晚自习。”

“……好吧。让你家长来接你。”

“不行，我自己可以回去！”

“那不行，学校有规定，学生请假必须家长知晓，并来校接回。”

“那我回去之后，让他们给你打电话。”

“同学，请假程序忘记了吗？”（学校规定的请假程序是：学生先告知家长，家长再电话给我请假，然后学生过来开具出校证离校。）

“那我不回去了，但是我也看不进去书的！”（悻悻离开！）

类似情况，发生的次数没有一百次，也有好几十次，作为班主任，我的性子也被磨灭得几乎荡然无存！

## 二

“老师，我这鼻子好不舒服！”

“怎么了？有鼻炎吗？”

“是的，好多年了！”

“哦，很多人都有鼻炎，我也有。不要紧，不舒服的话，吃点药。”

“我觉得它变严重了，经常还导致头疼！已经严重影响我的学习和生活了！”

“这个确实很难受，我有体会。实在不行，找医生看看！”

“看过了。医生说就是什么鼻窦炎之类的，但是我觉得没这么简单。会不会有生命危险？”

“没那么夸张！如果不放心，你再找别的医院看看。”

“可是去医院要请假耽误时间，会影响我的学习的。”

“但是你不去医院，既不舒服，心里也老是疑神疑鬼，也没法坚持学习呀！”

“好像也是的。那你说哪家医院比较好？”

“呃……如果宜昌的医院你都去过了，还可以去武汉的医院看看。”

“那不是又要耽误好多时间？”

“你也可以在宜昌多找几家医院看看……”

“这个真的不会有生命危险吧？”

“不会不会，没听说过！”

“唉，我这一身的病……我怎么这么倒霉！……”

“不舒服就看医生，多正常，别上纲上线，小题大作。有人说每天早晚用淡盐水或清水把鼻腔洗一洗，效果不错，你可以试一下！”（多嘴）

“老师你说的是错的，我看过一篇文章，说有人这么干导致鼻腔进了寄生虫，最后恶化死掉了。”

“……好吧好吧，你只当我没说过这个话！”

“老师，我这时觉得头好疼……”

“……那给你爸打电话，让他带你去医院看看吧！”

“那我岂不是后面几节课又上不成了？……”

……

一次又一次，我这“冒牌医生”，终究敌不过“疑难杂症”！只能打持久战！

## 三

“老师，我要换座位。”

“为什么？当初不是你自己非要跟他同座的么？”

“当初是的，但是现在我不想跟他坐了。”

“怎么了？是闹了什么矛盾吗？”

“没有。我觉得他有点讨厌我，一天到晚都不跟我说什么话。”

“那不是更好吗？学习任务那么紧，大家都这么忙，哪有时间说话。”

“我不是这个意思，……是很冷淡的那种。就算说话，基本上也是我说一句，他答一句。”

“那你检讨一下自己呀！是不是你废话太多，别人觉得影响学习，或者是你讲的话题别人不感兴趣。”

“也许是我的问题，我比较不自信。但是他也不应该专门对我这么冷淡。”

“你想多了吧？大家这么忙，哪有时间针对你！”

“也许你说的是对的。但是我现在一天到晚都搞不进去学习，老想这事儿。”

“你就是太闲了。把注意力都放在学习上，比如，作业完成没有；笔记整理没有；老师讲的内容是不是都弄清楚了。做该做的事儿，就不会想那么多。”

“……还是不行，……我一看到他就想这事儿……。”

“好吧好吧……周末调座位我就给你换。”

“……”

“……回教室去呀！”

“我不想回教室。想到同座我就有点怕！”

“……你想跟谁坐？下晚自习我就给你调！”

“×××……”

“好！但是如果跟他坐一段时间后，又出现这种情况怎么办？”

“我也不知道！”

“……”

这个同学把可能跟他同座的同学几乎“坐干净了”，但是最后还是没能坚持。尽管我多方求助、想尽办法，仍只感觉黔驴技穷！

## 四

某假日，传统佳节前夕。电话铃突然想起。

“老师，……呜呜……他们要离婚！……”

“……谁要离婚？”

“我爸妈。……他们正在吵架，……吵得非常厉害……呜呜，说马上去离婚！”

“……不要哭！你先冷静！”

“老师，我好难受……呜呜……”

“你看，你都这么大了！他们离婚跟你有多大关系呢？就算他们真离婚了，对你也没多大影响。反正你主要住在学校不是？”

“……嗯！？……是的！”

“大人的事儿，咱管不了！他们乐意闹腾，让他们闹腾吧！你只管把你该做的事情做好就行了!”

“嗯……老师，我听你的!”

“别哭了哈！有什么情况再打电话给我!”

“嗯……”

从此，每次家长会，给家长强调营造和谐融洽的家庭氛围，成了必不可少的一项！而且给家庭有问题的孩子和家长做思想工作，也成了班主任工作的常规项目。

**五**

某日傍晚6点半左右。

“老师，我要请假回去!”

“怎么了?”

“刚才晚餐时间，我在操场上打球，把手腕摔了一下。这时好疼，好像骨折了!”

这个孩子家在长江对岸的农村，交通很不方便，平时一般靠渡船过江。但是，此时，渡船肯定已经收班。他的家长若过来接他，必须骑摩托车七弯八拐走很远的路，极不安全。所以我不倾向于让他回去。而目测他的手腕，似乎并没有他说的那么严重。

“来，我先给你看看。”

我轻捏他手腕及附近部位，同时问他的感觉。凭经验，他应该只是扭伤，并没有出现骨折。我决定不让他回去。

“今天太晚了，你家长过来也极不方便。应该没有骨折，你到校医那里去，让她给你贴一张‘狗皮膏药’，如果明天早上没有好转，你再请假回去。”

“好的!”这原本也是个本分的孩子。

第二天，这个孩子没有再来请假。看来，我的“诊断”是准确的，处理也是得当的。

以上这些片段，组成了我班主任工作的重要组成部分。历经煎熬，我从中悟出的道理和经验是，作为班主任，你必须具备多种能力。

第一，你应该是明察秋毫的“侦探”，你要能及时观察和捕获每一个孩子细微的行为和思想异常，以便及时采取有效措施。第二，你必须是心理学专家，不但要能发现问题，还要能解决问题，最起码能及时寻求对路的帮助。第三，你应该能及时了解并调和家长里短，为孩子们尽力营造和谐的家庭氛围。第四，你必须具备时不时地充当全科医生的能力，能为孩子们诊治头疼脑热、肚疼皮破之类的毛病，并能提供疾病预防之类的指导。第五，你当然还必须具备全科备考的能力。你不但要做好你本学科的备考，还必须对其他学科的备考进行协调，并能给孩子们具体和具有建设性的指导。

# 愿你我的笑容覆满阳光的清香

黄文坚

两年前，高中阶段文理分科，我带理科实验班，一个叫宇珂的女孩分到了我的班上。我查看学生档案时，知晓了她中考时是高分，进入高中后，成绩一直也名列前茅。作为班主任，遇见这样的学生，我心底自然是高兴的。

秀丽的容貌、温润的性情，着实有人淡如菊的雅致，新的班级里，老师与同学都立刻就喜欢上她。时光流过，她更多的优点也一点点明了，她的文字最让我欣喜，在班级鹤立鸡群，习作时常被当作范文，还有不少文章发表在刊物上，颇有李易安的神韵。

除了一丁点高冷外，她很沉稳尽职，竞选上班上的清洁委员后，班级卫生被她安排得井井有条。有女孩子在考试过后沮丧甚至痛哭，她很坚强，从未见过她流过泪。加上不赖的学习成绩，让我更是放心。

自己的几位最满意的弟子，义龙的自律、淑君的奉献、宇珂的“宠辱不惊”皆让我自豪，班级文化和气质也朝此引导着。她是我在班上打造的形象之一，在榜样的引领下，班级的发展一直很顺利，我也怡然自得、悠游自在，对学生们亲切和蔼。

我始终天真地以为，这样的孩子，不需要我花费太多的精力。

然而，我却先发生了转变。高考前的一个学期里，面对着激烈的高考竞争，作为这个班的班主任，我的心态不自然地发生了微妙的变化，只是那时的自己深处其中还不自知。我曾经刻意塑造的可以轻松对待各种挑战的形象日益模糊了，联考、月考、周考，在每周的考试数据面前、在高考压力的临近中，我越来越凝重，心事多了、笑容少了、与学生开玩笑的次数更寥寥无几。聪慧的学生们似乎也体会到我的变化，对我客气起来。

无论如何，宇珂这样的孩子应该不会受到影响。殊不知，高三下的高考前两个月，情况又发生了偏移。意外悄然而至。有一次自习课时她莫名地晕倒了，送进医院细查，是过于疲惫造成的贫血。休养几天后她返校，精神蓦地差了不少。我找个由头安慰她，她的面色和缓起来，神色似乎好了许多，我的心也放下了。

直到有一天上午，意想不到的是她竟然彻底爆发了。

毫无征兆，那天她突然冲进我办公室，跑到我办公桌前，满面凄楚色，未语泪先流，进而嚎啕大哭起来，我懵了。我假装镇定，慢慢与她交流，让她一直待到了中午。她抽泣着告诉我，她的一切坚强都是掩饰、一切淡然只是伪装。在她家中，从小父母绝对不允许她哭泣，为了她的学习甚至强行中止了她弹钢琴的爱好。她很期待朋友，很渴望那种大大咧咧的疯赶打闹、很期待在蓝天下疯狂呐喊嘶吼，但是没有朋友会与一个温婉贤淑的女孩闹腾，有的只是客气和尊重。

她进入这个班级后，班风中除了上进，还有温暖人心的轻柔，同学关系柔和，受到老师的关爱。尤其是班主任，给予自己的压力很小，只要看到老师的微笑，她才感到轻松自在。但现在，班主任的脸色日渐冷峻，对自己好似蒙上了一层厚厚的隔膜，而自己的数学和物理也一直达不到父母和老师的期望，难道如今班主任和父母一样对自己失望了？

那一刻，我突然明白：在孩子细腻的眼中，老师或笑或嗔、一个细微动作，给予她们的是截然不同的温度和感受。

把她劝回教室后，我请家长到我办公室，热忱地与家长交流。宇珂的父母都是从公职单位出来创业的，闯出了不小的事业，素养很高，对人客气低调，但对孩子很严格。我们都反思了自己的举动，约定好后期对待宇珂的方式，除了传递正能量、不给她压力外，还有一点：发自内心的微笑，或者开怀大笑。

罗曼·罗兰曾经说过："要播撒阳光到别人心里，总得自己心中先有。"不能让升学压力先压倒我，作为班主任，我传递给学生的，应该是他们可以信赖甚至依赖的精神城堡，给予他们的应该是无限信心。高考将至，他们或多或少有焦急燥热的火苗，我应该降温，而非点火，更不能让我负面的情绪传染给他们。

我改变了自己的心态，纵然有时实在焦虑，也是不断提醒自己放松，提醒自己咧嘴微笑。在高考前的日子，我也绞尽脑汁找一切机会让学生放松。我微笑着面对自己的所有学生，不急不躁，偶尔还戏谑宇珂几句。慢慢地，她的心态缓和了许多。周考时面对起伏的理综成绩，会偷偷去操场哭一场，甚至主动跟我吐槽一下，但到了教室，又是自觉平静地去攻克难题。

高考两天，纵然骄阳似火，但她那种淡定与优雅，就像一幅清雅的风景。我就知道，她会取得与这种优雅相匹配的成绩。高考后，香港中文大学的录取通知书到了，她专门拍了一张照片发给我，小小地炫了一下她的开心。

毕业后，我看过她写的一篇回忆文章：“如果心情不好，我会去找班主任黄总大哭一场，他会剥个橙子给我，和他邻座的贞贞姐还给我送了一根“快乐香蕉”。老师会关心每位同学的学习和心理状况，时不时找你聊天，笑颜中带着满面春光，戏谑你两句。没有批评责骂，我们知道，他们永远站在我们这边。”

是啊，处在青春期的学生在高中三年漫长的学习与竞争下，某一个阶段难免会紧张，一旦不能很好地完成学习任务，或者某个自己看重的领域发挥不佳，则会更紧张、更不自信。在这种不良情绪影响下，部分对自己要求较高的同学，往往会不断给自己施加压力，但却常常事与愿违，欲速则不达，过重的精神压力反而束缚了学生，使他们越急越得不到理想效果。因此，针对这一现象，教师应该从自身出发，给他们塑造一种气定神闲的老师形象，起一种示范作用，春风化雨，滋养桃李，悄悄地感染他们，从而让他们更加自信和乐观。

我想，未来的我，从容、闲雅、笑容可掬，将是我给学生的印象，希望以此感染他们。

# 冲动真的是魔鬼

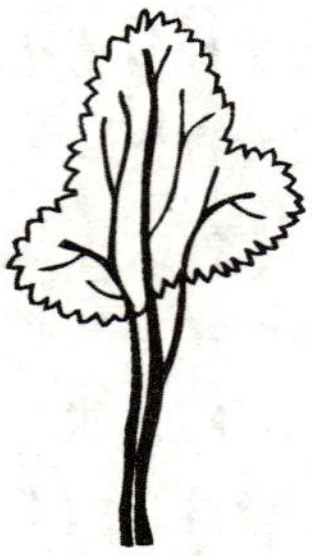

李国旭

“咕咚!”

仿佛一声春雷般打破了教室的寂静，同学们齐刷刷地抬起来头，目光里满是好奇地聚焦在讲台上那个脸色铁青恨不能吃人的班主任身上……

讲台边高三倒计时的牌子精神抖擞地立在那里，鲜红的数字“105”让每一个1508班的孩子紧张而又忙碌，像是工期截止的最后期限一样，孩子们埋头苦干，舍不得浪费一丝一毫的时间，班主任恰像是监工一样，见不得有任何人偷懒。

早上第三节课，一节寻常的自习课，我像往常一样，蹑手蹑脚地从教室后门进到了教室，站在最后一排，像一个将军检阅自己的部队一样，目光从教室的第一排同学的背影扫了过来……突然，第四排第五个位置的周同学引起了我的注意力，只见他趴在课桌上，身子弯成了一张弓，眼睛盯着自己的大腿，时不时微微抬头瞄一下周围，这样“偷偷摸摸”的举止引起了我的警觉，我屏住呼吸从中间的过道挪了过去…….

“周同学你在搞什么?”我压低了带着火药味的声音。

“没……没……没搞什么，头……头有点不舒服”，周同学被这突如其来的声音吓得直起了身子，同时下意识地把放在腿上的手机丢进了课桌柜子里，大口地喘着气，脸越来越红，背对着我半晌才挤出了这几个字。

“来!”我把手摊开伸在了他的面前。

周同学迟疑了片刻，把手机缓缓地放在了我的手掌上，我冷笑一声，嘴里嘀咕着“跟我打游击还嫩了一点”。收起手机，我怒气冲冲三步并作两步走向了讲台，愤怒让我的腿不由自主地走向了饮水机，走向了我糟糕表现的第一步。

“咕咚!”手机应声扎进了饮水机下的水桶……

同学们齐刷刷地抬起来头，有的眼睛满是好奇地聚焦在了讲台上那个脸色铁青恨不能吃人的班主任身上，有的梗着脖子想要看清上面发生了什么，只有周同学低着头，脸涨得通红。教室里静的出奇，同学们都在等着我的“宣判”。冲动真的是魔鬼，我把手机扔进水桶竟然忘了找个“生气、愤怒”之外的理由，只好在讲台上来回踱着步子，目光始终注视着底下的同学，脑袋一片空白，竟然想不出该说什么，怎么去说，只好来回踱步，20秒，30秒……一分钟，两分钟……还是没有挤出一句话，反倒是扑通扑通的心慢慢平静下来了，当眼睛再次触及饮水机下的水桶时，让我后背一阵凉意。

生气竟然让我忘记了思考，回想起来周同学的确并不是沉迷于手机的学生，他懂事孝顺，学习也肯用功，平时很少看到他玩手机，甚至运动会、远足也不见他玩手机，这次怎么会把手机带到教室？还有105天难道他不知道？我在脑海里不停地拷问着自己：“难道是我错了？错了吗？有错吗？”

“错了！我真的错了!”理智在内心的激烈斗争中胜出。

我拼命地在脑海中寻觅着每一本看过的教育著作，甚至不愿意放过每一个字里行间，遗憾的是没有找出一条策略，能够弥补这一个糟糕的举措……

我什么也没有说，因为确确实实不知道该说什么，于是只好静静地离开了教室……

回到办公室的我内心久久不能平静，为自己愚蠢的行为感到可笑，可气，后悔，一屁股瘫坐在了椅子上……

“报告!”声音低沉中夹杂着哭腔，是周同学，没错就是他！我刷地坐起了身子，脑袋一片空白，没等我喊进来，他已经到了我的面前，眼泪在眼眶里打转。

“李老师，您别生气！这是我第一次把手机带到教室里，我确实不应该把手机带来，是我错了，是我错了……”

我的心里“咯噔”一下，他的话让我无地自容，更加羞愧，平时能说会道的李班头，今天竟说不出一句话来。

“今天……今天是雷霆队的关键一战，我真的很想看看威少，希望他的球队赢球，所以就没忍住，把手机带来了，求您千万不要告诉我的妈妈，她太累了…….”周同学的眼泪夺眶而出，哗哗地流了下来。

“嗯嗯，我相信你，今天的事我也没有做好！向你道歉，我的做法太鲁莽了……”不等我说完，周同学竟呜呜地哭出了声音，我赶忙拿起桌上的纸巾，递给周同学，目光碰撞的那一刻，我泪如雨下……

# 欲擒故纵

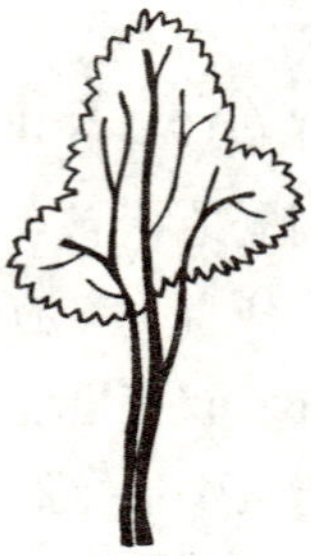

艾双叶

“所谓纵者，非放之也，随之，而稍松之耳。……武侯之七纵七擒，即纵而蹑之，故辗转推进，至于不毛之地。武侯之七纵，其意在拓地，在借孟获以服诸蛮。”这是三十六计中的欲擒故纵计，平时我也很多次用到这一招数。

18届高三，我第一天上班，2班学生家长早有耳闻，班主任是一名年轻的女老师。我能想象到他们的失望与不屑的表情。至少他们认为应该来一个有雷霆万钧之势的中年男老师，其实不仅他们，连我自己心里都打鼓。

第一天晚上，新班主任和同学第一次见面，男生直接给了我一个下马威，无视自习铃声，踢球踢到快七点，迟到了近半个小时，七八个男生才大汗淋漓不紧不慢地来到教室。我的火气已经腾地起来了，这几个男生煞有介事地看着我，等着我不淡定，等着我歇斯底里的怒吼，等着看我的撒泼式的笑话。我不怒反笑，柔柔弱弱笑眯眯地问了一句：“怎么来迟了？”学生因为我的语气吓了一大跳，如此挑衅老师，居然没有生气。我仔细观察他们的表情，由刚刚不屑一顾的表情变成了一脸狐疑的表情。他们说：“踢球踢晚了。”我轻描淡写地说：“我们要有时间观念，给你们一次机会，下次不要迟到了。”他们简直不敢相信自己的耳朵，欣喜若狂，这么轻松就能过关。他们连连点头：“下次不犯了，不犯了。”我假装很开心，说：“那这样就再好不过了，进教室自习吧。”他们趾高气昂地进了教室，而且面有得色，估计心里想着果然这个老师柔柔弱弱的。我从后面向他们投去两道严厉的目光，心里想：“我才不相信你们的承诺，等着瞧吧，大戏就在明天晚上。保证让你们几个心服口服。”

上班的第二天，到了晚上6点20分打了自习铃，我坐在办公室，不去教室，过了半个小时，我估摸着时机到了，才去教室。一看，果然和我料想的分毫不差，这七八个男生不在教室。我等了5分钟左右，他们轻手轻脚地回来了，一看到我，昨天的嚣张气焰下去了一截。我问道："昨天说不迟到的，怎么7点了还没进教室呢？"他们赶忙解释："老师，今天我们6点20分打铃确实在教室没迟到。"我就等他们这句话！我接过话题，说："让老师推给你们看，昨天你们被我抓住了，今天肯定打铃时会进教室。但是——"我故意拖了拖音调："你们会踢球踢到6点15分，花5分钟跑到教室，这就意味着，你们没有时间吃晚饭。你们一进来，发现班主任迟迟不来班上，你们假模假样地自习了20分钟左右，就开始动了歪心思，寻思着去小卖部弄点晚饭吃，6点40分左右出去买东西吃最合适，于是你们使眼色传字条几个人约了就去了，我估摸着6点50分进教室，正好可以抓个现行，我进教室的时间我算得刚刚好，不早也不晚。实话告诉你们，昨天我算准了今天你们会犯，昨天今天我都是故意的。"我彻底摊牌了，那8个男生的表情惊呆了，迟迟没有一个人反驳和说话。他们说："老师，我们下次真的不敢了，绝不再犯。"我说："犯错是其次，时间观念不强，才是问题所在，一人一篇作文，以时间为主题，题目自拟，3天后交给我。"3天后作文交上来了，从此，没有人迟到了。

一招欲擒故纵，让这几个同学心服口服。以前的一些坏习惯都改了大半。迟到之风是下去了，但另一个令我头痛不已的问题，不得不开始整治，那就是班上手机成风的问题。

手机是考试作弊的工具，恋爱的纽带，游戏的载体。本班手机多达20多部，科任老师投诉上课有人玩手机，家长投诉，专心学习的同学也有怨言。我知道，手机是非治不可。恰在这时，出了一个老师收学生手机，被孩子杀害的新闻。我也害怕，但我想了一个策略，收一个孩子的手机风险大，觉得老师针对他，要收就收一群。这样大家都被收了，公平对待，有什么好说的呢？主意已定，不打游击战，要打就一网打尽。

我不动声色，中午下课去教室转转，男生堆在一起，七八个脑袋挨一起，我知道在捣鼓手机，故意假装看不见，让他们尽情地玩。他们看我眼睛近视，对手机置若罔闻，胆子越来越大，肆无忌惮，手机一部一部浮出水面。我花了两个多星期，把冒出的手机情况摸透之后，开始收网。两个多星期后的一个中午1点半，我收了两部，界面全部是游戏。他们气急败坏地说："老师，班上那么多手机，为什么收我们的，你收得过来吗？"我似笑非笑地说："是吗？晚上给你一个满意的答复。"晚上我点了14个学生：某某某，3部手机，啥型号啥颜色点出来，某某和某某合买一台什么手机，某某有几部手机，某某虽没手机但爱借别人的手机……一圈点下来，他们惊呆了，没有一个反驳，没有一个喊冤，只有一个学生举起手，弱弱地问了一句：“老师，问个问题，您是怎么知道的?”我只答了两个字“用心”。最后，联系家长，所有手机没收放家里。一网全收了，班上没有了大面积的手机问题。这是我们班上一次重要的转折点，第二天有好几个学生给我递了纸条，说要痛改前非，认真学习。我知道，他们是真的发自内心的想改过自新了。

又是一招欲擒故纵，学生和语文老师崔老师绘声绘色地描述手机一网打尽的场景，然后很服气地说我们的班主任特别神机妙算。在斗志斗勇中，我和学生的感情居然加深了，我看到了2班学生的单纯、可爱和善良，他们看到了我的智慧、包容和大气，我们都接纳并喜欢上了对方。从此之后，2班彻底消停了，我们扫清了一切障碍，一起开启了真正的高三复习之路。

# 教育是一门遗憾的艺术

甘世伟

工作第8年，好像慢慢地明白了“教育是一门遗憾的艺术”。在我们心里总是希望自己的学生能达到理想的高度，而最终结果是，学生达到了预期目标，我心里会觉得还可以，学生超常发挥，自己也会跟着有点小惊喜，而最终留在心里的，怎么也抹不去的，还是哪些没有到达我和家长以及学生预期的高度，自己负有的那份不可推脱的责任！

刚带完的2015届比较特殊，到了高二才完成文理分科，在这之前一直走班了3个多月。在走班时，一个女孩来到我班上，观察了一段时间，上课热情不是蛮高，从来不交作业，整天沉迷于小说，我私下和她行政班班主任戴老师交流了一下，戴老师说，这孩子之前还是很不错的，就是现在迷上了小说，成绩下滑得很厉害，现在在班上倒数，和她交流过几次没什么改变。我企图和她交流，可无论你说什么，就是不给任何回应！

就这样高一后半学期过去了，小姑娘基本上处于一种放弃的状态。有些事情只能说是缘分，高二文理分科，她又分到了我班上，我想还是得有些改变。开学过了两个星期，我叫她到教室外面，刚说了一句：“我觉得你最近状态不错呀，感觉和以前状态完全不一样。”她就泪如雨下，泣不成声。大致表达的意思是没想到老师还关注着自己，我当时就不知道说什么了，就只是说不哭了，然后拍了她一下肩膀，说了句“加油”。她回到教室时还趴在桌子上哭，周围的同学还以为我批评她了，就有同学上来关心安慰她。

从这之后，她真的和以前完全不一样了，每次考试都会有进步，每次考试之后她妈妈都会发一条感谢的短信，到高三时，最好的一次考试居然是班上第三名！就这样，一直到高考，她自己和家人对自己的信心也越来越足，在我心里也有点小嘚瑟，毕竟这种逆袭的例子我遇到的还不是很多，我也希望她能一路凯歌。

高考结束了，结果她只超了一本五十几分，我见到她时说，还可以嘛！还没说下句，她再次哭了，我心里也乱了，心想她要是超一本 80 分就完美了！

他也是 2015 届的，从开始就一直在我班上，分科之后也在我班上。说实话，我特别喜欢他，他看着就一身正气，声音洪亮，有他在，喊口号一个人的气势足以压倒其他所有班级。有一次，我和他闲聊，我说，你适合做一名军人，他回答道："老师，这就是我的理想。"可是，事实却不是那么完美！他的成绩一直在班上倒数，我带了他 3 年呀！我绝对负有不可推卸的责任！一直到高三，他的成绩也没有任何起色，我也知道他存在的问题，思维速度太慢，从来没有跟上节奏，效率太低，理综训练基本上有一科来不及动笔，但是他一直在高三下学期之前都很乐观，也很有信心，因为，我也从来没有对他失去信心。

高三下学期，空军招飞工作启动了。我们学校过了体检的只有三个同学，其中就有他，可是复检时开始只通知了五班的另外两个同学，他们回来之后又通知我们班这个同学去，我以为那边开始名单搞漏掉了，之后教务处黄老师告诉我，是因为我们班的这学生之前的文化课综合成绩太差了，所以第一批就没有他的名单，第一批复检的名额不够，才又通知的。我没有把这细节告诉他以及他的父母。因为他顺利通过了复检，所以我召集科任老师开了一次会，会上我做出了一个决定，大家也都表示支持，我们要做最后的努力，让这个学生最后两个月不进班上课了，就在老师办公室复习，没课的老师一对一点拨，这过程中他自己感觉非常不错，觉得自己都懂了，但老师们都明白，懂了和实际操作之间是有距离的，我们都是一个想法，尽人事，听天命吧！

高考结束了，他没有过一本线！我甚至在想，老天怎么就不成全一下他，他是真的热爱军事，他绝对是这方面的人才！高考成绩出来第二天，他没有过来拿填志愿的资料，我其实也很怕和他对视，我不知道我该说什么。后来我查他最后录取的专业也与军校没什么关系。3 年结束了，留在我心里的只有他在成人礼上给我敬的一个军礼，一个没有帮他圆梦军校的遗憾！

教育之路还才开始，遗憾还将继续！

# 拥抱青春，我们一直在路上

杨元璋

2018年9月，高二年级第一次阶段性考试结束了！班主任们又开始了程序化的考试善后工作，统计成绩、发分数条、找学生谈话……

但这一次，我没有急于谈成绩。我给学生布置了一份特殊的作业——写一篇命题作文，题目是《每一朵花都有自己开放的季节》，我想让每一位孩子都充满希望、学会等待！

周日学生返校，作文交上来了。我怀着一份迫切而又兴奋的心情，一份一份仔细地打开，但我的内心开始不安了！我节选一些学生的文字，与大家分享：

“人生，不就是凌驾于他人之上和被他人踩在脚底之间的挣扎么？”

“到最后，我这高贵的灵魂竟开始看不起自己了。凭我这肮脏的内心，因为高贵所以我恨我的不高贵，我想努力改变，但发现很难改变了，已经。”

“……现在我明白，花开是因为花落，花落是因为花开。花开花落，都是人生。”

“虽然我们没有盛开的环境，但我希望通过自己的努力，让下一代人拥有选择的权力，可以寻求属于自己的蓝天。这是最好的时代，也是最差的时代。”

……

看来，我把孩子们想得太简单了！我以为我了解学生，我以为孩子们都只会看到阳光！可是，孩子们告诉我，他们的精神世界有着那么多的迷茫和悲观，他们似乎不再单纯，对自己、对人生、对这个世界，他们有着更复杂的看法。始料未及的我，该如何回答？

我找来了一部分同学，和他们探讨怎样看待阳光与阴暗，怎样拥抱我们的青春年华。我请来了一部分家长，和他们交流孩子的心态，探讨怎样引导这些花季少年。

经过充分的准备之后！我主持了一次班会，题目就是《每一朵花都有自己开放的季节》。班会课上，我感谢了孩子们对我的坦诚相待，结合自身经历讲述了我曾经的迷茫和奋斗。我和孩子们一起探讨了环境在个人成长中的影响，让孩子们更好地理解了青春的多样性和美好。我们一起写下了许多赞美青春、拥抱青春的文字，彼此感动着：

1. 每一个人都是与众不同的，都有自己的花期。不必因他人此时的娇艳而自惭形秽。亦不必因他人此时的青涩而怡然自得。

2. 花开只在瞬间，而成长却很漫长。静待花开，非无为而待，当汲取营养，厚积薄发。

3. 人云："花有重开日，人无再少年！"生命无轮回，人花不二般！人生漫漫，起点是终点，终点亦是起点。一山更望一山高！

孩子们的掌声告诉我，班会圆满结束了！但萦绕在我心头的不安却没有完全消散。也许青春本来就是这个样子，充满阳光，也有忧郁；积极向上，也有悲观。那就让我们俯下身来吧，怀着一颗对青春的敬畏之心！去听听孩子的声音，在倾听中读懂他们的内心，贴近他们的心灵，用智慧和爱引导他们的生命在青春的美好时节灿然绽放！

拥抱青春，也许，我们永远只能在路上！

# 瞻前顾后护芳华

魏　敏

这是一个高高瘦瘦、有点偏黑的男孩子，高一刚开学时能够感受到他对于新的校园生活的憧憬和期待，积极转辗于学校和班级各类学生干部的招聘和竞选，因为他的热情和能力，如其所愿的，他成为了校学生会和班委的一员。当看到他每天忙碌于学校和班级的事务，作为班主任的我感受到了一位青春学子的活力和责任心，看到了一位风华正茂的青年应有的样子，但隐隐觉得他的眼神里有一些同龄人没有的不安和茫然。

随着对班上同学了解的增进，一些关于他的批评的声音渐渐地传进了我的耳朵：老师，赵同学上课经常讲小话，影响我们学习，有时候还会没有礼貌地接老师下语；老师，赵同学经常和黄同学在一起，有点像早恋！同学们反映的这些情况其实我平时也注意到了，只是有些奇怪，一个乐于为集体奉献，并且似乎非常希望得到老师、同学认可的学生，为什么会出现较为严重的违犯校纪班规的行为？

在和他的妈妈有了一次深入的谈话后，我了解到了他们的家庭情况，也大致清楚了这反常行为背后的原因。这是一个不幸的家庭，两年前原本是温馨和睦的一家三口，爸爸却被无情的病魔夺走了生命。爸爸去世时，赵同学没有流泪，在之后的日子里，也较少和家人谈到爸爸，压抑着内心的悲痛和无助，妈妈也为他的状态感到担忧。作为他的老师和另一个孩子的母亲，我感慨着命运对他的不公，在绝大多数孩子享受着父母呵护的时候，赵同学却要承受着这失去至亲的痛苦，并且为了不让相依为命的母亲担忧，掩饰着自己的脆弱和悲伤。由此也可以理解了他的行为：一方面由于父亲的去世，他感受到了家中唯一的男子汉的责任和压力，他需要得到老师和家长的认可；另一方面，在他尚未完全成熟的心灵里，太多的负面情绪并没有得到好的疏导和排解，他无意识地把这些悲伤和对命运的不满转化成了对他人的攻击和抱怨，同时也在寻求着情感上的支持和慰藉。

在一个月光皎洁的晚自习，我把他喊到操场上，和他一起慢慢地走着，轻声地询问着他在学校的学习和生活情况，推心置腹地和他讲述着自己人生路上经历的一些困难、挫折，以及跨过这些困难的方式和体验，虽然他当时言语不多，但我想他体会到了老师对他的关爱和内心或多或少的触动、思考！

老师的关心和几次谈话对一个生命的成长意义可能有限，时至今日，作为学生知识和思想引领的老师，我庆幸的是，当初在发现这个孩子的一些问题时，并没有简单粗暴地给他扣上早恋、不尊敬老师等帽子，这样做无异于落井下石，而是从现象的根源入手，晓之以理，动之以情，让学生的身心朝着良性的方向转变和发展！这渐渐地也成为了我处理学生问题的方式，不只看表面、不武断粗暴、既“瞻前”又“顾后”地看待问题，对学生给予足够的细心和耐心！

有人说：每个孩子都是一颗花的种子，每朵花都愿意展示自己最美的一面，作为园丁，我们有义务为花朵培土除草，去虫祛害，相信是花，都有自己的花期，即使有时被掩盖住了芳华。细心地，呵护自己的花，相信孩子，静等花开！

# 纪律管理，攻心为上

徐旻晶

记得刚当班主任时，接手一个新组建的班级，每每去教室总能看到学生们安静地上自习，认真地听讲的画面，心中不禁感叹自己何其幸运，带了这么一个守纪律的班级。但是好景不长，不到半个月，课前的吵闹开始了，课堂说小话的现象也有了——这才恍然大悟，学生之前并不是都守纪律的，而是彼此还不熟识，现在熟了，话也就多了，再加上我这个班主任看起来似乎挺温柔的，于是课堂纪律就慢慢涣散了——行由心生，我决定上演一出攻心大计，扭转班级纪律日益恶化的局面。

一、首攻"初心"

周一的班会课，我把班会的题目定为《走进夷陵》，我设计了一个问答环节是：你是如何走进夷陵中学的？你为什么要走进这所省重点中学？因为是回忆过往的辉煌岁月，很多同学都有话说，十分有兴致，纷纷讲述了自己在初中时奋斗的艰苦岁月，特别是有些所在班级纪律较差、学习氛围不浓厚的学生更是回忆了自己在自我奋斗中的那种无助感、孤独感、执著劲和成就感，强烈激发了学生们再次大干一场的劲头，也让同学们更加深刻地认识到了保持班级良好纪律的必要性。而关于为什么特别想考进夷陵中学这个问题，同学们纷纷表示是为了借助本校这个优秀的平台考上心仪的大学。我顺势让同学们写出了自己的理想大学，并庄严地贴在教室后方事先准备好的展示牌上。指着同学们贴上理想大学的展示牌，我动情地说："同学们，你们的志向都很宏大，老师很欣慰有一批志向如此宏大的学生，但是不能实现的理想永远都只是梦想。理想有双美丽的翅膀，分别是严守纪律和持之以恒，折翅的鸟儿是飞不高的。勿忘初心，方得始终。同学们，希望你们为了目标，克服困难，改正缺点，增强自控力，为班级创造一个更好的学习环境，为心中的理想而奋斗！同学们，上课时能不能管住自己的嘴巴，好好学习？”同学们用整齐划一且高昂的声音回答我：“能!”在同学们坚定的声音中，我把事先准备好的“勿忘初心，方得始终”的标牌悬挂在教室的醒目位置，时刻提醒学生们要牢记初心、为理想奋斗、保持良好纪律。

二、兼攻“羞耻心”

我明白“胡萝卜”向来都是和“大棒”并列使用，才能收到良好的效果。我告诉学生，我将加强对课堂纪律的巡视观察力度，每天不定时、不定次地来抽查班级纪律，并进行拍照取证。每次巡查到教室前，我将先把手机调到拍照模式，一到教室的窗口或推开门的一刹那我会立即拍照，以防止对部分“反映较快”的学生取证不及时，同时也能更好地督促同学们做到班主任来与不来巡查均能严守纪律。我同时宣布，对拍照取证三次以内的学生，将由我展开批评教育，对三次以上的学生则会请家长协助管理和教育，更有甚者将上传取证照片至班级家长 QQ 群空间中进行曝光批评。我知道学生们一般都有很强烈的羞耻心，班级的集体批评，或许使不少学生有投机心理，总觉得自己的错误行为并没有被老师发现，老师是在批评别的同学。但被老师公然点名则不同，这是对自己名誉的损害，所以他们以被老师公然点名批评为耻，更以被约谈家长为耻，如若在大庭广众之下被曝光批评则更视为奇耻大辱，所以在班级的纪律管理中，往往第一个阶段就收到了不错的效果，第二个阶段几乎没有启动过，第三个阶段则纯属恫吓学生，我从未实施过，也不打算实施，我始终认为“小知识分子”们也是需要始终保持其人格尊严的。在班级纪律管理中，利用一定的策略将学生的羞耻心转化为对纪律的敬畏之心，大大增强了学生的自控能力。

三、再攻“责任心”

批评学生绝不是教育的目的，过激的批评甚至会使学生“破罐子破摔”，走向更加极端的反面。我认为点名批评和约谈家长应当成为最后两道不得已才启用的防线，更重要的是防微杜渐。班级课前三分钟不能迅速安静下来往往是由于课前的说话声太大盖过了上课的铃声，如果及时提醒或许就能安静下来；自习课时，说话声往往都是因为借文具、问题目等一点点小声音渐渐发展成为大声音；课堂的嘈杂则往往是由那么一两个哗众取宠的同学带头掀起的。如果在刚有小的声音的时候，班干部及时制止，也许就能保持住良好的纪律。所以我召开了班干部和课代表的联席会议，强调了班干部神圣的使命感和应有的责任心，要求各科课代表要认真履行课前三分钟的纪律提醒和课前准备工作，要求纪律委员在自习课时不仅要做好课前的提醒工作，还要做好课堂有了声音后的及时制止工作，以及情结恶劣累教不改学生的上报工作。在和学生的沟通中，我还发现很多学生虽然不是班干部，但也十分有正义感，对于班级同学的违纪行为十分痛恨，经常会主动挺身而出制止某些同学的违纪行为，对于这样的同学，我给予了高度的肯定，并在班上大力表扬，强调对于班级纪律的管理，不仅我们的班干部和课代表应当有强烈的责任心，我们的每一个同学也应当肩负正义，对班级纪律富有“责任心”。这样班级纪律人人管，班级纪律状况得到了极大的好转。

四、攻坚“真心”

在班级的纪律管理中，大多数学生被我照片取证了后能反省自己的错误并保证在今后的学习中改掉自己散漫的态度，严守班级纪律。当时也总会有那么几个学生的转化工作是非常艰难的，他们总是找出种种理由予以否认。

A 就是这样的一个学生。他总是矢口否认自己的过错，往往以一番互不相让、针锋相对的嘴官司，和我不欢而散。我拿出拍到的几张“犯罪证据”，但是 A 仍然拒不承认，拿出了众多莫名的理由：默念题目、借东西、换东西——总之，A 是很顽固的，成为了班级纪律管理的巨大瓶颈。经过认真的思索，我认为 A 是典型的对抗性性格，和父母的关系本就紧张，请父母来也未必有什么好的效果。或许我应当转变教育方式才能真正让他认识到自己的错误，并改变自己。于是我找到他，再次和他谈守纪问题，他果然仍是拒不承认的，一副准备和我继续大干一场的架势！“看来，老师是真的冤枉你了！老师给你道歉！”我说道，他听后忽然一愣，面部表情开始柔和起来。我继续说：“但老师希望你能继续遵守纪律！不少班干部说你在课堂上讲小话，老师也拍到了很多张你似乎在和别人讲话的照片，你都说是在借学习用品或是帮助他人，但是这些正确的事是在错误的时间做了，也是错误的。你说呢？我希望你在课堂上只做和学习有关的事情，不要做引起老师和班干部误会的事，好吗？”他点点头。紧接着，我列举了许多他身上的优点，指出他如若上课时更专心点，成绩一定会更优秀的，我看好他！他再次点点头。之后，我观察他上课说活的情形果然越来越少了，每次遇到他，我都会表扬他：“最近不错，果然没再上课说话了，你看成绩也进步很多呢！”他每一次都微微地笑笑，很不好意思。有一回，他回应我说：“老师，说实话，偶尔我也有管不住自己的时候，但我一定会越变越好的，成绩也会越来越好的！你看好吧！以前是我不对！”再后来，听班干部说有时班级自习课有些小声音，他也会主动管！

每个孩子都有自己的“真心”，都爱惜自己的“羽毛”，面对他人的指责，不论是否是事实，不少孩子都会本能地抵制，但我相信，只要我们找到适合他的方式，去教育他、感化他，促动他最柔软的“真心”，就一定能够转化他们！

古人云：不战而屈人之兵，是为上策 。发自学生内心的改变才是持久的，而一时的强压必定是短暂的。班级纪律的管理不是一朝一夕就能完全解决的，但学生发在内心的改变必将使班级的纪律进入到一个螺旋式上升的过程！

# 幸福藏在五十张笑脸里

杨焱媛

时光荏苒，转眼我已工作八年了，学生对我的评价渐渐由“人很好但脾气暴躁”变成了“脾气真好”，直到去年又成了“平时脾气真好，但凶起来是真凶啊”，这是因为我这一年来有了一个新的身份——班主任。

班主任应该是这个世界上最小的主任了，却又有着最多的部下。在当班主任以前，看着其他班主任们早出晚归，看着身边的同龄班主任们一个个在学生和同事眼中成了我的“前辈”，心里莫名地对班主任有着畏惧之心，觉得吃力不讨好，伤身又伤心。但同时也经常听前辈们说虽然当班主任很累很繁琐，但却有着科任老师体会不到的充实和幸福感，他们跟我说没有班主任经历的教师生涯是不完整的，于是有了我这一年不平凡的经历，我成功地成为了第一个既不会开车也不住新校区的女班主任，同时也成了大家眼中除了有点黑眼圈外，面部没有任何快速苍老迹象的女班主任。回想上学期班主任兼三个班的化学教学任务，累得要死要活的时候，记得有一次周六，上午第三节课，当时杨元彰老师的15班在我隔壁，我看他站在教室外面小憩，于是向他诉苦好累，结果这个理科男居然回了我一句，“我有五节课，你跟我说好累”，于是我不甘示弱地回了句，“我有六节课，你说我可以说不”，他被我怼得悻悻地说了句“你牛”，回头想想我们俩真傻，这时我真的很想问问那些灌我心灵鸡汤的前辈们“敢问幸福在何方”。

但是幸福真的就藏在那50多张笑脸里，藏在那一声声“三火小姐姐”的叫声里。分班后，班里有几个从A班下来的孩子，其中有一个我早有耳闻，上学期情绪一直很不稳定，家长也显得很焦虑，经常因为孩子的情绪问题跟老师频繁联系。他来到我的班上后我就格外留心他，怕他的情绪有起伏，同时作为新手的我也很怕接到他家长的电话。他反应很快，但思维不够严谨和细致，喜欢接老师的话，作业总是不能按时完成，却又自己做了一堆资料。我偶尔逮个机会就提醒他几句，心里也未曾放松过一刻，可是一周、两周、三周、一个月过去了，他似乎一直都很开心，也不止一次地向我表达过他确实过得比较轻松自在，而我也的确没有接到他父母的任何电话或消息。直到一次周六值班，我终于见到了他的妈妈，那是一个很细致的母亲，她在课间主动跟我聊天，说孩子现在过得很开心，很喜欢我，还说我也很喜欢他，我说他都是为他好。看着这位母亲脸上真诚的笑容，我一颗悬着的心才真正地放了下来。其实想想自己也没有做什么，他其实就像一个小孩子，可能是初中优秀惯了，到了这里强者如云，压力陡增，而他又不是一个自律性强的孩子，心理调适不当的后果就是成绩急速下滑，而成绩的急速下滑又导致了他心理调适更加困难，如此恶性循环，精神和心理上都不堪重负，于是导致了他情绪管理的失败。正是基于这一点，我对他给予了极大程度的包容和理解，在和他谈话时，先肯定他的优点和进步，再指出哪些方面老师相信他还可以做得更好，并给他指出明确的要求和方向。虽然这半年来，他仍然小错不断，但比刚开始有了明显的进步，学习效率和质量有了明显的提升，四次排名都在年级 250 名以内，最后一次还进了年级前 200 名，比进班的成绩有了很大的提升。模拟高考期间的研学活动，最后一天刚好是“六一儿童节”，我们去参观了湖北省博物馆，他默默地递给我一把越王勾践剑的纪念品，还悄悄说：“杨老师，一定要告诉你儿子，是我送给他的，下次他一定会夸我帅的。”我愣了片刻，才想起来，上次我家小子回避回答他“帅不帅”这个问题，这孩子真是小气得可爱啊！

诸如此类的事情还有很多，这一年的经历让我深刻体会到了“我不仅要自己的尊严，也会注意你的尊严”这句话的深刻含义，孩子是骄傲又脆弱的，是幼稚又善良的，只要你学会维护他那颗脆弱又敏感的自尊心，他就会是你贴心的小棉袄！

# 偶尔引导，经常鼓励，总是陪伴

秦爱民

年轻的时候总夸大教育的作用，认为教育能解决一切，所以那时雷厉风行意气风发。现在反而觉得不是这样，慢慢地我把“偶尔引导，经常鼓励，总是陪伴”作为我班主任的工作理念。

高三每次阶段性考试结束，学生情绪波动都很大，这是老师们最忙碌的时候，一方面要操心自己所带班级学科考试排名，另一方面要关注自己导师制结对学生的学习状态和考试成绩，不断地有学生找老师，老师找学生。尤其是班主任，有的学生需要安抚鼓励，有的学生需要帮忙分析，有的学生需要批评打压，个别学生的需要很特别……

班上有五个枝江籍学生，学习中等偏上，都是我的一本培养目标。高三上学期状态不错，每次大考排名均在年级前 180 名，在学校划定的一本线上，他们互相较劲，学习很有章法，生活井然有序。

下学期，情况发生了变化，除两人继续保持较好状态外，马同学开始有点分心，周同学热情不再，赵同学也开始找不到感觉。连续 3 次月考，3 人排名大幅下滑，马同学在一本的边缘，而周同学和赵同学很难入围“第一集团”。我急，家长更急。

马同学的家是教师世家，问题最清楚：在不恰当的时候想到了大家喜欢想到的问题——分心而已，我的处方是：老师家长联合痛下“杀手”，定会药到病除。

接下来的几天，家长从电信公司查手机短信，很快把最直接的证据放在他的面前，严肃的谈话，集体的攻势，让他溃不成军……

回到学校，马同学主动找到我承认错误，保证尽快把心收回来。事后，和那女孩的交往也正常了很多。虽然受了一些影响，但最后高考成绩 600 多分，还马马虎虎。

和马同学不一样，解决周同学的问题过程很高调、很有影响，几次在他上课的时候故意突然把他叫出来，让班上的人都知道他学习出了问题，老秦正在“收拾”他！

谈话的内容其实很老套，但效果出奇的好。搞定了周同学，也吓到了周围的一小撮。那段时间班上同学的学习状态别提有多好，我的心情别提有多惬意！

赵同学令我很纠结，他是一个很有思想很有主见的人，以前也比较自信。3次大考不理想，表面的镇静掩饰不了他内心的彷徨。如果说我不急，那是假的。其实他学习本身没问题，就是应考的心理有些慌乱，连续多次没考好，下一次太想考好，影响发挥。

“要不要找他呢？”我心里一直在犹豫。最后我决定等等看。

两周过去了，有一天中午，我在星座走廊碰到他，他开门见山就说：“秦老师，谢谢您对我的信任。”

“怎么呢？”

“几乎所有的人都认为下一个谈话的人肯定是我，我也在做被谈话的准备，可是你始终没有找我，我真是太感激您了。”

“我为什么要找你？你学习没问题！”我十分肯定地说。

给他好的心理暗示，这真是难得的好机会啊，比我找他效果好千万倍。

春风又绿江南岸，那年的春天，我颇有些得意。

# 走进学生心灵

罗　婷

一天清晨，我刚到学校，班干部就来跟我反映昨天晚自习有几个同学在教室里讲话嬉笑，我一听心里便很恼火，前两天刚强调过自习纪律又有人顶风而上。我决定严肃整顿，因为这是个文理分科后刚刚组建的新理科班，有一批来自其他班的学生，纪律意识涣散，我决定一开始就将他们的歪风邪气压下去。我找来那几个同学，对他们进行了严肃的批评，并让他们写检查在班会上读。可是第二天班长只收来4份检查，班长说“小南不交”。我要班长把小南请到办公室来。我问他：“你的检查呢？”他侧着头，眼睛望向一边，不说话。我又重复一遍，他依然沉默，保持着刚才的姿势，眼神中的执拗开始拧成直线。我再次提高声音问道：“为什么不写？”还是沉默，空气好像凝固了，他的目光凝聚在一边，多了几分坚定，我也静静地直视着他想探个究竟。时间默默流动，我的目光给他带来的压力让他嘴角微微动了两下，蹦出几个低低的但斩钉截铁的字：“不想写！没意义！”我问他：“那你认为做什么事有意义呢？”“不知道！”“是上课讲话吗？”我想进一步引导他，可是没有目光对接，一场无涯的沉默又开始了。我再问他仍然是长时间的沉默后挤出几个生硬的字，于是我不想再和他互动，开始义正言辞地对他讲道理。我向他讲明班级的规章制度和一视同仁的规则。花了很长时间，他最终把检查交上来了，但他眼中的执拗丝毫未减。我心里有种失落感，我感觉到他的心里有一道天然的高墙竖在那里，我没法走进去。

那次以后，他上课讲话的行为有所收敛。可是，两个星期以后我发现他把手机带到学校来玩，我要他把手机交上来。这一次他答应得很快，但推脱放在寝室里下次拿来。可是他始终没有交上来，每次去问他，他总是在那副执拗的表情下挤出简短的三个字“明天交!”不对抗，不妥协，他把执拗从表面进一步移到心里。接下来一段时间，班干部反映他并没有把手机拿出来玩，也没有什么大的违纪事件，我没有一再追究下去。因为与他那耗费心力的谈话和无果的交流让我有些泄气。其实他进班的成绩还不错，只是比较懒散，那段时间我很少去理会他，他也不咸不淡地混着，成绩没有什么起色，就这样一晃到了假期。可是我觉得他的潜力没有真正挖掘出来，但他如此这般的冷漠和执拗，怎样才能走进他的心呢?

假期我带着心中的困惑决定到小南家家访。我和几个科任老师一起开车去了他家。他家在一片住宅区的后山上，下车后我们攀爬了一段蜿蜒曲折的山路才到达了他家。他家住的是一幢老式的木屋，屋内的布置非常简陋，色调灰暗，让我想起了他毫无生气的眼神。他妈妈一人在家，她告诉我们他们一家是在小南一岁时从外地搬过来的，孩子的爸爸常年生病不能干重活，家里的一切全靠她一人。她说起初家里条件很艰苦，也常常被欺负，她们白手起家，现在生活好过了，说这些的时候她的心情很愉悦。我不禁细细打量着这位年轻的母亲，她的身材娇小却透着矫健，她承担着如此重的生活负担，但她的乐观那么鼓舞人心，我不由得对她充满了敬意。说到小南时，她脸上泛着光，说小南从小就很懂事，小小年纪就在家里帮着干重活，也像男子汉一样为家里的大事操心。我觉得好像说的是另外一个我们不认识的小南，脑海里浮现出一个乖巧的身影跟在妈妈的身后在崎岖的山路上跋涉，心里顿时升起一阵怜惜。妈妈还说小南小时候性格很开朗，但家里的重担和爸爸的暴躁情绪渐渐让他沉默寡言。孩子很内向，今天知道老师要来就跑出去买书了。说到手机，她妈妈拿出一个很旧的手机，笑着说:“上次他单独回了一趟老家，为了方便联系就把他爸爸的这个手机带在身上了。他不肯交给您一定是嫌手机太旧太寒酸，家里的环境让他心里很沉重。”我心里一惊，原来他执拗的行为是在极力维护自己的尊严。我暗暗庆幸自己没有强迫他把手机给我。眼前的这一切解开了我心中所有的困惑，理解了艰辛而勤勉的生活筑就了他内敛而倔强的性格。在他妈妈的讲述中还透露出一个信息，他虽然倔强但诚实守信，初中时老师很欣赏他，他也很喜欢那位老师，因为老师很信任他。于是我对走进这个孩子的心有了信心。新学期我开始默默地观察他，他也开始对我投来注视的目光。我发现他在同学们中的人缘是不错的，与同学们在一起时常常可以听到他爽朗的笑声，于是我安排他作寝室长。他很负责，不怕吃亏。还有一个细节给我留下很深的印象，那是一次布置考场的清洁大扫除，快结束时他作为班上普通的一员仍在仔细检查教室的各个角落，并提醒我让同学们把拖把归还到水池处。他的责任心让我很感动。我又安排他担任物理课代表，如我所期望他非常认真负责，并且对工作投入了很大的热情，常常提出自己的见解。老师们对他的信任以及为班级同学服务激发了他的责任感和信心，他的学习状态也越来越好，在本学期的期末考试中他的成绩进步到年级第四名。在点点滴滴的关注中我渐渐感觉到小南身上有一股沉静的力量。他妈妈也说他从没有像现在这样努力学习，她对孩子的未来充满了希望。这些平淡的话语给我传递着力量。

回想那天家访回来的路上天气虽然很炎热，但我的心里好像注入了一股清流，洗刷了我平日积聚的疲劳与烦闷。走近学生，为我的心灵打开了一扇窗，再次让我懂得作为老师我面对的不仅仅是一项项任务，而是一颗颗在感悟中渐渐成长的心灵。所以教育的真谛应该是用心灵去唤醒心灵，用爱去召唤爱，它应是一个持续的过程，是一个应该用足够的耐心去积累的过程。学生的种种问题背后常常有其形成的原因，面对问题更应该冷静分析，多走几步曲线，教育的效果或许更好。

# 因为真诚，我们双赢

杨　萍

教师在与学生相处时，首先应该是真诚的。只有让学生感受到绝对的真诚，才能唤起学生对老师的信任感，实现师生之间良好的沟通。

高一下学期刚分班时，班上有一个腼腆、内向的男生，他的脸上洋溢着微笑。不久，笑容从他脸上消失了，他每天默默地坐在位子上，很少言语。起初，我并不在意，认为这是他的性格所致。直到有一天，当我惊异地发现他用极其冷漠的神情面对讲台上侃侃而谈的我时，内心一下子充满了挫折感。潜意识告诉我，他的不快乐和我有关。通过侧面了解我才知道，他在初中时是一个才华出众的学生，非常受老师的器重和喜爱。但他性格腼腆、心思细腻，在陌生的环境中缺乏主动表现自己的勇气和信心，因此，容易被我忽视。他内心的失落和惆怅无法排解，只好用“冷战”来抗议我对他的忽视。

我开始找他谈话。第一次谈话我首先打破尴尬，轻声地说：“如果我做了什么伤害你的事，请原谅我，因为我无意于这样做。”他凝视，不，应该是审视了我几秒钟后，平静地说：“和你无关。”我清楚他不打算和我说实话，戒备心很强。“那好，我们聊点别的”，我和他聊起了他感兴趣的时尚话题，我能感觉到他的敌意在一点点冰释。我们的第一次谈话以笑容画上了句号。

接下来我要做的事情就是建立起他对我的信任，以后的日子里，我经常会在楼道里对他会心一笑，在课堂上向他投下关注的目光，走到桌子旁弯下腰和他交流几句。终于在一天午休时，我们进行了一次畅谈。他的第一句话就是：“你很特别。”“哪儿特别？”“对学生很真诚，比较尊重学生。”“你怎么知道？”“观察。”原来他一直在观察我，觉得没有什么危险时，才肯摘掉面具直接面对我。自此之后，他见到我总是主动地打招呼，或者冲我孩子般地一笑，自信阳光又回到他身上，更让我感动的是，他今年转回重庆了，教师节前竟然订给我一束鲜花，卡上写着这样一句话：”老师，遇到您是我的幸运，节日快乐!”

因为真诚，我收获很多。刚接班时，我对我们班学生说：“我不能给你们提供更多的帮助，只能竭尽所能付出我的真诚。”两年过去了，我能一点点感受到他们的长大、成熟，班上的男生一个个都很有男人气概，讲情义，有担当，不怕吃苦吃亏，遇到重活累活，不用吩咐他们总是抢着干。女生一个个单纯可爱，什么时候都是一张微笑的面孔展现给你。进入高三，在班上的每一天都让我感受到温暖，我也倍加珍惜和他们在一起的日子。今年教师节，祝福短信电话不断，甚至很多短信是在凌晨、深夜发的，我对他们开玩笑说：“这两天你们让我失眠了。”他们愕然，接着我又说：“当然，是幸福的失眠。”我们相视一笑。

虽然我们班离优秀还很远，但是，我仍然要说：因为你们，我骄傲；因为我的真诚，你们更加自信阳光。

# 破茧成蝶振翅飞翔

骆桂梅

一只丑陋的毛毛虫，受尽了其他动物的嘲笑，它的生命的唯一寄托就是结茧。不知道结了多久，厚厚的茧将它一层层包裹起来，它的世界一片黑暗。突然有一天，它听到外面一个声音说："出来吧，你会变成一只美丽的蝴蝶！"它奋力地撞开厚茧，终于破茧而出，变成了一只振翅飞翔的蝴蝶。一枚肉嘟嘟地沉睡在茧中的蛹，当它痛苦地咬破它的茧，最后羽化成蝶，这个神秘的精灵就完成了一次生命的蜕变。我不禁想起了东尼，陪伴他整整3年了，3年来我亲眼见证了他由懵懂走向成熟直到蜕变的历程。

高一那年，晚自习的铃声刚刚响起，生活委员小月急急忙忙地跑到办公室找我，"老师，东尼他又割了"。我二话不说，冲向教室，把东尼喊了出来，一把掀起他的袖子，果然，手腕处又多了几道用小刀划的伤痕。我的心里一沉，今夜又将失眠了。

东尼是一个很让人头疼的孩子，性格自卑内向、敏感易怒、偏执倔强、戒备心强、情绪和行为自控力差，这样的性格使他不能融入班集体，同学们对他也是敬而远之。开学不久便接二连三地发生自我伤害的事件，还多次口头、书面表达想要自杀的念头，这真是一把悬在我头上的达摩克斯之剑，随时担心它会掉下来。这样特别的一个孩子确实很让人揪心，我很想知道到底是什么样的环境让一个原本应该朝气蓬勃的男孩子过早的对生活失去了希望。周六放学，我和徐主任、秦校长一起把东尼送回家，顺便进行家访。从小父母离异，爸爸由于中风导致身体残疾，生活勉强可以自理，东尼由爷爷抚养长大。东尼爷爷是中华人民共和国成立初期的一位科研人才，因成绩优异被选拔进哈尔滨军事工程学院，为了家庭放弃了在北京的工作回到宜昌。老人家很有见识，谈吐不凡，偏偏在孙子的教育问题上一筹莫展。爷爷自身的优秀和过高的期望使得成绩平平的东尼充满了挫败感，而爷爷在生活上的溺爱又使得他自理能力极差，且完全不懂得如何与同伴愉快相处。长期的家庭和学校生活的不快乐，使得他想要逃离现实，东尼将自己层层包裹，始终活在自己的世界里，对一切都充满了不信任感，尤其怕跟其他男生接触，而同时又单纯善良，特别渴望友情。

**走出自我，树立自信，融入班集体**

一次历史课上，在讲到中华人民共和国成立初期兴办的一批军事院校时，我告诉同学们东尼的爷爷就是哈尔滨军事工程学院毕业的，从事的就是有关原子弹的研究工作，同学们都把羡慕的眼光投向他，我明显看到他的眼神活跃了起来。下课后，我给他布置了一项任务，采访爷爷的人生经历。在班级召开的主题为“感恩的心”的班会上，东尼从容地向大家介绍了自己的爷爷，认识到自己有一位引以为傲的爷爷，同时也很感激爷爷对他的养育之情。听了东尼的成长环境，同学们都很动容，班上有一批正能量的同学，争着要求将东尼分到他们组，表示愿意帮助他共同进步。经过考虑，我将他放到了小月组，这个组女生多，希望她们的活泼热情能够感染他，女生细腻的心思则有助于关注他的内心，同时激发他潜在的男子汉意识。

新学期开学了，鉴于东尼的家庭困难，我指导他写申请，带着他一起找相关工作人员申请减免学费，尽管学校面临合并，申请程序复杂，可在这个过程中他感受到了老师和领导对他的关爱。

**树立目标，振翅飞翔**

人生理想如同导航的灯塔，指引着人们奋斗的方向，决定着生活是充实，还是空虚，也是孩子健康成长的重要因素。综合东尼的文化成绩和兴趣爱好，他在我的建议下选择了音乐，东尼有了自己的理想和信念，并为之奋斗。高二时，东尼再没有流露出轻生的念头，再没有做出过伤害自己的傻事，我经常会在教室和琴房看到他的身影，他的脸上带着浅浅的微笑，有时也会听到他的歌声。

他的变化我看在眼里喜在心头，并及时在班上表扬他，他也有了几个固定的朋友。然而好景不长，可能是有点膨胀，不久就有同学和班干部反映他走向了另外一个极端：早自习经常唱歌或者搞怪，影响其他同学读书；晚上在寝室也多次违纪晚洗，躲在被窝看视频；课间跟同学们来一段街舞；最头疼的是卫生委员，都不敢排东尼做卫生，他每次做卫生班上都要扣分……不对劲，肯定有什么问题。果然，有一天上晚自习，我又发现他手腕上有伤，他已经很久不这样了。看了看时间，女儿上舞蹈班的时间快到了，我把东尼带到我家，和我一起送女儿去跳舞。一路上看着熙熙攘攘的车水马龙和天真烂漫的女儿，他道出了缘由："我觉得我学不成音乐了，马上要去武汉集训了，爷爷没钱供我，妈妈那边还有弟弟。况且就算考上了，学费也很贵。"我们就这么边走边聊边商量解决方案，最终经过努力和沟通，解除了他的后顾之忧。在解决费用这件事上，他让我很刮目相看。因为他再也不是刚到校由于不敢和陌生人打交道，需要我带着他去办理饭卡的小男生；再也不是遇到困难就躲避，哪怕是自己的亲人也不愿意去争取的小男生，而是成长为一个遇到困难积极面对解决的男子汉。

时间距离高考越来越近了，经过了一轮复习的同学们自信满满，东尼也结束了专业联考和校考，返校复习。陌生的夷陵校区、不尽如人意的专业成绩、一落千丈的文化成绩成为他新的障碍，并且压力山大。自习课上手机被没收成为一个导火线，他冲出了教室，在校园里到处游荡，不愿意回教室。妈妈的鼓励、爷爷的安慰、各科老师们的耐心辅导最终帮助他战胜了最后的困难。

2018 年 8 月份的一天，我收到了东尼妈妈发来的短信：骆老师，东尼被浙江师范大学录取了，感谢您的不放弃。我很欣慰，同时也很庆幸，是的，多少次我也曾感到力不从心，也曾动过让其回家复习备考的念头，我曾试图说服自己：放弃一个是为了另外的 55 个学生。我很庆幸我最终没有放弃他，因为对于我而言，他可能只是班上 56 个孩子中的一个，可是对他的家庭而言，他是唯一，没有之一。东尼妈妈何尝不是，还记得，高考前一周她午休时来到学校，借班上成绩好的同学的笔记，顶着毒辣的太阳到校外去给儿子复印笔记，好让他复习。他的爷爷多次迈着颤悠悠的步伐走进校园来帮助挽回即将误入歧途的孙子。还好，我们都没有放弃。

蜕变的过程是痛苦的，但每一次的蜕变都会有成长的惊喜。重要的是自己坚持，不放弃。结束痛苦与磨难，摆脱命运的束缚后振翅高翔，舞出多彩人生。

# 换个角度，风光无限

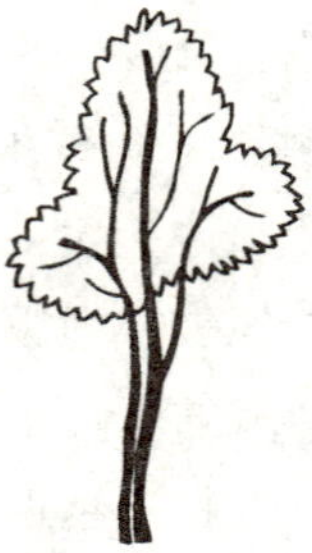

雷冬梅

身为语文老师，我却最喜欢一门课——立体几何。因为立体几何不仅可以培养学生多角度观察事物的能力，而且总会收获“横看成岭侧成峰，远近高低各不同”的意外之美。在育人工作中，我们却时常会被太多的条条框框束缚，而对学生进行简单的优劣中差定位，或类型化、脸谱化，从而加以平面化的“一刀切”。其实我们的学生也是一个立体、鲜活的人，他们有棱有角，有着丰富的内心世界，如果我们能换个角度，多一颗慧心，全方位多角度地观察学生，挖掘他们的闪光点，那么我们会少去许多苦口婆心的无奈，而感受到教育的“风光无限”。

多年前，当我正为一个新接手的高一班级忙碌时，教导处打来电话，说我班要来一个新同学，由于他的体型比较特殊，让我给他安排一个大的床位。我心里不禁咯噔了一下，按照往年的经验，这时进来的学生往往成绩特别差，说不定常规也不会好。尽管我早已有了心理准备，但当我一走进寝室看到小王时，依然大吃一惊：他身高一米八几，体重260多斤，两耳戴着耳机，双手插在裤袋里，悠哉游哉的像在观景。而另一边，他母亲正为他整理床铺，忙得满头大汗。我心里不禁再次咯噔，接下来高强度的军训他怎么可能支撑下去。果然不出所料，军训的第一天晚上，他就打了退堂鼓。看来还真是个吃不起苦又难管的主，我在心里很快下了定论。

正式开学的第一天晚上，我到教室里察看晚自修，想必高一新同学该是很守规矩的。可让我生气的是，同学们都非常投入，只有一人除外，那就是小王。更让我气恼的是，他竟然玩手机游戏如此忘我投入，以至于我走到他身边都没发现。我把他叫到办公室，问：“晚自修期间能玩手机吗？”“不知道。”我再问：“那老师在课堂上讲过吗？”他答：“没听见。”我说：“那我现在就把手机交给你的家长。”他一听急了，立刻恳求我不要这样，并承诺一定不再把手机带到教室。看他态度比较诚恳，况且又是开学第一天，所以我答应了他，未把手机交给家长，而是由我代为保管，到周末放学时再带回去。想必这一处理应该有所约束吧。

第3天晚自修，我发现他竟聚精会神地听着MP4。于是，我又把他叫到办公室，他大概是摸到了老师的脾气，一到我面前马上就承认错误。但我还是按照规章制度暂收了他的MP4，告诉他：如果一周内不出现类似情况，再还给他。这一周他的表现还比较令人满意。可是之后的日子，这样的事隔三岔五就会犯一次，他总是抵制不了手机游戏的诱惑。再后来，我还发现他在寝室里玩游戏机，于是让他写检讨。检讨写得很诚恳，而且写过好几次，但总是过不了一个月他就要重犯。由于迷恋游戏，他的学习自控力越来越差，学习成绩始终徘徊在班级末尾。慢慢地他开始抄作业，有时还无故旷课。他的行为还影响了周围一些自控能力差的学生。面对这样一个“虚心”接受、屡教不改的学生，我感到很棘手。我生气地斥责：“你一而再、再而三地欺骗别人对你的信任，怎么让老师再相信你！”

大概他有所醒悟，之后一周内表现好了许多。可一次课间，我又看到他和一个同学头凑在一起看着什么，心想他一定又在玩游戏了。但让我感到诧异的是，这一次他被我叫到办公室时居然哭了，要求我一定把手机还给他。他说：“我这次不是在玩手机游戏，而是在拍一些照片。”经我一再追问才知道，原来他妈妈生病了，他想让妈妈看看自己和同学们在教室学习的场景，帮妈妈早点战胜病魔。我感觉他不像撒谎，于是打电话从他父亲那里核实情况后就把手机还给了他，并为他提供了些班级活动照片。后来我更深入地了解到，由于他的体型比较特殊，他妈妈为了他的成长吃了不少苦，所以，他不想让妈妈知道他在学校的不良表现。虽然之后他仍然时不时出现一些问题，但这件事却给我很大震动。是啊，小王固然有缺点，但同样有“善良”和“爱心”的一面。我不禁重新审视我对他的教育：一旦学生被定位成“后进生”、“调皮鬼”、“问题者”，我们势必忽略其闪光的一面，时时处处会紧紧盯着缺点不放，甚至放大其问题，进而忽视了其情感上的需要、成长的渴望。

那次校外实践，其他同学都去了，只有他来向我请假，说身体不好，不能去。我没点穿他“怕苦怕累”，而是叮嘱他：“在学校里多休息，多读点书，少玩游戏。”并当着他的面委托留校老师多加关照。在校外实践中，尽管每天都很累，我仍然通过短信与他保持联系，告诉他同学们都很想念他，小王听了很兴奋。当我们归来时，他站在校门口迎接我们，很开心地喊：“好想你们的，我为你们准备了礼物哦，快去教室看看吧。”但大部分同学因为太累了，没有去教室，而是直接带着行李回家了。他很失望，独自走了。于是，我去了教室，只见他在每个同学桌上放了糖果，并在黑板上写了一首诗，大意是：没有了集体的力量，我失去了飞翔的翅膀，我们在一起的日子真好！回想起他那黯然离去的身影，我突然有一种感动得想要流泪的感觉。我不由自主地在黑板上郑重地写下了几个大字："谢谢你！"并让值日同学保留黑板上的所有内容，目的是想让同学们在周一返校时能感受到他的一片真情。果然，那天早上，当我走进教室时，看到的是他幸福的泪光，还有教室里前所未有的温暖与感动。触摸这片温馨与美好，我恍然顿悟：当我们走出"后进生定位"的心理误区，转换视角，以善良回应善良，用爱推动爱，那将是他们的人格得到真正尊重焕发出的美丽。

之后是校艺术节，小王和班里的另一位同学合作相声，全场掌声雷动，经久不息。同学们说，为了今天的成功，他天天在寝室里苦练，因为他要向大家证明他不仅仅只会玩游戏。会后校长看到我也说："感谢你们班出了这么好的节目，有这么优秀的表演人才。"我不禁哑然，因为之前我并没发现他有这么强的表演能力，停留在我脑中的几乎全是他对游戏的迷恋和对学业的懈怠。看来他还是挺进取的，也是渴望被肯定的。第二天自习课，我在全班激动地说："我们班可真是藏龙卧虎啊！昨天的艺术节上，两位同学以精彩的表演给我们带来了全新的艺术享受，不仅展示了自己的才华，也为我们班争得了荣誉！让我们再次以热烈的掌声感谢他们！"面对同学们的掌声，他有些羞涩，但脸上满溢着幸福。于是我又真诚地说："台上一分钟，台下十年功，这么精彩的表演一定要投入不少精力吧。其实学习也是一样，只要用心投入，一定会有所收获。相信在接下来的期末考试中，两位同学一定会有更加不俗的表现！"我看到小王在频频点头，果然在接下来的期末备考中，他比以前认真了许多，不仅对平时的错题都做了细致的分析，还经常到办公室来问问题。考虑到他有很强的自我表现能力，我又让他担任班级的眼保健操管理员。虽然只做了一个小干部，但他感到了自己的责任所在，管理得非常到位。于是我想起一句古话："教者，长善而救其失也。"当我们换一种眼光，及时捕捉学生的闪光点，并适时的表扬与开掘，那将是放大的教育机智之美。

也许真的有缘，高三分科，他又分到了我的班级，在这个只有七名男生的文科班里，他不再像以前那样让我操心，而是坚守诺言，端正了学习态度，并主动地承担起班级责任，成了一名真正的男子汉。家长和老师们都说他进步了不少，人也阳光了许多。其实他的世界原本如此美丽，只是我们要善于变换角度，多一双慧眼。

在几何学中，"立体"是与"平面"相对的概念，其特征是通过转换视觉可见物体或图形的多个层次，用立体的眼光观物，万物都有无尽的美。在班主任工作中，我们面对的学生有着不同的成长背景，有着独一无二的个性特征。如果我们转变一下思想观念——不再认为只有那些学习成绩优异、遵守行为规范的学生才是优秀者，如果我们不再用同一把尺子去丈量学生，用同一个模子去铸造学生，如果我们从每个学生的实际出发，把每个学生当作一个立体世界，多角度了解研究每个孩子的特点，且在教育过程中不断寻找、培植学生的优点，帮他们塑造自信、体验成功，终有一天你会发现：原来每个孩子都是一座潜藏丰富的金矿，原来每个孩子都是一个异彩纷呈的立体世界！美国心理学家威廉·詹姆斯说：“人性最深刻的原则就是希望别人对自己加以赏识。”当我们换一个角度，当我们用一种全新的目光，立体化的教育世界原本风光无限，其乐无穷！

# 学会欣赏

艾双叶

2016年7月，我刚刚接手了一个新班，在接手这个班之前，我就已经知道了一些这些班级的“光辉历史”。高二下学期成绩多次倒数；学生喜欢集结起来到校长和教务处告老师；有两个同学心理有问题，而且情况很严重，有一个甚至在高二休息了近一年；班集体没有自信。

7月4日上班，我准备了一套演讲方案，无外乎是一些要求和训话，我想这样的班级，我应该严厉起来才对，否则我管不下来，毕竟新官上任三把火。上午九点，我进了教室，刚刚进去，学生爆发了雷鸣般的掌声，一脸期待的表情，我猛然意识到一个很严重的问题：“学生的这一脸期待的表情，难道是想迎来一个只懂得说教，批评和做要求的老师吗？”我马上像战斗的猫收起利爪一样，把我原本的说辞全藏在了肚子里，把我准备展现的威严全收了进去，我和颜悦色地对他们说：“真是日有所思，夜有所梦，昨晚艾老师做了一个梦，梦见我和新同学见面，我在上面说了几句话到现在记忆深刻——从此，我们是一个集体，我呵护你们，你们爱护我，我们相互扶持，相互鼓励，走完非常有意义的高三生活。这也是我现实中的心声。”同学们很天真地笑了，我也没骗他们，梦确实是这样的。

在第一周里，我很安静，只是默默地观察他们，他们也很安静，学习认真卖力，而且他们很好地把以前乌七八糟的事情全部抹杀了，甚至一点痕迹都没有留下，我居然找不到他们曾经表现不好的任何蛛丝马迹。我歪着头想，这种状态可以持续多久呢？于是我有了第二次演讲，时间特别短，内容如下：“同学们，我观察了一个星期，大家作业交得整整齐齐，上课自习学习认真，心态积极阳光向上，同学友爱互助，和老师交流坦诚相待，这是我在夷陵中学工作了8年，见过的最好的一个班级，你们具备了成功需要的所有品质，勤奋、情商高、心理阳光、责任心强，虽然我们的成绩现在暂时落后，但是我预言，你们一定能够成为文科平行班中最优秀的那个班，既然你们有这个实力，那么班主任会责无旁贷地努力打造一个优秀班集体。”

他们很享受老师对他们的赞赏，事实上，我实实在在地很欣赏他们。同学之间互助讲数学题，我表扬他们相互帮助；同学们偷偷地塞给老师零食，我表扬他们懂得感恩一些小事情让老师感动；同学们运动会取得好成绩，表扬他们维护班集体的荣誉；有同学长期帮助班级做卫生，我表扬他有责任和担当；早自习声音洪亮、作业交得齐、单词过关过得棒、改错改得好、早上来得早……所有的美好的东西我都拿出来表扬，结果学生的表现越来越好。2017年和2016年同样带高三，今年批评得更少，赞扬得更多，取得的效果更好。

真正让我刮目相看的一次，是一次下午跑操，由于种种原因，很多班级还在听讲座，散场很慢，我们班的班号在前面，都出来了。很多班级的孩子都想浑水摸鱼不想去跑操，我们班的孩子自觉地全部下去了，每个人老老实实地跑完操。我不在场，通过年级组知道了这回事，我们班的孩子很骄傲地告诉我：“老师我们下去跑操时，好多同学都在跟我们喊‘不下去了不下去了’，但我们没有一个人理睬和动摇。”我知道，我们班已经非常自觉了，习惯已经培养得非常好了，这些习惯的培养不是我平时批评出来管出来的，而是欣赏出来表扬出来的。

孩子们发现了老师欣赏他们，他们过得很轻松愉悦，备考也很轻松，即便偶有挫折，也及时和我进行了沟通。而且，更主要的，欣赏是相互的，他们开始欣赏我们所有6位科任老师，再也没有了高二闹事情的现象发生，师生非常和谐。他们的进步是巨大的，年级组、家长、学生、老师都对四班给予了高度的肯定。

作为老师，欣赏自己的学生，你会发现，每个孩子都是独一无二的个体，就像世界上没有两片完全相同的树叶一样。欣赏你的学生，尊重他们的差异，你会发现，每位孩子都有非常可爱的一面，每位学生身上都有闪光点。只有这样，教师才能真正做到因材施教。

# 让批评成为“顺耳的忠言”和“甜口的药方”

李　欣

要想纠正学生的缺点，前提是学生必须乐于接受我们的批评，乐于听取我们的忠言，乐于服用我们给他开出的药方。当然，“顺耳的忠言”和“甜口的药方”更容易被学生所接受。怎样做呢？看看下面这个小故事吧。

1. 如何对待和处分违纪的学生

学生严重违反纪律一定要受到纪律处分，这一点可以说是天经地义，所谓国有国法、校有校纪、班有班规，无规矩不成方圆。但是怎么样才能使受到处分的学生心悦诚服地接受处罚而不至于产生消极的抵触情绪呢？学生违反纪律本身就是一件不好的事情，我们怎样将这些不好的事情巧妙地转变为好事？

记得当班主任我曾经做了这样的尝试：对于违反纪律情节比较严重的学生我罚他们用正楷字写一份500字左右的违纪心理报告，描述他当时的违纪心理。请大家注意，心理报告书不是保证书更加不是检讨书。我还要求犯错误的同学讲一个遵守纪律的故事，或者要他们唱一首使人上进的歌曲。经过一段时间的实践后，我发现这种处罚方式的效果比以前罚写检讨明显好了很多。第一，受这种方式处罚的学生一般不会对老师产生心理上的抵触情绪，因为他在上面唱歌或者讲故事时下面的同学会给他热烈的掌声，可以说他是在一种很快乐的氛围中受到教育。第二，学生在众目睽睽之下唱歌或者讲故事，大家的目光都集中在他身上，对他的口才及胆量是一个考验和训练，写心理报告的学生要用正楷字来写，间接地帮他们练字和培养了组织语言的能力。第三，可以使学生的心态更加积极、可以发掘到一部分学生的潜能。班上有一名男生小朱，平时不爱做声，有一次当值日没搞寝室卫生睡懒觉，违反了学校的宿舍管理条例。他自己选择了上讲台讲故事，结果他的故事讲得很流畅，而且情节生动，获得了同学们一阵又一阵的掌声。在同学们的掌声中，他在大庭广众表现自己的自信心大大增强了，而且充分地意识到自己其实并不比别人差，在以后的值日中卫生搞得很好，整个寝室很整洁。这种处罚方式不是我独创的，是借鉴了很多老师的做法。

2. 如何批评学生，怎样才能够令学生虚心接受批评

年轻的时候很容易在课堂上发脾气批评学生，有时弄得自己也很难堪下不了台，即使学生表面上服气了但实际上他只是摄于你做班主任的威严而心里不服气。后来在教学过程中不断反思和探索，摸索出一些行之有效的招数。第一招叫做：“退三进一”，我们看电视时经常可以看到这样的镜头，武士在进攻前首先是身体向后撤退，为什么撤退呢？是为了更好地向前进攻！所以我在批评学生一个缺点的时候先表扬他的三个优点，此谓之“退三进一”。我赞成“用放大镜看学生的优点，用缩小镜看学生的缺点”的做法。

曾经班上有个男生，性格比较反叛，在军训时连教官的话也不听，被教官整了两次，我当时也觉得好解“恨”。但是这是治标不治本的。我后来仔细观察这个学生，他有一个爱好——打篮球，口才和反应能力都很不错。有一次班级间篮球比赛，结果我们班胜了，其中有 8 个球是他进的，我当时立即把握住这个大好时机，当晚就找他出来谈话，首先我就赞扬他今天在球场上表现如何积极英勇，关键时刻连进 5 球，力挽狂澜，为班级的胜利奠定了坚实的基础，获得了同学们一浪接一浪的掌声。之后我又跟他聊起球艺，他特别来劲。发现他的脸上已经露出了春天般的微笑后，我又跟他回顾他父母对他的要求，在学校里最重要的是学习，离开了这个根本是成不了才的。慢慢的我发现这个学生在学习态度及与同学相处方面有了很大的改观。

总而言之，当学生出现问题行为时，老师没有歧视、挖苦，也没有斥责、辱骂，有的只是一次次与学生之间平等而又真诚的对话交流。良言一句三冬暖，情真意切确会使学生积极向上。

# 用心感动　用心教育

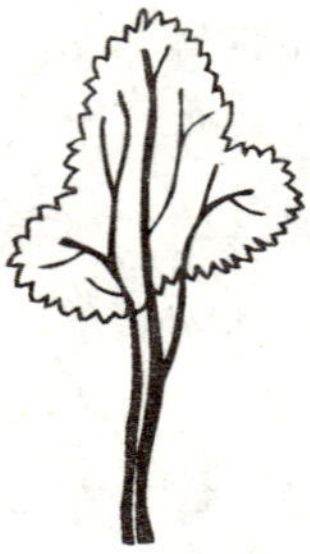

方　瑶

2016年8月31日我成为了一名人民教师。教师是我梦想中的职业，初踏入夷陵中学的校园，心境已然不同于学生时代，8月30日学校安排我带高一（9）班的班主任和高一（1）班、（2）班、（9）班的历史教学任务。这对于刚刚步入教师岗位的我来说是压力也是一种挑战。

此次教育叙事我想说说我的班主任工作。

原来做学生时，对班主任工作没有太大的想法，只是莫名的会对班主任产生敬畏的感觉。而在我第一年踏上教师岗位就被委派这样一份重担，心里既担忧，又跃跃欲试。半年时间过去，我对班主任这个工作有了更多的认识。在别人看来班主任工作又累又不讨好，我却甘之如饴。这其中发生的一件事让我记忆尤为深刻。

有一个学生，平常看起来很阳光，和同学相处得当，老师也对她赞誉有加。一开始，我也对这个学生非常放心。直到有一次考试完的单独谈话，我发现，她表面虽然阳光，其实内心深处有阴影一直在影响她。

这个学生家境不错，和父母的关系却一直很差。父母脾气不好，从小一有事就打孩子。父母以为孩子不记仇，却不知孩子的心里已经有了恐惧和憎恨的烙印。考试前一周，学生又被打了。自此，学生想和父母断绝关系，只要求父母给基本的生活费，因此，这个学生在校非常节约，生怕用多了没钱买资料书。用学生自己的话来形容和父母的关系，就是“绝望”。

了解了这个情况之后，我立刻联系学生家长到校。父亲对自己的孩子很失望，认为孩子很绝情。所以最后只有请母亲来了。母亲来学校之后，把从小到大的和学生的情况详细说了一遍。我发现，学生父母其实还很明事理，也知道自己作为父母不合格，也想做得更好一些。但是他们没有发现，他们所认为的“对学生好”只是站在自己的角度在想问题，完全没有考虑学生的感受。比如每当父母说：“你怎么能说脏话呢/你怎么骂人骂得这么难听呢?”的时候，学生就回一句嘴：“你们不也是这样吗?”母亲在讲述的时候反复说到这样的对话，但没有发现这里面的关键点，就是父母做了不好的榜样。听完母亲的讲述之后，我给了三条建议，第一不能再打学生，再愤怒的事情也不能打；第二学会倾听、尊重学生的意见，有什么事先跟学生商量；第三父母首先要控制自己的言行。

与父母沟通之后，我每周都与学生保持交流，学生在处理和父母的关系时也首先咨询我的意见。时间慢慢过去，学生这边有了变化。她笑得越来越多，越来越真诚，对和父母关系的评价不再是“绝望”，而是有了一点点期待。分层选课走班之后，学生给了我一封信。以下引用原文：“非常感谢大半年来您对我的各种教诲与指导，我的人际交往、学习、性格思想都因为您的几句话有了非常大的改观。我和我妈十几年的惨淡关系也有了巨大的转变，以及对某些问题深入思考的思维，都离不开您的帮助。”“与您的交流，似乎更像一个严厉又温柔的姐姐而非从前遇到的居高临下的老师，所以我才试着敞开心扉，也从您这个比我多几年人生阅历的老师的视角上，学到了很多知识、道理还有一些美好的品质，这是平时许多与我交流的同龄人无法拥有的观点与立场，您的思想对我有着不可磨灭的影响。”

看到这封信，我松了一口气，心里也非常开心，我想，这就是班主任存在的意义吧，不是居高临下地对学生说这个不许做，那个不许动，而是真正地站在学生的角度，倾听他们的声音，理解他们的想法，并把自己的人生经验和阅历倾囊相授。

# 放慢脚步　静待花开

杨胜利

荣儿是高三那年转进班级的一名女生。瘦瘦小小的个头，简单的装束，干干净净的样子，一双不大的眼睛充满着渴望和几分怯懦。之前由于种种原因，荣儿在家休学疗养了半年，我了解到她的特殊情况，就主动和各科教师沟通，给予她更多的宽容和理解，以减轻她学习上的压力，但我知道这还远远不够。

课堂上，我看到她时而凝望着黑板，时而低头疾书，时而捂住嘴巴打哈欠。着实叫人心疼，因为她很容易感到身心疲惫、焦虑不安。有一段时间，课堂上只要我一提出问题，她就会把手举得高高的，急切地想要回答。此时我就给她表达的机会，有时她回答正确，令人惊喜，我就及时表扬鼓励她，请同学们给她掌声；有时她回答错误，引起哄笑，就请她坐下再思考一下。我知道，荣儿这是赶走疲劳的方式，也是想得到大家的认可，尽快融入集体当中。

一次课外活动，我看见荣儿就走在我的前面，于是我三步并作两步赶上她，随口问道：“荣儿，今天的学习有收获吗？”荣儿微微地点点头。“荣儿，这段时间你的学习进步很大，特别是上课发言积极。有件事情，我想跟你商量一下。”荣儿满脸疑惑地望着我，“以后在课堂上发言，如果你十分有把握回答正确，你就高高地举右手；如果知道一点儿，你就举左手，好吗？”荣儿似乎明白了什么，会心地点点头。以后的课堂上，我依然会见到荣儿举手发言，热烈的掌声也多次为她响起。

根据荣儿和家长的申请，早、中、晚她不在教室里，由父母接回家照看。每天早上第一节课前，她背着书包，高高兴兴地上学来；中午和晚上，又欢欢喜喜地回家去。每次在校园里，她远远地看见我，就热情地问好。有好几次，她还特意买了水果切块，请我和她一起品尝。

初夏五月，学校举行“校园开放日”活动，邀请家长代表来校体验。她的妈妈专门请假参加了校园活动。走进课堂，认真聆听了几位老师的授课，感受了课堂氛围。在随后的座谈会上，她动情地说：“我的女儿情况比较特殊，去年因病在家休养了一段时间，不管是女儿在家休养期间，还是重返校园学习期间，班主任老师都给予了女儿莫大的关心和支持，还有全班所有的老师和同学，都给予了我女儿最大的关心。因此，我女儿的青春小船才得以重新扬帆起航。从杨老师和所有老师身上，我感受到夷陵中学不仅在抓学习智力方面是一流学校，在人文关怀学生的身心，促进全面发展方面更是超一流的学校。”

其实，我做的并不多，也无法给她更多专业的帮助，我能做的就是让自己在学校和班级整体加速的进程中不急躁，多一点耐心，多一些宽容，在前进的路上等一等这朵晚开的花，不必催促，她也会自然开放。高三那年，荣儿阳光、开朗、乐观、自信，很懂礼貌，又有感恩之心。高考填报志愿时，她选择了省内一所师范学院，幼儿教育专业。后来，我收到荣儿寄来的明信片，上面写道：“杨老师，谢谢您！谢谢您的等待，等待一朵花儿的自然开放！”看到这里，我感到一种欣然与快慰，祝福她的一生一路花开。

泰戈尔说：“不是槌的打击，而是水的载歌载舞，使鹅卵石臻于完美。”是啊，教育也正是如此，是一种慢的艺术，需要水滴石穿的耐性，需要轻歌曼舞的优雅，需要静待花开的平和。学会等待之后，也许前方风景依然美丽。

# 教育顺势而为　成长静待花开

曹赛男

当老师多年，在这个过程中总是会遇到一些行为举止、性情个性与众不同的学生。怎样去教育这些孩子？我以为，教育只是引导、培育的作用。我们仅仅教育孩子本质的善良和做人的道理，成长只是早晚的问题。所以，师者，得要有一颗包容怜悯之心，尊重每一个孩子，静待孩子的成长。

这届学生里就有这样一个孩子：他内向害羞，独来独往，最重要的特点就是慢。开学第一天我就注意到他，按理说初来乍到第一天学生都想给老师留个好印象，老师规定提前 10 分钟进教室，其他学生基本提前了 20 分钟。正当我觉得这些小孩很守时时，猛然瞥见教室的某个角落缺了个空出来，我留心了一下座次表记住了他的名字，我在教室耐心地等，距离我规定的时间还有 5 分钟，3 分钟，2 分钟，1 分半，半分钟……我希望时间慢点再慢点，我希望在最后时刻他能准时出现。当秒针划过 12，我的心也随之安定下来，好吧，第一天就要过招了。当自习铃已响过，我终于看到一个瘦高、一身白衣，低着头，不停揪着头发的男生，一步一个脚印地走过来，没有像其他同学，迟到了至少还跑几步，他保持着他的绅士风度。我把他堵在教室外，问他进教室的时间，他声音小得像蚊子嗡嗡，再问他点点头：知道。我问他为什么知道时间还迟到，他嗯了一下然后不好意思地笑笑。我再次重申了几个重要的时间点，然后给他施加了一点的压力，下次迟到是要做清洁的哦！其实我心里明白做清洁是治标不治本的，明知故犯原因是什么？这样的学生只有走进他的内心，弄清他的想法才能对症下药。

通过一段时间的接触，我终于找到了原因。一是他的节奏本身比别人慢半拍，二是吃饭因为牙齿的问题吃得慢，三是讲究爱穿白衣服，洗衣服花的时间太长。四是比较注意形象，什么时候都要保持帅帅的形象等诸多因素，所以就会迟到。牵一发而动全身，其实慢不仅影响他的日常行为规范，比如迟到，在学习过程中也会成为成绩提升的绊脚石，作业经常拖交，考试时做不完。我首先从生活中入手弄清他慢的原因。关于慢的影响他自己也心知肚明，于是我给他讲怎么去安排时间，怎么去提高效率比如每件事都规定一个时间，督促自己快起来；知道自己慢又不愿丢掉风度去赶那就要提前行动。我和他的家长也进行了沟通，家长也希望孩子能改掉这个坏毛病，所以支持给孩子送饭，把衣服每次带回去洗，解决了孩子的后顾之忧。孩子也感受到了父母的殷殷希望，再加上我安排寝室时把他和比较守时的孩子放在一起，让其他的孩子带动他，提醒他，久而久之他基本能做到守时。有一次课间操他问老师问题稍微迟了一点，他居然还跑起来了。我知道慢没关系，但守时的观念已在他头脑植根。

“十年树木，百年树人”，转变一个人是一个长期的过程，取得第一阶段胜利，要让守时成为一种自觉的行为，我觉得此时就要激发他的内驱力了，让对未来的期盼激励他规范守时成为一个更优秀的自己。通过观察和了解，我发现他爱好摄影而且家长也支持，于是我和他共同制定了目标。因为有了追求，对未来有了希望，他每天劲头足足的，甚至每天成了最早到教室的学生。

但好事多磨：培训了一段时间突然他又每天灰头土脸，又开始邋邋遢遢。于是我马上找他谈心，原来是培训机构认为摄影是冷门，不停地做他的工作想让他换专业。末了他问老师你说该坚持吗？其实我知道他心里一定是有自己的主见的，现在不过是需要一个成年人的鼓励和支持而已。我说我相信你的选择，因为只有自己最了解自己，再说一项专业只要你做到最好就没有所谓的冷热，你就是热门。他狠狠地点了点头说我知道该怎么做了。

“桃李不言下自成蹊”，在三月初他到武汉参加校考时，履行完请假手续，我又唠叨了几句，祝考试成功啦，注意安全啦，千万千万不要迟到啦。突然这个孩子往后退一步，正了正身子，清晰地说道：“老师，这3年让您费心了，谢谢您！您相信我，一定不会迟到的！”然后朝我鞠了一躬。我当时就泪崩了，我的孩子长大了！

我觉得教育者是需要有副菩萨心肠的，任何一个孩子站在你面前，你都能用你的心去量他的心，最好的教育才能达成。尊重每个孩子的个性，让其自由发展，适当地指正让其不脱离正常的轨道，让改变的人欣然接受而不是被迫改变，最后我们就只要静待花开足矣！

# 给学生多留一份温暖的记忆

文雄英

当老师这么多年，和学生一起面对最多的还是作业、考试、排名。我一直在想，学生毕业后还记得什么？作为班主任，我能给我的学生留下些什么。我期待自己的学生以后回忆他的高中生活，回忆他的老师除了作业、考试、排名，还能多一份温暖和感动。下面给大家分享我做班主任的时候和学生之间发生的几个小故事。

### 故事一：我帮学生戒烟

前几年班上有学生抽烟，生活老师打电话喊我去看时，从男生宿舍上顶楼的楼道里扫出了一堆烟头，看来已经抽了有一段时间了。抽烟的学生查出来了，怎么办？交给学工处处理？请家长？那个学生性格倔强，服软不服硬的。我决定先找他谈谈。我第三节晚自习把他约到操场。记得那天天气很好，天上还有星星。“什么时候开始抽烟的？”“初三。”“现在烟瘾有多大？”“一周一包。”“把烟戒了，想抽烟的时候就嚼口香糖。”我把事先买的一盒口香糖和从网上下的一篇关于青少年吸烟的危害的文章一起递给他让他先回教室上自习。借着月光，我看到学生接过口香糖时眼里有惊诧，还有感激。我没有奢望这样的一次处理就能让学生把烟借掉，但至少，他能从老师那里读懂善意，能从老师的包容中找到关爱。

### 故事二：火锅里吃出的高分

“吃火锅”算是我带班的优良“传统”。2013 年毕业的六班，出了一批和我打赌吃火锅的学生。原来，我班上有个周同学，学习热情不是很高，习惯也比较差，成绩自然比较靠后。我接班时他一个人坐在讲台的旁边，在老师眼皮底下也经常开小差，打瞌睡。有次我发现他又讲话，批评他说：你这样不专心，期中考试肯定又会考砸。他辩解说“不一定!”“你敢打赌吗?”“赌什么?”“夷陵食府的火锅。”我说行，就赌火锅。自从和我打赌后他像变了一个人，学习可专心了。结果那次我输了。我信守承诺请他吃火锅并让他请几个学生作陪。等吃饭的时候，我一看，他邀的几个一同吃火锅的同学中有几个平时也比较贪玩，心里面就有了底。决定趁这个机会订一个君子协定。后来那几个同学不认真时，我常开玩笑似的提醒他们：“我请的火锅可不是白吃的。”那几个吃了火锅的也认真多了。后来有同学看到和我打了赌的同学成绩直线上升，认为是火锅吃出的进步，都跑来和我打赌吃火锅，我都欣然答应。高考成绩揭晓，我特意把这些打赌吃火锅的学生拿出来统计了一下，结果非常不错。后来我班上吃火锅的故事还在延续，我常用这种方式奖励勤学上进的同学，找很多借口为那些家庭条件不好的学生改善伙食。

一直觉得自己作为班主任既没有高深的教育理论，也并不足智多谋，但工作中我一直真诚对待学生，相信能以心换心，能以情动情，相信问题的处理即使收不到立竿见影的效果，但爱和宽容的力量是不可小觑的，相信让学生感受到温暖和爱远大于好的分数和排名。

# 扬长胜于避短

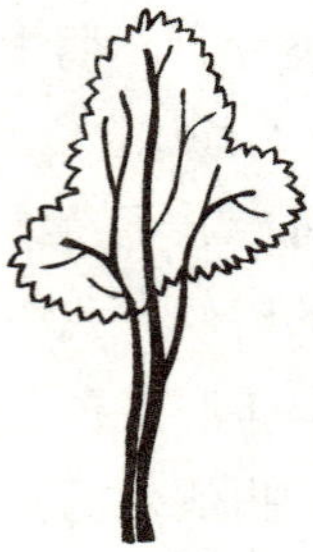

谢　彬

缺点成就优秀，优秀成就伟大。

一个没有缺点的人他同时也没有优点。一个优点相当突出的人，他的缺点往往也十分显眼。作为教师，在发展学生的才能时，尤其要注意处理好扬长与避短的关系。

下面这个故事可能有助于我们去理解和更好地对待我们的学生。

有一个人，非常幸运地获得了一颗硕大美丽的珍珠，然而他并不感到满足，因为在那颗珍珠上面有一个小小的斑点。他想，若是能够将这个小小的斑点剔除，那么它肯定会成为世上最珍贵的宝物。于是，他就下狠心削去了珍珠的表层，可是斑点还在；他又削去第二层，原以为这下可以把斑点去掉了，殊不知它仍旧存在。他不断地削掉了一层又一层，珍珠也越来越小，到最后，斑点没有了，珍珠也不复存在了。

当班主任时间长了，获得这种珍珠的机会也就多了。而每当这时，内心就充满了激动和期待。2007 年 3 月我就又幸运地获得了这样一颗充满着诱惑的珍珠。24 日，我收到一个学生给我的一封信。下面是这封信的内容。

谢老师：

您好！

这个星期，应该说是自从换了座位以后，老师们都好像对我的表现不是很满意，因为我一直都在讲话或者是开小差什么的。好多老师都在上课的时候把我点起来了，真是没有面子啊。

我一直都不认为我是个标准的好学生，我不刻苦，也不对老师言听计从，从初中开始我就是让老师头疼的那种人物。和现在一样，成绩好，也是班长，做事没有限制一样的，在教室里和老师吵架，逃课都是很经常的事情。所以我觉得我一直都是那种风云人物一样（没有很夸张吓到你吧）。到了高中也是一样，我以前一直都很喜欢刘老师，因为她真正了解我，会原谅我的任性和叛逆，因为你同样是我崇拜的人，所以为了避免因为观点不一样的误会，我还是努力地让你了解我。在上次因为头发的问题跟王老师吵架的时候我说过，我不是好学生，那不是我的气话，而是我的想法。我不愿意也不想成为所谓的好学生，相比之下，我更愿意跟那些所谓的差生在一起，因为我会觉得很快乐，很轻松，没有竞争的阴暗，是完全放松的，我能感到在他们桀骜背面的善良和美丽，我觉得我天生就更能融入他们的世界。我不喜欢天天坐在那里，不说话，乖乖地，就只是在做自己的作业。

我妈妈说我的棱角太锋利了，可是我不愿意把它们磨平，也许这会让我在以后遇到很多的障碍和困难，但是我希望至少在现在，我可以保持着我自己，按照我认为快乐的方式来做自己就好。

学生：梅×

2007年3月24日

写这封信的同学是班上的班长，姓梅（下面我在文中把她叫做同学梅），学生会主席，成绩优秀，组织能力强。但她为什么会突然表达出这样的想法呢？事情的起因，文中已经提到了，就是学校政教处组织检查学生的着装和仪表。她的头发有点长，有点成人化的打扮，受到了政教处的批评。于是她就在大众广庭之下和政教主任吵了起来，认为留什么样的头发是她自己的权利，学校不应该干涉。

姑且不谈政教处的这种做法是否正确，学生应不应该在着装方面成人化，这是另外一个问题。问题的复杂在于同学梅是班上的班长，是校学生会主席，具有很大的影响力。她的一言一行对于学校制度的执行起着举足轻重的作用。更为重要的是，这件事影响到她的价值的选择和她个人的成长。如果处理不好，会加重她的逆反心理，制约她对学校教育的怀疑并走向反面。

其实，缺点和不足也应该成为一个学生特别是优秀学生的重要组成部分。一个人的知识结构、能力结构特别是性格结构是由多方面的因素组成的一个不可分割的整体，作为教育者不能要求也不应该要求一个学生在所有的方面都出类拔萃，这既是不切实际的，不可能做到的，对学生的成长也是没有好处的。而且，正是由于在某些方面存在着不足，反而衬托了他们在另外一些方面的与众不同。一个方面的得到是以另外一些方面的放弃为前提的。有得有失，这才是成长的辩证法。

所以，我给她回了一封信，期望她能够改变自己的一些看法。

梅同学：

你好！

看了你的信，我感到十分惊讶。你为什么不愿意作一个优秀学生呢？优秀难道不是每一个学生都孜孜以求的美好愿望吗？

你所说的不愿意做一个优秀的学生，我不知道是从哪一个方面说的。人的优秀是从不同的方面表现出来的。有的同学学习成绩很优秀，有的同学身体素质很优秀，有的同学长得非常漂亮，这也是优秀，有的同学在球类上面有特长，有的同学在音乐方面有天赋，有一副优美的嗓子，还有的同学心灵手巧，能画出美妙的图画，这些也是优秀，有的同学组织能力很强，这更是优秀的表现。即使是就学习这一个方面来看，有的同学语文成绩很好，有的同学数学能力很强，有的同学英语很棒，这可都是优秀的表现呀。

每一个人都可能与众不同，每一个人都可能出类拔萃，每一个人都可能脱颖而出。但你见过有哪一个人在所有的方面都与众不同，在所有的领域都出类拔萃，在所有的阶段都能够脱颖而出呢？没有。你所说的不愿意作一个优秀的学生，是不想学习成绩好呢？还是不想有一副健康的体魄呢？是不愿意自己长得漂亮，还是不愿意自己组织能力强呢？是不愿意自己有运动天赋，还是不愿意自己有嘹亮的歌喉呢？我想不是。你一定是想做一个优秀学生的，只不过在做优秀学生的同时，还想保留自己的一点个性吧。这不是判断一个好学生的标准。相反，只有这样，你才是一个真实的你，你才是一个完整的你，你才是一个充实的你。我真正地希望你能够理解什么是真正的好学生，而不要义气用事。

谢 彬

2007 年 3 月 24 日

应该说，这封信对她起到了很大的触动作用。当天，她又给我回了一封信。表达了她对这个问题的理解。

谢××：

我没有在这里加称谓，因为在我们这样交流的时候我觉得就不仅是老师和学生了，应该算是朋友，也是笔友吧。

刚拿到你的信的时候就感觉很亲切，因为你写的字也能从纸的背面感受到因为用力而凸凹不平。我也一样，其实我并不是拒绝“好学生”，而是不喜欢传统意义上的“好学生”。毕竟能像你所说的那样的标准来评价“好学生”的人又有几个呢？如果所有人都能跟你有一样的看法的话，我想我会很高兴我是这样的好学生。

被信任是种快乐的事。有一个值得信任的人也是难得。告诉你一个秘密吧。(后面一段是学生梅的隐私，在这里略掉)。

而且，我真正明白了，原来优秀只是一个相对数，十全十美不是优秀，只是幻觉。

我想那封信我会保留很久，是一份温暖的记忆，对我也是一种爱护和尊重。我很喜欢这样的交流方式。文字更能清楚地表达内心深处的部分。

最后，我还要补上一句最真诚的“谢谢”。

学生：梅

2007 年 3 月 25 日

我想我的目的达到了。我又采到了一颗又大又美的珍珠，一颗真实的珍珠，一颗有那么一点斑点但是却光芒四射的珍珠。

# 孩子，成长必须很快乐

张春喜

开学不久，班上转进来一名学生，是病休复学的。当学校领导让家长介绍完自己孩子的情况后，我感觉脑袋似乎在嗡嗡作响。

孩子的妈妈向我介绍说，孩子的成绩从小学到初中毕业一直都挺好的，进入高中后，刚开始的半年也还不错，高一下半年的时候，有一天孩子突然从教室跑出去，跪倒在自己班主任面前，当时就把班主任吓蒙了。也是从这个时候开始，孩子的心理就出问题了，根本没办法正常上课，家长听从心理医生跟心理老师的建议，只好给孩子办理了休学手续。病休一年后，病情基本稳定了，他才重新来上学，就到下一个年级，也就是我所在的年级来了，刚好又分到了我班上。

作为班主任，每个人都希望管理轻松，对于我而言，当然也是不希望这样一个孩子到我班上来的，但是看着当时家长祈求的眼神，实在是不忍心拒绝一个处于绝望境地的母亲。我只好默默地收下了这名学生。

后来才慢慢知道，家长都没有受过高等教育，但是人还算是聪明勤奋，给孩子提供了不错的学习条件。原来孩子在进入高中之前成绩很好，进入高中后，可能难度增大，排名不像初中那么靠前，家长望子成龙心切，就埋怨孩子肯定是因为在学校没有好好学习，孩子也就更加努力。而当时同桌的男孩子，每天学得很轻松成绩却还比他好，对于勤奋努力的他来说，也是一种巨大的刺激。家长的期望、自我的要求，加上外来的刺激，终于这个孩子的精神崩溃了，出现了问题。

了解了这些情况后，我主动联系了家长。跟家长强调三点：第一，家长要从心理到行动上，觉得自己的孩子是正常的。第二，家长不要过于关注孩子，安排好自己的事情。第三，不要在学习上再给孩子压力，尽力就好。你是希望有一个健康的孩子，还是希望有一个精神有问题的孩子呢？家长听了我的话，承诺一定努力按要求去做。我听孩子原来的班主任说，孩子的妈妈因为是全职太太，所以焦点全在孩子身上。鉴于此，我特别强调，你要有自己的生活，不能因为孩子现在出了一点小状况，你整个人的生活重心全都围绕儿子转。孩子被高度关注后，压力很大，你自己也因为没有自己的生活，当孩子一旦有点情绪的时候，压力也很大。你可以找点事情做，转移下注意力，也可以在孩子上学的时候，约朋友逛街、喝茶、聊天，都可以。当父母情绪淡定后，孩子的情绪也会慢慢稳定下来的，因为情绪是会相互感染的。家长听完我的话后，不停地说“谢谢，这些话，以前都没有人跟我说过。我一定会听从你的建议的”。

一个多月过去了，孩子一切都还正常，其间虽然有过几次小情绪，闹着不想上学，但是等孩子情绪稳定下来后，孩子又重新回到了学校。这个孩子确实原本是优秀的，非常有责任心的一个男孩子，安排给他的任务，他总能完成得很好。前不久的远足，他作为体育委员，负责扛班上的班旗，往返几十里的路程，孩子一个人默默地坚持扛着班旗，没有丝毫怨言。也是因为太有责任心，我们班在参加学校篮球运动会的时候，因为班上的篮球特长生表现不够优异，输掉了比赛，这个孩子对篮球特长生充满了不满，为此又不肯来上学了。我依然给他妈妈的建议是，你就当作是一个孩子在耍小脾气，别太紧张，过几天就会好的。果不其然，几天后，孩子又重新回到校园了。

还记得上学期期末考试后，家长着急孩子的成绩，又充满焦虑地跟我打电话了：“张老师，这可怎么办呀？”我说，孩子的心理状态跟精神状态最重要，他的基础在这里，只要他情绪对了，成绩上来就不是问题。你不要焦虑孩子的成绩，相反，应该有点小庆幸：自己的孩子没有完全疯掉，还是一个身体健康的孩子。建议你看一篇文章吧！于是，我把这篇文章通过 QQ，发给了她。

**私　奔**

父亲发现 15 岁的女儿不在家，留下一封信，上面写着：

“亲爱的爸爸妈妈，今天我和兰迪私奔了。兰迪是个很有个性的人，身上刺了各种花纹，只有 42 岁，并不老，对不对？

我将和他住到森林里去，

当然，不只是我和他两个人，兰迪还有另外几个女人，可是我并不介意。我们将会种植大麻，除了自己抽，还可以卖给朋友。我还希望我们在那个地方生很多孩子。

在这个过程里，也希望医学技术可以有很大的进步，这样兰迪的艾滋病可以治好。”

父亲读到这里，已经崩溃了。

然而，他发现最下面还有一句话：“未完，请看背面。”

背面是这样写的：“爸爸，那一页所说的都不是真的。真相是我在隔壁同学家里，期中考试的试卷放在抽屉里，你打开后签上字。我之所以写这封信，就是告诉你，世界上有比试卷没答好更糟糕的事情。

你现在给我打电话，告诉我，我可以安全回家了。”

父亲当即泪奔！

孩子的妈妈在看完这篇文章后，没有再给我打电话，我想，应该她的情绪是平复了。

现在已经快一年了，孩子在班上还不错，虽然偶尔会迟到、偶尔会作业没办法完成、偶尔会中途就突然不想学习了……但是，我想他现在愿意来学校，并且由最初不想考试、不敢考试，到现在能够坚持把所有考试考完，我觉得已经是非常大的进步，相信只要给孩子成长的时间，孩子一定会越来越好！

# 三招搞定“怪学生”

毛华玲

当我在分班名单上看到李同学的名字时，不禁倒吸了一口气，因为在一次年级组织的公开课比赛中，就是这个同学在课堂上故意刁难老师，让老师下不了台，使得老师非常尴尬地结束了新课，这个学生给我和当时听课的老师留下了深刻的印象。

怎么办？意识到尽管自己带的是重点班，但面对的学生不可能个个乖巧，肯定会有一些刺儿头，还需要自己用心去拔的时候，我心中的战斗之火熊熊燃烧了！

我首先了解了他的家庭背景。知己知彼方能百战不殆。通过和他分班前的班主任和以前他的同学沟通，了解到他的父母在宜昌打工，是老实本分的外地人，他们全家都倚仗在宜昌工作的三叔。他从小跟着三叔长大，父母从外地搬到宜昌后才一家团聚，但此时他又深深看不起自己的父母。在初中的时候他的成绩很好，但是中考发挥失常，进入夷陵之后分到了平行班，到了平行班之后成绩仍然名列前茅，却一直故意调皮捣蛋，哗众取宠。和学生打了多年交道的我立马明白了，这是典型的自卑型与自傲型结合的性格，他现在所做的一切只不过是为了向众人证明自己的存在，引起众人对他的关注，他想成为大家关注的焦点，但是没有其他途径，于是他就通过这样一种方式来达到自己的目的。我了解，这样的学生内心里是非常孤独的，但是想要彻底地改变他也是不可能的，只能慢慢地去教育他，让他从内心接受和认同我的一些观点和做法。

第一招：来个下马威。分班的第一个晚上，在进行全班谈话后，我马上把他找了出来，直接对他说：“我知道你的名字，我也知道你的英雄事迹，过去的事情我们都不谈了，但是我希望你知道现在你所处的环境，现在开始你要在学习和日常规范上都要努力了！”说完，没有给他任何开口说话的机会，我就直接叫了第二个出来谈话的学生，我就是要他感觉到，在毛老师这里，他并不是我最在意的学生，也并不是我忽略的学生。

在接下来的学习过程中，不断有老师和学生跟我反映，说这个学生太怪，经常上课不点名就自己站起来发言，上自习课的时候也经常故意发出一些声响搞得全班学生都做不成事。我想我要跟他正面交锋了。

第二招：积极鼓励。第一次月考成绩下来了，他考得并不理想，在班级排名倒数，他貌似很郁闷。找到这个最佳谈话契机，我找他聊了一个多小时，肯定了他在学习上付出的努力，但是也指出了他的问题。谈话谈得轻松愉悦，经过了月考失利，他明白了这个班级里有很多比他要强很多的同学。他在我面前痛哭流涕，表示要好好学习，痛改前非。我心里明白，事情远没有这么简单，在教育学生的时候，不要以为只要付出了班主任的真心和爱，就能让这个学生彻底转化，因为高中生有根深蒂固的家庭教育背景，有他自己比较成熟的人生观与世界观，仅仅靠着一股子热情是远远不能解决问题的。那么，静观事态发展吧！

果然不出我所料，和班上的同学混熟之后，也了解了各个老师的脾气秉性之后，特别是在他的成绩又有所进步之后，他以往的坏毛病再一次暴露无遗，我频繁多次地找他谈话跟他谈心，鼓励他，指出他的问题，苦口婆心地进行思想教育，没有任何效果。终于，在又一次他上课时跟老师顶嘴之后，我爆发了。

第三招：精神暴力。我经常跟学生说：“当老师还在批评你的时候，说明老师还是在关心你关注你，当老师既不批评你也不理你的时候，说明老师已经真的不在乎你了，这就说明，你真的让老师伤心了！”在我多次劝告无效的情况下，我只能采取这个唯一可以采取的手段了。我不看他，不理他，不管他怎么闹，我没有任何意见发表，我也不会批评他也不会表扬他，我要让他明白，他可以在很多人面前很重要，但是在我这里，我可以把他看得很重要也可以把他看得很不重要，老师所做的一切是为了学生不是为了自己。这个过程大概持续了 3 个月，3 个月后的一天，他主动找到我，欲语泪先流，紧接着嚎啕大哭，说：“毛老师，我知道错了，请你批评我吧，我以后一定不这样了！”看着已经快要一米八的半大小伙子在我面前泪流满面，泣不成声，我知道我的教育已经奏效了！

从那以后，他真的像变了一个人似的，无论是学习上还是性格上，都有了很大的进步。在高考中，他也考出了 618 分的好成绩。我也常常思考这样的问题，教育学生，仅仅凭着老师的鼓励忍让就真的能教出好学生吗？有的时候，我们真的还需要一些怪招才能治住学生！

# 抓牢亮点　助力成长

邓　敏

作为老师，我们都希望班上的学生能遵守纪律、劳动积极、上课认真、作业认真、待人有礼貌、不说谎话、有错就改、各项活动积极参与等，可哪能每个学生都如此呢？学生是千差万别的，我们不可能要求每一个学生都非常优秀，但我们有责任发现他们的不同点，发现他们的可贵之处，即闪光点。在教育教学之中，应努力地发现学生的长处，发现学生的闪光点，让每一个学生的潜力都能得到充分发挥，并帮助学生去发现自己最大的优点，让他们能经常地展示自己的长处，能够积极主动地提升自我。

本年度我带高一两个班的语文，接触到一位与众不同的学生。这是一个男生，有聪明的大脑，却又懒惰，平时对一切表现出玩世不恭。屡教屡犯，每次在老师面前定下海誓山盟般的承诺，但过不了两天，一切重演。为了对他负责，严格管理，我对此自然紧加盯防，在恰当之时予以惩戒。

有一段时间，不断有学生及任课教师反映：

“自习时擅自下位。”

“上课睡觉。”

“早自习迟到。”

“又在讲话。”

“不交作业。”

班主任对他的情况也很关注，他的家长对他的表现也很着急，但父母在管理方面缺乏正确的方法，导致根本管不了，已经无计可施。管教的任务就“全拜托给老师了”。

他的表现越来越差，发展到放假不回家，夜不归寝，甚至与社会上的人鬼混。

刚进班时，他还能努力地克制自己，表现较好。尤其是在劳动、体育方面，他也有一定的特长。为了让他管住自己，改掉坏毛病，我特意给班主任提议让他担任班干部，并随时和家长保持联系，取得家长的配合和支持。一切向好的方面发展。但他依然旧病复发，更让人气愤的是他在一次数学课上与老师顶撞。接下来，请家长、写检讨……赔礼道歉，撤销其班干部职务。事情就这样暂告一段落。

对全班同学而言，似乎是起到了“杀鸡骇猴”的效果。

他变得沉默了，时而表现出“破罐子破摔”的行为。教育的最终目的是让其回到正常轨道上来，但这种状况，谁敢保证不再出现更严重的违纪？我继续耐心地寻找教育的契机，希望可以帮助他成长。他个子高，会打球，既然他有专长，还是应发挥他的优势，学校排球赛马上开赛，班上便有了以他为队长的排球队。当我把这个决定告诉他时，他眼里游出一丝喜悦的光，但很快便消失了。这不经意的一丝游移的光，让我看出了这个孩子的心思，他对老师给予的再度信任不禁一喜。但又害怕再次罢免他的职务，从他的目光中我感受到这个日趋成熟的男子汉力图痛改前非的坚定信念。果然他不负重望，在每场比赛中，他带领全队奋力拼搏，取得了一次又一次胜利。

高考过后的6月，一节语文课前，课代表像往常一样把没有交作业的名单给我，他的名字赫然在列，目光对视的一瞬间，我看出了他眼中的迷茫和无助。趁着学生朗读的机会，我悄悄地问他：“虽然你经常不交作业，知道我为什么一直都没有放弃你的原因吗？”简短几分钟的谈话，动之以情，晓之以理。他感动的眼泪不自觉地掉了下来。我的谈话一定是触动了他的内心吧。他也看到了自己的成绩，虽不时犯点小错，但总是尽力克制自己。在找到一个正当表现自己的舞台的同时，他所犯的错误已大大减少。

上述案例，在学生的发展历程中，肯定会留下难以磨灭的印象。这件事对我触动很大，今天的“差生”并不意味着明天“也是差生”。老师的责任就是不断地对他们进行教育、指导，引导他们走向成功。这是教育工作的一种理念，也是一项长期而艰巨的工程。

# 青春修炼手册

邹永红

我想说，春风化雨，但一如“不忘初心，方得始终”，用得滥了，难免是俗套。况且我尚无此化境之功，能自然老道地化解少男少女的心心念念。

我想说，好风凭借力，但一想到这句话的强大气场，终不敢用。因为青春期的纯良真挚的情怀当不起班主任这股纵横捭阖的势，我在牵着他们走路的时候也从未施过如此大的力。

我想说的主人公，你们当然已经猜到了，是班上的一对少男少女。我想写的，当然，就是与他们有关的一点事情。在他们眼里，理所应当地叫做——爱情！我的主人公，姑且就叫男孩和女孩吧，嘿嘿……

男孩分到我班上，就担任了体育委员这一苦差，平常出操、偶尔出去集体活动，难为他都组织得井井有条，安静、沉稳、正直、热情、明理、有责任心、有担当精神，但不内敛，属于内外兼修型，比我读高中那会儿强了不知多少倍。哈，我都快要把所有的誉词都加在他身上了。他唯一的缺陷是，学习基础差，好玩，成绩落后。我很喜欢他，关于学习，也与他做过好几次促膝长谈，但效果不明显。

女孩呢，开朗、大方、热情、明理懂事，语文课代表的工作做得认真负责，平常的作业布置、收发统计，都不需要我操心，她都帮我操持得妥妥帖帖。不过，与男孩不同，女孩学习努力，成绩优异，从学习成绩的角度考虑，是我在班上力保的“四朵金花”之一。

高二下学期班干部改选，女孩继续做我的语文课代表，任组长。男孩也于此时加入了我的团队。估计是一起工作，接触多了吧，渐渐有了关于他俩的风闻，大概就是四月份的事。起初我是不大信的，我的管理虽然民主开放，但那是表象，他们在教室还不敢表现出来。而且，我的印象中，女孩很有思想，很理性，她懂得高中阶段自己要的是什么。因为在教室没看见过，我后来终于只好大呼上当了。女孩妈妈说，女孩在家里开始注意梳妆打扮了，科任老师们也开始提醒我要关注他们，看来我太相信自己的眼睛，粗心大意了。

——爱情来了，还有什么力量可以阻挡！什么思想，什么理性，都见鬼去吧!!!

而且，这份感情的发展，还是如此迅猛。五月初，有无名氏用QQ向我举报他俩在学校食堂就餐时的违纪行为——牵手、喂饭。啊呀呀，气煞我也！怎能如此不守校园礼法！

这样的契机，正好做我“整治”他们的确凿证据！

可是，我尚未行动，男孩已经采取了行动——他来找我谈心——想要搞好学习，但是缺少动力，怎么办?

我从他的现状条分缕析，鼓励他树立目标，找到动力，只有这样才能主动学习，奋起直追。一语及此，男孩略有犹豫之后，低着头腼腆地对我说，他找到了动力——女孩。这小子，不打自招了，出乎我的意料。

他说，女孩成绩很好，而自己成绩太差，感觉自己配不上她，想要好好搞学习，以期能和她处在同一水平线上。多好的觉悟啊，不需我摇动唇舌大费周章地去劝诫他不要谈恋爱会影响学习之类了。乘此高觉悟，我和他恳切交流，以男孩子不可推卸的责任感激励他，既然爱一个人，就要对她负责任，积极努力地提升自己的学养和能力，这样才能在竞争越来越激烈的社会给她更好的生活，不负她对自己的信任和选择。同时也警醒他，两人在相处中不可避免地要分心，但是一定要时刻保持清醒的头脑，不能因感情而毁了主业——学习。如果影响了学习，那就是伤害女孩，而不是“爱”她。最后我也提醒他，校园是学习知识的神圣场所，不能在校园里做出违反校纪校规和高中生道德的事情来，一旦有做，那也是在众人面前对女孩的无情伤害，让别人对她戳戳点点，当然也是对“爱人”不可逆转的伤害。因为良好的沟通，男孩对我的观点全部接受，点头称是。

谈话结束的时候，我对男孩表示，我会等他离开的时候，找女孩来说同样的话，消除他内心的疑虑。当然，性别不一样，我跟女孩说的话也要做出适当的调整。

女孩来办公室，看到我的第一眼，即双眼通红，泪如雨下，嘴里只说对不起我平素的关爱与期望。她在家里已经被父母谈过话了，聪明的女孩其实道理都懂，但面对父母的教育，在内心就是隐隐地有一股抗拒，她说她更愿意来学校和我谈。于是我们达成如下共识：首先，女孩要学会保护自己，情感的表达要有理性，不要在校园这样的场合做出不雅的行为。其次，眼光要长远，高中阶段的感情，究竟会持续多久呢?男孩子上大学后会面对花花世界，他更容易变心，谨慎一点，不让自己受伤害。而且更好的大学，肯定会碰到更好的“他”，更有能力的“他”，更符合她的审美与追求的“他”。在此，女孩连连点头，她说她都懂，但就是现在有一点控制不住自己。再次，我说，控制不住也要控制，高中的男孩子没有女孩子成熟，他更缺乏管控自己情感和行为的能力，你要保护好自己，保证学习不掉下来，同时也要鼓励他努力上进。女孩也是全盘接受。

最后，我把他们俩一起叫到面前，深情地对他们俩说：“你们俩都是我非常喜欢的学生，我不希望你们俩任何一个人受到伤害，尤其是女生。如果你们俩彼此真心有好感，那就把它转化成促进你们成长进步的动力。我真诚地希望看到你们平心静气的学习状态，如果一旦发现苗头不对，我就要通知家长了，尤其是女生。”并以过来人的身份，编造一段自己高中深陷苦恋而形销骨立、学业荒废的惨淡故事，正告他们不要重蹈我的覆辙。

经过此次促膝长谈，一直到现在，两人的状态都不错，没有再在班上过从较密了。女孩的成绩一直很稳定，甚至期中考试考了班级第 1 名，年级 10 多名，男孩中间还偶尔来找我汇报一些思想动态，请教一下学习的方法，成绩也在一步一步攀升，前几天的半月考，已是进入了达标线。我期待他们有更大的进步。

# 这个女孩不是“人”

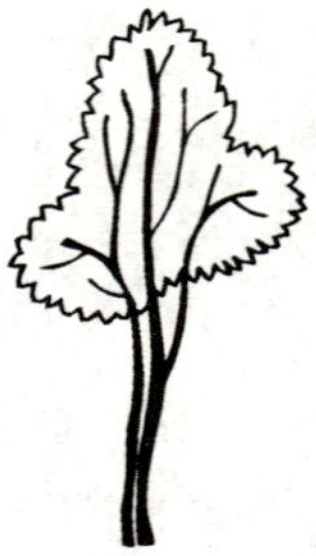

蔡　立

我们班有个女孩子，长得相当漂亮。理科班的好多帅男孩子给她写求爱信，想追她。她淡淡地说一句，不忙着，学习紧呢。这次全省重高联考后，她妈妈发短信来问我，姑娘是不是考得不好，怎么没有见她高兴。我回了这样几句，女儿班上第一，学校第一，宜昌市第一，全省有可能第一。她妈妈高兴坏了。说这次回家，只说菜做咸了。她真沉得住气。我晓得历史上有一个谢安的故事，当淝水之战胜利消息传来，他正在下棋，后来棋友问刚才所报何事，他淡然说了一句，小儿们在前方破了贼人。再看他的鞋，他把屐齿都使劲儿碾断了。他是狂喜，为了掩饰，竟然这样。我们班的女孩儿和谢安有一拼啊。

这女孩开始分进我们班的时候，没有进重点班，哭得好伤心。我安抚她，给她班长的职位。她除了自己认真学习外，经常严格管班。常见的一幕是，自习时间一到，她吼道：不准讲话！班上同学都怕她。我教了这么多年的书，见过很多勤奋的同学，但没有比她更勤奋的了。她上厕所是跑步，吃饭是晚去，有时随便吃一点副食。那么冷的冬天，她一人坐在教室外走道上写作业。她自己找了一厚本语文资料做了，用了一个小半天时间来找我问了所有没有弄懂的问题。我又看了她的整理笔记，如文言文的实词，她都查词典整理出来了。她怎么挤出了这么多的时间！我都汗颜了！她比一个专职语文老师做的多得多。起初，她考得不好时，就哭了，要回家。其实她仍然是班上第一，在年级也靠前，但她还是很郁闷。我试着给她定要求，准许她哭，要求她不回家去。后来她就哭一下，不回家了。到现在，她感觉不好，就苦笑一下，有时还自嘲一下。这次考完，我问语文怎样，她说稀烂，20分钟写了作文。我安慰说，一气呵成，肯定不差。成绩出来了，134分，这么难的题目，又是第一。

在她影响下，有好几个孩子都在拼命。有一个小姑娘，也是漂亮得不得了，性格恬静，现在正在和她比呢。这次是班上第二名了，且发展势头越来越猛，真叫人开心。这两姑娘现在经常到六楼小办公室来自习，甚或鸠占鹊巢，用着我的办公桌学习。我看在眼里，喜在心头。同事们在恭贺我的同时，又取笑我，说我的学生都是散养的。我笑笑。也是啊，他们都学我，我这般不思进取，不求上进，那不完了？还好呢，他们心里有数。倘若他们高考还可以，我会大醉庆祝！那简直是一定的！

后记：6月7日高考进入考场前，同学们或要与我紧握一下手，或要与我拥抱，我也紧握他们的手，或附在他们耳边说句加油。但她要摸摸我的脸，我当然答应了，我的所有孩子都可以提特殊要求的，更何况是她？6月8日高考结束后，我宣布大家高中毕业了，她从我手中领取毕业证，突然她又提了一个要求，说，她想抱抱我。我和她想的是一样的了！她眼睛湿润了。我拍拍她的肩膀，我用肢体语言告诉她，她是我的骄傲，我懂她。

这个女孩不是一般的人，在我眼里心里都是我敬佩的孩子。

# 守望花开

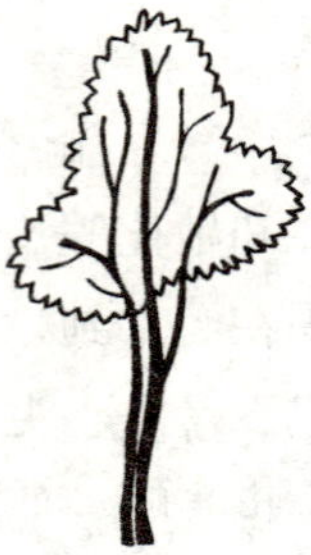

邓　敏

时光飞逝，距离2017年高考还有70天左右，“小板凳的1201”毕业也近两年，清风里翻起回忆的思绪，欢笑和泪水，痛苦和开怀，努力和挣扎，记忆的浪潮汹涌而至。“小板凳的1201”是班级学生群名，我是班主任，学生们就取“邓”的谐音弄了这样一个名字。守望花开，我们曾一起走过最美好的时光。

那些花儿的故事，从她开始，一个内心封闭敏感，些许孤傲偏执，来自另外一个城市边缘的女孩。

我清晰地记得高一那个傍晚，6点刚过，教学楼一楼的角落，传来嚎啕大哭的声音，留给旁人一个孤凄的背影，哭声惊动了路过的我，原来是她，我班上的一个宏志生。无论我怎么说，她只是泪流不止，一言不发。这样的情景，根本就没有了解事情原委的机会，最好的办法也只能是陪伴了。平静之下，我着急地等待，希望能够找到一个合适的突破口。一节课就在这样的等待中过去了。“我想一个人在操场走走。”她对我说。“那我陪你一起走？”我说道。“我只想一个人走走，你放心。”“好。”此时此刻，除了充分的信任，我什么也做不了。

远远的，我默默关注。

她企图用奔跑来发泄淹没痛楚，和煦的晚风，昏黄的路灯，摇曳的树影，这么美丽的背景下，一个人是如此伤心。一个小时过去了，我来到田径场，默默地陪她跑了几圈，“跑累了，到看台坐一会儿？”她眼含泪水，点了点头。我只是静静地陪她坐着，也许她需要时间来平复烦躁的情感。不知过了多久，我说：“如果你愿意，我很乐意分享你的心事。”她如同向信任的好友倾诉般第一次讲述了自己的心结，她父母争吵不休的家，她离家出走的姐姐，她缺乏关爱的成长。我静静地听着，没有提问，我没有想到，她会背负这么多的沉重，她的心是这么的累。

在刚上高中时，她最讨厌的就是周末。因为每到周末，大家都可以高高兴兴地回家，她羡慕同学们可以将攒了一周的脏衣服带回家，羡慕有妈妈精心准备的家里饭，羡慕有一家人的短暂出行郊游。而作为来自外市的宏志生，离家200多公里，交通不便，只能留校，空寂的宿舍，一个人的食堂，空荡荡的操场，一通电话静静地听听爸妈的声音，简短重复的问候，或是传来无止境的争吵与哭诉。总是在挂断后，想要痛哭想要狂奔。对家庭关爱的渴求，对未来的迷茫，对现状的无可奈何。她躲在宿舍洗手间里哭泣，在操场上一圈一圈奔跑。失望与憎恶一度严重影响了她的生活和学习。

她总是默默地将自己的座位搬到教室的最角落，渴求着安全感。每天更多的是怨念。埋怨刷不完的《五年高考，三年模拟》、《金考卷》，埋怨早餐总是不能带进教室，午餐时间又是那么的短，埋怨校服难看，长头发总是得束起来，埋怨课间休息时这节课的老师还在絮絮叨叨，下节课的老师已堵在门口，埋怨考不完的小测试排不完的名次……这些怨念，随着日子一天天走着。

她无话不谈，聊了很多，不知不觉的，最后一节晚自习的下课铃声响起。我劝慰她说："很多的现实我们也许无法改变，但我们可以改变自己的心态，选择自己的未来。我只是希望你过得快乐，看见你开心，我就会很高兴。"那一刻，我能够感受到她内心的感动和喜悦，无法言说。

她所缺乏的，我抓住一切机会来关注。作文本上，我写着"感谢你的信任，希望你快快乐乐的"；去教工食堂，我有时会特意请她跟我一起吃饭，一次，当别的老师询问起我的女儿时，我说："这就是我的女儿。"她满怀喜悦。无数次的走廊偶遇，我关怀着："最近过得好吗？生活上学习上有困难尽管开口。"她高兴不已。

去年教师节，她的祝福信息里，有一句话是这么说的："多年后，如果时光倒转，我仍然愿意回到那个暖心的、感动的，让我敞开心扉开始改变的傍晚。""上了大学的我们又各自属于不同的班级，而我最喜爱的仍然是可爱的1201班，小板凳的1201班。"

守望的过程是漫长的，花开的美艳是绚烂的。

沿途的风景，起落的故事，无须采撷美丽的花朵，自有芬芳伴行。我是在儿童节给这群十六七岁孩子送巧克力欢度节日的大朋友，是那个在炎热的夏天告诉学生"心静自然凉"的邓将军，是那个陪学生去特殊学校送温暖的小板凳，是那个在教室门口贴"实力造就经典，王者绝非偶然"座右铭的语文老师，是那个在同学们生日时一一谈心祝福的好好先生，是那个陪学生度过三个春夏秋冬无数个早晚自习，直到最后一场考试结束的守望者……

# 爱，让他成长

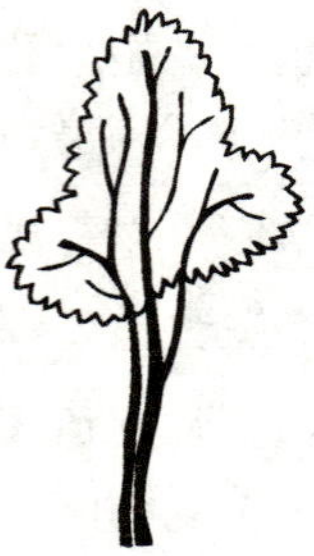

刘国宏

在我刚做老师的时候，“单亲家庭”还是一个让人感到陌生的名词；而现在，单亲孩子却成了一个越来越让人关注的话题。由于成长环境的特殊，这些孩子在学校中也常常表现得有些“另类”，有些单亲家庭的孩子甚至会因为缺少爱、渴盼爱而拒绝爱，叫老师“欲教不能，欲罢不忍”，颇为头疼。

在我的班上，就有这么一个男生，他，瘦瘦高高的，头发总是蓄得长长的，大大的眼睛总是望着窗外发呆，瘦削的脸上总是写满了忧郁。上学迟到，上课讲话，听讲注意力不集中，作业常常拖交或不交，在学校谈恋爱，总之，给人的感觉很特别。为此，我经常找他谈心。通过谈心，我了解到，他是一个单亲家庭的孩子。在他3岁的时候，父母亲就离婚了，他被判给了母亲，后来，母亲又再婚，对方也带来了一个小男孩，这样，这个两人的单亲家庭就变成了四人的组合家庭。一家四口挤在一间很小的房子里。知道这些之后，我对他充满了同情。

一天，我正在办公室里办公，这位男生找到我说，语文老师不让他进教室，原因是他上课迟到了。因为我知道他的成长环境，所以我也没有特别批评他，只是要求他就迟到问题向语文老师认个错就行了，可是，他就是不肯这么做，他根本不认为自己犯了什么错。我心里真是非常恼火，只好找语文老师交换了意见，语文老师很大度地说：“他不肯认错就算了。”这样，这件事就不了了之了。

不久，他因为上课看课外书被我抓着，第二天早自习又在教室里过早，第三天晚上又没回家，所以，我又把他喊到办公室。当然还是一番耐心教育，可是最后他却对我说：“我的事你不用管！”我听了真是很生气，说：“把你家长请来！”他又说：“把我家长请来也没用！”想想也是，我只好对他进行了冷处理。

后来，学校组织了一次《我与我家》的征文活动。该生的征文标题是《让家的感觉绝迹》，这个标题让我吓了一跳，他在征文中写道：

我的家和少数人一样，是残缺的；在我少不更事时，我对家的感觉就日渐模糊，只记得那双为我穿衣做饭的双手，那张每晚为我讲故事的嘴和那颗永远爱我的心，我好奇怪，为什么别人总比我多一份爱呢？难道我的家与众不同吗？

在我懂事那年，我原本残缺的家，那颗永远爱我的心，为了生计，不得不与另一颗陌生的心走在了一起，而那双我原以为可以代替的手也因触及法律而将我舍弃，等待我的是一年的独立生活与三年寄人篱下的童年的回忆，至此，我已开始相信我的家的确异于常人，或者说，我曾有过“家”吗？我隐约开始厌倦“家”了，因为它带给我的一切，令我不堪承受。

接下来，我满怀欣喜地过上了高中寄读生活，但实际上并不尽如人意。为了我的生活费，我三天两头地两边跑，找他要了找她要，家长给得吃力，我也拿得吃力，总有说不完的“借口”，总有听不尽的责骂，内心深处无法细数的痛苦有谁知道?!

进入高中以后，我的性格也就完全呈现了出来，初中它只是若隐若现，而今再也无法隐藏了。但随之而来的并非悉心教导与关心，而是那些不堪入耳、伤人颇深的决裂之词，那是何等的伤人至深，心中的伤是无法愈合的，我也不想再治疗，就让我心中的血，肆意地流淌吧，染红我的胸襟，最后倒在一遍红霞之中……

但我不能倒下，生活有时并非我的理性所能控制，它交织着迷茫、混乱、残忍和疯狂，我只希望我最后的画面是晚霞中一片红彤彤的海……

看了这个学生的征文，我那颗刚刚冷却的心再也无法平静，我一定要帮他抚平心中的创伤。

首先，给他更多的关心。学校安排男生住宿，床位非常紧张，我领着他，反复做学校的工作，最后学校考虑到他家的实际情况，优先安排他入住；班上每次编座位，总是问他有什么要求；上课的时候，总是多点他回答问题；遇着他身体不舒服或精神不好时，及时地问候一声；路上碰到他，总是主动地微笑着跟他打招呼……总之，我要让他感受到，这个世界其实是很温暖的，人与人之间并不是冷漠无情的。

其次，教他学会正视现实，积极进取。我告诉他：“人生的道路并不是一帆风顺的，每个人都有这样或那样不尽如人意的地方，要敢于正视现实，接受不完美的现实，消极处事只会使自己的生活越过越糟，还不如积极面对现实，努力改变现状。”讲这些的时候，我还列举了一些他熟悉的名人的事迹，如俄国的保尔·柯察金、美国的海伦·凯勒、中国的司马迁、邓小平，同时也跟他聊我自己生活中的一些不如意的事……总之，我要让他知道，其实，每个人都有自己的困难，只不过有的人在困难面前破罐子破摔，而有的人却在困难面前战胜自我，超越自我。他并不是天底下最不幸的人，比他不幸的人大有人在，甚至他还是幸福的。

最后，教他学会感恩。我说：“一个人并不是孤零零地来到这个世上的，你的成长既离不开父母的辛勤抚育，也离不开社会的无私关爱，所以，要学会感恩。感谢父母让你来到这个美丽的世界；感谢母亲含辛茹苦地把你养了这么大；感谢老师给你传授了这么多知识；感谢社会的和平、稳定与繁荣，让你能安心学习……”总之，我要让他感到，活着真好，要笑对生活中的每一天。

功夫不负有心人，我的耐心终于有了回报，因为爱，做他的思想工作就变得不那么难了。

我想，在孩子们成长中所缺失的那一份爱，也许可以用我们教师的真诚与爱心来弥补，我们可以用爱教会他们成长。

# 善于沟通，成为最好的自己

王晓桦

时光飞逝，转眼间一年过去了，我带的孩子们上了高二。作为新老师的我总是在边教边学，生怕自己达不到学生的要求，也最怕自己辜负了自己。我希望我的学生们能够在每一天都取得进步，都有收获，而我也将为他们的进步而感到欣喜。

事情是这样发生的，一次单元考试结束，我拿到了班上的地理成绩，总体看了一下分数，似乎都考得不错。正当我感到欣喜的时候我突然发现，有一个平时在班上感觉成绩并不那么突出的同学小Y意外地考得非常好。结合这位同学在课堂上的表现来看，我能够断定他应该是作弊了。在断定他是作弊取得好成绩的那一瞬间我是非常难过的，因为我自认不是“以成绩论英雄”的老师。在平时的课堂上我更多地是鼓励学生们掌握所学的知识，化作自己的能力，并没有对成绩过分地强求。可是，在这样的情况下还有学生为了追求好成绩而作弊，这实在是让我伤心。可是我又接着思考，为什么这个学生之前没有作弊的不良习惯，但是这次却要作弊呢？学生小Y在我眼中是个比较“活跃”的学生，非常仗义、非常真诚，因而，我觉得作弊肯定是有原因的，我决定找他聊聊。

在一个晚自习结束后，我找到了小Y。我先是大力表扬他最近学习进步很快，离不开他自己的勤奋和认真，对他的考试成绩更是给予了高度的认可。小Y刚开始还表现得很坦然，过了一会儿之后，他开始脸红了，开始局促不安地掰自己的手指甲，始终不敢直视我的眼睛。终于，他忍不住开口说道：“老师，对不起。”我故作不知，说道：“为什么要跟我道歉呢？你这段时间表现不错呀。”他低下头去，用蚊子一般的声音说道：“老师，这次考试我作弊了。”我紧接着问他："那你觉得老师知道吗？""应该知道的。"他小声地回答道。"你既然都猜到老师肯定会知道，那为什么还要作弊呢？"他埋着头不回答。我继续说道："考试只是检验你上一阶段学习过程的工具而已，你尽力了即使你考的不好，老师也不会责怪你。希望你能够认真做事，对得起自己。老师不仅希望你能够有优异的成绩，更希望你能够养成良好的品德。"他低低地应了一声："好的，谢谢老师。"

我觉得他的认错态度很好，便开始放下心来。直到考试结果公布之后，小Y的爸爸给我打了一个电话："王老师，十分感谢您对小Y的帮助，这孩子这么久以来总算是让我们满意了一次啊！您不知道，这孩子皮得很，关于他的成绩我们也总是严格要求的，但是他自觉性太差了，我们就差整天陪着他了！所以，真的，还是很感谢您对小Y的督促。"我深知小Y这次成绩优异的原因，因而实在是无法讲出违心的话。于是我反复强调是他自己努力的结果，但是一次考试也存在很多的意外因素，他的知识掌握也还是存在不少的问题，因而还需要继续努力。家长这边还在电话里面反复强调他们做家长的尽心和辛苦，我这边也似乎懂了小Y为什么会在考试中作弊。小Y的父母对他的期望值太高了，给他的压力太大，他目前暂时没办法调整自己的状态，因而只能够给父母一个假象，让他们暂时放心，不至于总是在他耳边反复强调。我突然觉得很同情我的学生，他们现在面临的压力越来越大，现在社会的竞争愈发激烈，可是这就是成长必然要经历的，我能够做的也只能是陪他们走过这一遭。

我想我还应该找小Y聊一聊。当天晚上，我找到了小Y，"我想我知道你为什么会作弊了，父母对我们的期望我们应该是能理解的，我们应该将这种希望转化成学习的动力。可是所有的父母都觉得自己的孩子是最优秀的孩子，因而难免有时候会太过急切，要求太高，你现在又无法满足父母的要求，所以才作弊，对吗"？他闷闷地低声说道："是的，每天晚上回家，他们都会详细地询问学校里面的学习情况，每次我要是考的不好还会打我手心。我都已经是高中生了，还要这样来严密地监视我！我也是实在受不了了。"我安抚地说道："可能你的父母真的是对你的期望值太高了，一方面老师希望你能够理解父母的做法，另一方面也希望你能够跟你的父母多多沟通一下，也让父母了解你的想法。在学习方面，希望你能够更加努力，只为了不要辜负自己。"

一周之后，他告诉我他和父母沟通过了，他向父母承认了这次考试自己是作弊了，同时也告诉了父母自己作弊的原因，希望父母能够体谅自己，也表明了自己也将继续努力。听完之后，我觉得很欣慰，沟通是架起人与人交流的桥梁，与最亲密的人之间的沟通和交流更为重要。我们在成长的过程中会遇到无数的困难和问题，但只要我们坚持努力，善于交流，我们一定能够成长为最好的自己。

# 我们要解决的 其实都是小问题

罗廷敏

我过去一直觉得，作为老师，尤其是高中老师，面对一群即将成年的青少年，我们应该思考更多的是有关家国天下的大事情，向学生传达“修身齐家治国平天下”的大志向，解决他们关于人生与理想的大问题。但随着和学生打的交道越来越多，我渐渐发现，我们的学生，有时候更希望我们是朋友、亲人甚至家人，帮助或者陪伴他们解决生活中的许多小问题。

我当班主任的时候，班上有一个女孩子是离异家庭的小孩。初见她时，看她穿着打扮稍显另类——一个女孩子，却总是剪着雌雄难辨的短发，穿纯黑的 T 恤和酷炫的篮球鞋。她父母离异的情况还比较复杂：不到两岁时父母就离了婚，她的妈妈已经是她爸爸的第二任前妻了，现在他爸爸有了第三任妻子和第三个孩子，妈妈很早就去了浙江工作，亦不能照顾她。我得知情况之后，查阅了大量离异家庭的孩子最终教育成功的事例，并且打好了腹稿，预备在任何可行的时候不动声色地讲给她听，潜移默化地让她相信生活的美好、亲情的温暖，让她看到世界的阳光与多彩，让她……总之，我想培养出一个让世人瞩目的、充满励志色彩的离异家庭的孩子。

可是真正和她接触的时候，我发现我错了：她对这些成才的故事一点都不感兴趣，甚至常常笑我说话总是苦大仇深的神情，她的生活充满了阳光，她每天开开心心，有很多朋友，甚至，她很清楚自己想读什么学校、学什么专业、从事什么工作，一点都不需要我的指导。在松了一口气的同时，我内心也感到一阵失落——我似乎一下子丧失了作为班主任的“功能”，不知道还能为她做什么。

直到有一次早自习的时候，她少有地显出昏沉的状态，我问她是不是不舒服，她说有点头疼。我看她“张牙舞爪”的发型，问她是不是晚上洗了头发，没等干好就睡了。她有些惊讶地说：“对啊！这和头疼有关系吗？我每次洗了头就睡了，感觉也还好啊。”我更惊讶：“你每次都不把头发擦干就睡？”她昏昏地点点头，我赶紧开始给她科普：头发不能在睡前洗，不然湿气太重，对女孩子的身体尤其不好，如果非要洗的话也一定要擦干了再睡觉……她听到这里，笑了笑说：“这么麻烦？从来没人告诉我啊罗老师，好吧，我以后知道了。”然后她就继续读书，看起来内心没有任何波澜的样子。

但我的内心已经掀起了惊涛骇浪：这些我小学的时候就已经从妈妈那里知道的常识，居然从来没有一个人告诉过她！在她的生活里，因为自小就缺少母亲这样一个角色，所以她习以为常，心理上几乎没有任何缺陷，再加上性格开朗活泼，她从来不缺朋友。但她缺少妈妈为她买裙子、扎辫子的童年回忆，缺少许多生活的常识。我恍然大悟：这些才是我应该帮她解决的小问题啊！

从那之后，我对她的关心从人生观、世界观的确立上，转移到了日常的吃喝拉撒上，更多时候我觉得自己有点像个保姆。但在提醒她流了汗要隔毛巾的时候，提醒她平时少喝甚至不喝冰水的时候，提醒她生理期不要到球场上打球的时候，她乖乖听话的笑容，让我觉得安心和满足。

并不是所有的学生都要成长为钱学森、杨振宁，也不是所有的老师都必须是孔子、孟子。学生也好、老师也罢，都是世间的凡人一个，都有烦恼。我们尽可能地帮助学生解决这些小烦恼——有时候解决不了，那么倾听也是好的——就是我们在“教书”之外，完成“育人”这项看似宏大的任务的过程。

别把自己想得太高，我们要解决的，其实都是小问题；也别把自己想得太低，我们解决的小问题，也许都是助人成长、让人终生受益的大手笔。

# 教师，请学会闭上一只眼

雷冬梅

上帝给我们两只眼睛，一只看到天使的美丽，一只看到魔鬼的丑陋。身为教师的我们，常常备感身心疲累。那是因为，面对学生，我们常常习惯于睁大两只眼睛，叫作“明察秋毫”，自诩“法眼通天”！其实，学会闭上一只眼，那也是一种简单的教育艺术。

金无足赤，人无完人。适时闭上一只眼，视而不见，听而不闻。装聋哑，冷处理，多给正在生长中的孩子一些机会。“闭上一只眼”的模糊世界，真的很好！

多年前，曾接手高三一个“刺儿头”扎堆的班级。在我进班之前，早已有学工处和年级组的“黑名单”：爱上网的，偷打篮球的，经常不交作业的。对此，我选择了闭眼，佯装不知。我的班级宣言是：一切都是新的开始，让我们在问题中成长！一个星期的风平浪静后，果然有些同学“蠢蠢欲动”。一次晚自习，年级组一下子抓了几个看闲书的，两个溜到操场上打篮球的。当他们低着头俨然罪犯似的回到教室，我再次选择了闭眼，让他们静静地回到了座位。既没将其罚站在教室外，也没有大张旗鼓、暴跳如雷、声色俱厉地乘势批评。我知道，沉默往往蕴藏着无声的力量。我听说，几个看闲书的孩子，两个文学功底好，一个会画画一个爱书法。第二天，我主动邀请他们和团支部干部一起商量班级黑板报和班刊的事情。当我说：我们的班刊叫《琢玉》，能否请你俩做编辑，第一期发刊词和插图就交给你们，怎们样？自然我看到了他们的惊讶，还有被信任的欣喜、开心，更有他们用实际行动对《琢玉》的最好阐释。对于偷打篮球常常违规的学生，我随即成立了班级篮球队，特许班上几名同学在规定的体育活动时间有组织地训练，平时如有偷打篮球的违纪现象，将取消校级篮球赛资格。随后，班内也就渐渐“天下太平”。

每个学生都是鲜活的个体，是正在成长中的人，皆有积极生长的愿望。在非原则性的问题面前，教师选择闭眼，就是多给他们一次机会。面对“小是小非鸡毛蒜皮”，缓和一下的冷处理就是给他们以自我反思、自我教育和改变的时空。在成长中的孩子们自然爆出的“缺点”面前，选择睁大一只眼，去放大他的优点；闭上一只眼，缩小无视他的“小毛病”，难得糊涂，让问题模糊化，你会看到尽是天使的柔美世界。不必时时扮演“黑猫警长”，不必处处法眼通天，不必天天眼里揉不得沙子，将孩子们放对位置，“美美与共”是教育的必然追求。

不必独占江山、无须一统天下。闭上一只眼，兼容并包，求同存异，多给“非主流”、“小另类”一片空间。闭上一只眼，让万紫千红竞芬芳，真的很美！

2014 届的王同学，非常怪异。他有几个怪癖：一是摸毛毛，但凡有同学穿一件毛领的羽绒服，或是戴着一顶毛茸茸的帽子，或是毛乎乎的饰品，那就是他的最爱。无论男生抑或女生，在睡午觉时或你走在前面时，他总时不时地伺机偷摸。二是在衣服上打草稿，他比同龄人小，极不讲卫生，衣服鞋子还有书本、作业、桌子，没有一样不是脏兮兮的。三是课堂上常常自言自语，对着窗外发笑，令人莫名其妙。所以，班上没有人愿与之同座，王同学也总是“特立独行”。我这个语文教师，印象很深的还有——从来不轻易交语文作业。难得交了一次作文，他写下了自己的天文爱好。那次我们正学习《飞向太空的航程》，我见他一下子“两眼放光”。我随即特意请他对着课件上的宇宙星系图，给同学们介绍种种我们不知道的天文知识；除此之外，他还主动为大家分享了霍金的研究成果。在同学们惊异羡慕的目光中，他开心地笑了。随后，我乘势推介了他的“天文习作”，请同学们说说我班未来的“天文学家”。大家纷纷讲述他如何半夜起来看星星，在漆黑的楼道观察夜空，在夕阳下怎样观察天象，他家有着怎样专业的天文望远镜，等等。我看到了同学们对他的欣赏与接纳，见证了一位学霸主动选择和他同桌，这更是一种包容。

遭遇各类“奇葩”和另类，对老师算是家常便饭。那么，闭上一只眼，忽略其“怪异”和“缺陷”；睁大一只眼，发现其“独特”与“个性”。作文，让科幻、穿越、魔幻各放异彩，让意识流、荒诞派越洋而入；课堂，给不同的声音思想、各种“胡言乱语”以包容共生的机会；教育常规，不必苛求整齐划一，不必专制大一统，给每朵花一个自然开放的理由！“须知参差百态，方才产生美感。”面对学生中的“非主流”，选择闭眼，即是选择包容，这是一种教育的气度！

雨果说：“丑就在美的旁边，畸形靠近着优美，丑怪藏在崇高的背后，美与恶并存，光明与黑暗与共。”让我们睁大那只看到天使的眼，闭上那只洞悉魔鬼的眼，乐享模糊的美学视界，喜看“万紫千红总是春”！

# 抓住恰当时机 提高教育效果

杜姝琳

因为还是孩子，他们总会有不够成熟或犯错误的时候，这时候，抓住恰当时机，走近孩子的心理，了解孩子们的真实想法和处事方式，静心的开导比严厉的责罚来的更有效。

“感恩教育”是班主任工作中不可缺少的一部分。在孩子们成长的过程中，为他们无私付出的人不胜枚举。若无一颗感恩之心，将一切视为理所当然，生活的光彩将会暗淡许多。

适逢“母亲节”之际，我想借此机会组织一个以“感恩”为话题的班会，并邀请了几位妈妈和一个在孩子们眼里如妈妈般亲切的老师前来参会，心想利用这种生动活跃的方式代替枯燥的说教可能对这个年龄阶段的孩子来说会更有效果，更盘算着这次要让孩子们好好地感动一把。

一切准备工作都在我的掌控之中。我们精心挑选了班上的两个“IT 精英”制作了精美的 PPT，培训了两个大方、口齿伶俐的主持人，黑板上很工整地写着“感谢有你——1214 主题班会”，我自己还出钱买了几束康乃馨。总之，我信心满满，心想到场的嘉宾们一定会给孩子们投去赞许的目光，谁说奥赛班的孩子情商不高？并作为一次难忘的经历珍藏一生。

可孩子们的表现令我很不满意。两个同学在朗诵表达对母亲的爱意的诗歌时毫无感情，甚至显得有些麻木，全班甚至出现了几次哄笑；在被问及母亲为你所做的事情中，最令你感动的是什么的时候，有个孩子说我没有注意，还有个孩子说我不记得了；在被问到老师对你的帮助中，最令你感动的是什么的时候，有个孩子很敷衍地回答道说太多了，我记不清了。说实话，我觉得颜面全失，甚至恨不能找个地缝钻进去。在我看来，与其说他们利用班会在进行思考，不如说孩子们表现出的是不屑一顾。

班会的效果不理想，但是我没有选择发火，怒斥他们，暴露出来的问题引起了我的思考，我想问个究竟，为什么会这样？我该如何教导现阶段的孩子们这人生中重要的一课——感恩？

晚自习时，我轻声走进教室，班长朱佳逸悄悄地塞给我一张纸条，上面写到："杜妈妈，您失望了吧？您放心，我们并不是不知道感恩的孩子，我们只是不善于表露出自己的内心的真实想法，或者我们只是在用这个年龄阶段惯用的调侃姿态在处理事情。"看见那一个个黑压压的脑袋都深深地埋进作业中，心想着虽然孩子们的课业负担繁重，但是精神品质更为重要。我平复了心情，调整了呼吸，心平气和地问道："孩子们，在刚刚过去的母亲节里，无论以什么方式，给妈妈送去祝福的，请举手。"教室里约有一半的同学颤颤地举起了手。我又问道："每个周末回家父母都会精心准备可口饭菜，并愿意作为情绪垃圾桶，听你发泄一周的压力的同学，请举手。"几乎全班同学都举起了手。我放缓了语调，轻轻地说道："许多人为我们的付出不是无形的，我知道你们感受到了浓浓的爱意，但为什么不大声说出来呢？面对赐予你生命，不求回报地爱着你疼着你，如山厚重的父爱，如水温柔的母爱；面对传授给你知识，告诉你做人的道理的老师；面对在你困惑、委屈的时候给你力量，陪伴你左右的朋友；面对进入你生命中的，一点点装饰了你的人生的所有人，面对你所有的所有，你们应大声说出来或表露出来，你们感谢他们，他们是你们前行的力量，你们是不会遗忘的。"

孩子们陷入了沉思，良久，我看到孩子们双眸中的一份理解及一份坚定，及孩子们放学时一声声："晚安，杜妈妈！"我相信孩子们已懂得这重要的一课。

# 亦师亦友　情同母子

苏红艳

光阴荏苒，仿佛是弹指一挥间，我就从一个刚走上讲台不满 20 岁的“小女生”步入了中老年教师的行列。近 30 年的教学经历在我的脑海中留下了太多令人难忘的故事，工作和生活的历练也让我对学生少了几分苛求、责备与不满，多了几分理解、宽容和尊重。特别是近几年，学生让我更深刻地感受到教师是一门能带给人无穷快乐的职业，是一门能让人从中体验到多种情感的职业。教师与学生除了师生关系还可以是生师、朋友、伙伴、父母子女……

2011 年春，我担任 1009 班班主任。在与学生近距离接触中，我发现班上的每一个孩子都有自己的特长，都是我崇拜的对象。抛开应试教育以分数论英雄的评判标准，他们个个都是优秀的。工作中，我经常向有些老师眼中的差生曹同学请教电脑知识和技术，而他总会一遍又一遍地教我这个健忘而笨拙的学生；为了备战教育局组织的羽毛球赛，我请在国家级比赛中获奖的调皮生李同学做我的教练，连续多天强化训练，与其他同事一起共同奋战最终获得亚军。还有擅长绘画的曾同学、主持达人韩同学、数学高手姚同学，等等，他们都曾是我的老师。放下老师所谓的架子，我尽情享受与学生相处的每一天。

2011 年“教师节”，我像往常一样到班上课。刚走进教室，1014 班的全体学生突然起立，高声齐唱：“大河向东流呀，天上的星星参北斗啊。跟着苏老大往前走啊，英语学习不用愁啊……”我瞬间呆住。什么时候我成了道上的人，而且还是老大？转念一想，既然不用招兵买马就有了几十号人那就挑头好好干吧，带着我的一帮兄弟姐妹们在高考的光明大道上往前奔吧！从此，我成了他们年级排球比赛的陪练，成了化解他们之间矛盾的中间人，成了他们很多秘密的保守者，也成了他们零食的分享伙伴。虽然直到现在我仍然不知此名号的来历，但我照单全收了。

转眼到了2012年春节，我收到了很多祝福和感谢的短信。孩子们情深意长的话语让我心里充满了暖意和感慨。同时，我惊奇地发现学生对我的称呼变成了“苏妈”。开学后，学生见面也是“苏妈好！”我知道我在学生心目中的角色变了。我承担起母亲的种种职责，全方位地关注关心他们的学习生活，以母亲般博大的胸怀去包容孩子们成长过程中的过错，理解他们冲动而缺乏理智的过激言行。在对一些问题的看法和处理上，孩子们常常能与我产生共鸣。我也经常会表现出唠叨、担忧、着急等天下母亲都会出现的一些症状，好在他们也都从不计较。他们会经常不顾情面地嫌我老土，衣服不搭，还把这种信息传达给他们的亲生父母，让我颜面尽失。课堂上，他们会揪住我的口误而大笑不止，且一次又一次旧事重提。看着我无奈的表情，他们会变本加厉，以致有些女同学都于心不忍。啊，这种快乐真是无以言表！元旦晚会给学生的寄语中，我写到：“孩儿们，谢谢你们带给我如此多的快乐，我爱你们！”在学生的毕业聚会上，五音不全、从不唱歌的我给孩子们唱了几句朴树的歌曲《那些花儿》，以表达我对他们的爱恋之情。

谢谢你们，我的学生孩子们！

# 幸福的教育

邹晓华

前几天的一个下午我接到了一个学生的电话，这个学生是2013年毕业的谭漪。当我接起电话的瞬间，内心涌起一阵甜蜜。“邹老师您好，我是谭漪，我给您打电话是想告诉您我这次顺利申请到了到英国曼彻斯特大学读书的机会，给您报喜，感谢您的培养。”此时此刻我作为一名老师体验了教育的成功感，觉得作为一名教师非常幸福快乐。她勾起了我对各类学生的回忆，幸福的味道荡漾在我的身边，就连空气里也弥漫着甜甜的味道。

感动中的幸福！还记得刚到夷陵时，学校领导安排我带五班一个班的班主任，我怀揣不安，因为没有经历也没有经验。跟预料中的一样，每天都有不同的琐事急需处理，有时忙得焦头烂额，但是我的记忆中大多留下的是幸福的回忆。现在想想正因为当初的这个机会，让我和学生之间产生了永不磨灭的记忆。一个星期六的下午放学时，我看见班长朱周欲言又止的样子，于是就询问发生了什么事情。她小心翼翼地拿出一张纸，我摊开一看，上面工工整整写着“亚伯拉罕林肯——为梦想坚持到底”。我很纳闷，写这个给我干什么，这时她红着脸说：“您下星期三有班主任会，上次您无意中说到了要发言，正所谓说者无心听者有意，我怕您忘了。”此时此刻，我很感动，意想不到的感动。我很幸运，我获得了一个学生的爱，这种爱很动人，这种爱很宝贵，这种爱值得我一辈子去珍藏。高兴之余，我想起了她当初的模样，一个内向胆小自私的女孩，因为她和同学故意发生矛盾我狠狠地批评过她，“我觉得你是一个漂亮的女孩，相信你的行为会更美”。一年的时间过去后，我惊喜地发现她不一样了，她真正地接纳了我，也接纳了这个幸福的班级。

收获的幸福！语文老师谭老师告诉我，王润丰同学的作业写得乱七八糟。我接过他的作业本一看，上面的字能看清的很少。于是我认为他是在糊弄，并不是不会写。我生气地拨通了他爸爸的电话，让他的爸爸来学校一趟。他爸爸如约而至，王润丰同学安静地站在他爸爸身边。我一口气列举了很多他的“罪状”，他也只是听着，默不作声，而他爸爸的眼圈却红了。他爸爸哽咽着告诉我，他妈妈原本是银行职工，后来下海做生意，现在亏得很惨，精神也快崩溃了，根本无心照顾儿子，时间长了，儿子对学习产生了抵触情绪。听完他爸爸的话，我对刚才说过的话很后悔，同时也很同情他，自那以后，我开始寻找各种机会帮助他。我经常约他一起吃午饭，每天查寝时总要找他聊聊天。经过一段时间的引导，他意识到家庭遇到的困难只是暂时的，无论什么情况，每天都要开心地学习生活。我想，一个优秀的教师不是他的学生能考多少分，而是投入之后会有收获。

平凡中的幸福！前年夏天有一次我感冒了，浑身不舒服，嗓子也哑了。星期一第一节课我踏进教室，开始讲课，和往常一样。慢慢地我发现今天学生上课的学习状态很不错，而且怪怪的。带着疑惑和窃喜的心情上完这节课，课后询问才知，他们为了保护我的嗓子，都很自觉地认真学习。这件事在有的人看来也许是一件小事，但我认为它是平凡中的幸福，让我明白辛苦的价值，是我前进的动力。

我觉得教师的生活并不单调，除了备课上课，还有这么多可爱的孩子陪在身边，更能感受到孩子给我的爱。孩子们都很单纯善良，我应该多和孩子进行心灵的沟通，慢慢感受我和孩子们之间的感情。

# 播下爱的种子　收获真善美的果实

尹国江

最近几年，学生对父母的叛逆甚至离家出走、学校内教师与学生的冲突、校园暴力、大学生伤害动物事件以及各种各样的学生损坏公物现象，常常见诸报端，人们不禁要问：我们的学生怎么了？我们的教育缺少了什么？

班集体，是学生健康成长的一方沃土。作为班主任，每天面对的，是几十双渴求知识的眼睛，每天接触的，是几十颗等待滋润的心灵。如何让这一双双眼睛充满智慧之光？怎样使这一颗颗心灵健康成长？这是我每天工作时，需要思考的问题。5 年的班主任工作中，我一直把自己当作是引导学生健康成长的使者，我既教书，也重育人，为学生的终生发展作准备。

去年 12 月班委组织同学们爱心募捐，一番宣传发动，但大家却反应冷淡，甚至有学生嚷到："我们捐一分钱吧！"当组织募捐的同学满怀期冀地走到同学面前时，大多回以不屑的摇头。全班 61 人才募捐 21.5 元，甚至有 7 名同学合捐 0.5 元，团支书十分沮丧。有些学生一天的消费就高达几十元，却不愿意对他人献爱心，这值得我们深思。我们一直重视的知识教育或许关系到每一位学生的未来，关系到学生们将来事业的成功，但与知识教育并行的爱心教育却是学生们的终身幸福、社会和睦以及人类与环境和谐发展的根本。

针对募捐过程中学生普遍表现出来的冷漠，我想了很多。现在的学生都是独生子女，大多数从小就被父母的爱包围着，生长在充满爱的温室里，不可能感受到外面的严寒。在他们的内心深处，只有播下爱的种子，才能收获新的希望。为此我特地开展了一些活动：

第一阶段，让学生亲身体验残障人的生活，唤醒学生沉寂的心灵，播下爱的种子。

我让学生蒙上眼睛，仅靠一根“导盲杖”穿越障碍物（“凳子林”）后完成打水的任务，开始时学生并没有认为有多困难，满怀着好奇与兴奋开始了“游戏”。

“凳子林”中的同学艰难地绕行，就像无头的苍蝇，有的同学甚至南辕北辙，观看的同学在嬉笑中逐渐若有所思。所有的学生都经历了一个“漫长的黑夜”，在艰难险阻中也切身感受了残障人生活的艰难和内心的孤独与无助。有学生写下了这样的感言：

“没有了心灵的窗户，生活也几乎失去了阳光。”

“当眼前一片黑暗的时候，心里不由得会生出一种恐惧和孤独。所以我们要用关爱去减少这种恐惧和孤独，让他们觉得并不孤单。”

“在一个没有任何色彩，也没有微笑、流泪、悲伤面庞的世界里，什么才是他们的依托？——爱。亲朋的爱安慰了自己、鼓励了自己；而社会的爱，让他们感觉这世上总有千千万万只手，在他们跌倒后，轻轻将他们扶起，让他们感受到黑暗中的温暖和幸福……”

……

活动过后全班共募集爱心捐款 498.7 元。他们的内心深处，已经播下了爱的种子。

第二阶段：引导学生关注身边需要关爱的人，让爱的种子在他们心里生根、发芽。

学生通过报刊、网络等多种媒体，了解了很多爱心基金会的有关情况，发现还有很多需要关爱的人。他们将收集到的材料整理后，以黑板报、展板等形式在校园里展示出来，感动了更多的同学。爱的种子，已经在生根、发芽。

第三阶段：在元旦晚会时让学生投票决定要捐赠的爱心基金，让爱的树苗茁壮成长。

通过投票，同学们决定将募集的爱心捐款分成两份，一份捐给学校的爱心助学基金，一份捐给宜昌市聋哑学校。爱的树苗，正在成长。

第四阶段：让爱感动社会，让爱的花朵绽放，收获爱的果实。

为了更真实地感受社会中的弱势群体对社会关爱的渴求，我组织学生到宜昌市聋哑学校与他们的学生交流。不少学生在自己制作的卡片写上鼓励和祝福的话语，送给聋哑学生，希望他们能感受到自己发自内心的诚挚的关爱。

不少同学提出，想把他们的活动继续下去，让更多的人加入到他们的队伍中来，给予别人以关爱和帮助，也让更多的心灵能够不再孤单。

爱的花朵已经绽放，它朴实而无华，它清纯而美丽。

抓住时机播撒爱的种子，使每个学生都充满爱心，就会在这个充满爱的集体中快乐成长。有爱的教育才是完整的教育，有爱的教育才是社会的希望，有爱的教育才能让人生得到升华。在学生心中播下爱的种子，时时处处付出爱心。我相信，爱——让生命更精彩；爱——让世界充满希望。我也坚信，今天我们在学生心中播下爱的种子，明天的社会将收获真善美的果实！

# 一树花开

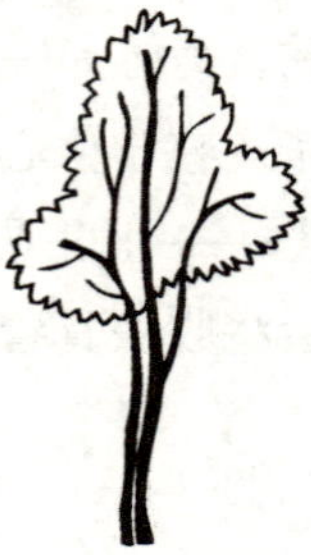

杨晓莹

春暖花开，蜂鸟争鸣。对于我，一个人民老师，一位新手妈妈，充实而忙碌的时间又开始了。产假休完，这学期一开始我就回到了教学岗位。很幸运，我不仅回到了高三年级，而且回到了以前的班级。第一次课，走到操场上，走到学生面前的时候，哪怕不是我班上的学生，他们看到我开心的样子，让我心里感到比吃了蜜还甜。他们关心我的身体，关心我的宝宝，让我觉得陪着他们健康顺利地度过高三的最后一阶段，是我最大的心愿。

作为一名青年教师，哪怕是一名体育教师，我也希望我的学生在我的课堂上有所收获。今年是我参加工作的第6个年头，我最初的心愿就是我的课堂既要育体，也要育心。尤其是对同学们德育的教育，我非常重视。所以在课堂中，上课迟到、早退、无故缺课、不尊重老师同学等行为，我是严厉批评教育的。可能有些同学或者老师不理解，不就是一堂体育课嘛，又不是语数外、理化生等高考科目，又不是班主任，没有必要这么严格。可我不这么认为。先做人，后做事，一直是我在课堂中所秉承的原则。

我所带的5个班级中，恰恰有一个班级与其他班级有些不同，而且这个班还是个重点班。当我走进这个班级的时候，没有一个同学过来与我嘘寒问暖，没有一个同学看到我有很惊讶的表情，他们很淡然很冷漠。我不知道是为什么，有时候会想，可能是他们很优秀，对待体育老师，没有多大的期待，可能体育教师对他们的高考没有任何帮助。当然这只是我个人的猜想，其实面对无人问津的状况，我确实心里有些小失落。

我记得有一次课，体育委员给我报告的是全班都到，结果我点名查人数，班上有12名学生未到。当我点到一个女生的名字，那个女生是拍手回复我，我当时很纳闷，就问她："你怎么不说话呀？"她回答说："老师，我不能说话。"我说："你不是可以说话吗？这样的行为不太好。"她很不耐烦地回答我说："是是是，你说的都对。"接着又来了一名迟到的学生，拍着球很随意地走到我面前说："我是2号。"突然我觉得这几个同学怎么这样，很随意，很自我。于是我把体育委员、迟到的2号同学以及那位拍手的女生留下了。体育委员和迟到的2号，很快意识到了自己不太好的地方，而拍手的女生突然哭起来，走到操场的一边坐下。我在旁边观察了两分钟，班上没有一位同学走过去关心她。等她冷静了一会儿，我走过去，坐在她的身旁，手搭着她的肩。在我的安慰下，她敞开胸怀与我交流，我也很乐意去开导她。她说她化学考试出现常识性错误，受到批评，很不开心，几次重要考试没有取得理想成绩很伤心，尤其是爸爸给她的压力让她喘不过气来，所以导致她情绪不好、上课任性的态度，后来她也跟我道了歉。

通过我平时的观察，这小孩性格比较孤僻、要强，经常上课都是一个人独来独往。了解到这一点，我跟她聊到她的父母，她说她父母很爱她，但觉得爸爸说话不讲究方式方法给她带来了很大的学习压力，造成父女之间的矛盾严重恶化，以至于她发泄式地往她爸爸身上砸书包。作为女儿，不能理解父母的用心良苦，不能原谅父母的一点错误，听到这一点，我确实很震惊。这孩子性格太强硬，太自我，我只能静听他倾述，让她把心里的不快吐露出来，也许心里会好受点。也因为要下课了，时间不多，我只能劝导她学会放宽自己的胸怀，放松自己的心情，再困难的事情都会轻松度过。第二节课时，我就见她带着笑容，一脸轻松快乐的样子。我走过去，很高兴地准备再去跟她聊聊天，结果她简单地回答了我两句，冷淡地转身走开。其实，我还真愿意去帮助每一位同学，愿意去倾听他们的故事，愿意真心去交流，不求回报。但是碰到这样的转身走开，我还是有些许的失落，但看到她开心地笑了，我也满足了，希望她更好。

可能我这次的交流并不算很成功，但至少让她那一刻发泄了自己的情绪，缓解了些许心理压力。能看到每个学生在我的课堂上都有开心的笑容是我最大的愿望。

# 成长的故事

黄 鹂

“从黄老师那里我明白了：原来女人是水做的!”这是我的学生向智在一篇检查中写的。还记得那是2002年9月，我刚刚担任班主任一个月，中午科任教师向我反映上课时向智和同桌讲话，听后我马上将向智喊到办公室，开始了批评教育。可是我刚刚说：“今天政治课你和同桌讲话，违反了纪律。”他便顶嘴：“别人找我讨论问题!”“你讨论也是在影响课堂纪律，干扰其他同学听课。”“我没有干扰别人，声音很小。哪个同学说我干扰他了?”说到这里，我就急了，心里想着：“你犯了错，我教育你，你还狡辩，真没有礼貌，我是老师，你就应该听我的。亏我平日里对你那么好，真没有良心!”想着想着，一阵酸楚涌上心头，我哭了。同办公室的黄杜明主任赶忙过来劝我，说：“小黄，不急，学生犯错要慢慢教。批评学生也要讲究艺术，要晓之以理，动之以情，导之以行，持之以恒。”当时也不知道黄主任对向智讲了几句什么话，他马上转变了态度，承认了错误。在第二天，向智诚恳地写了一份检查，当我看到那句“原来女人是水做的!”时，我笑了！我真幼稚，把处理学生问题想得太简单了，一点也不艺术。从那以后，我一直将黄主任的那句名言“晓之以理，动之以情，导之以行，持之以恒!”奉为座右铭，鞭策自己。

时隔5年，我迎来了一次“暴风雨”。2007年3月，我担任了高一年级主任，短短一周时间，我连续遇到了3件学生因小矛盾而打架逞能的事，虽然未有重大事故出现，但是为什么短时间内连续出事?不是一直在强调安全问题，紧盯学生纪律教育吗?难道是我的工作方法有误?难道是我的工作能力不够?学生还会出更大的问题吗?一时间，我困惑了、着急了、害怕了。为了能即时扭转局面，这一次我决定登门求师。我找到了当时的高二年级主任崔蓉老师，我向她说起了近来的学生违纪事件，说着说着，我哭了，这一次是为自己的焦急和无助而哭。听完我的哭诉后，崔主任微笑着说："这是正常现象，学生在高一时都会有一个争斗期，这段时间过了就会好的。你只要积极预防、即时处理、事后疏导教育就能度过这个非常阶段了。"就在她的一番点拨下，我恍然大悟，我笑了，我正是这样做着，这一次笑得心安理得！那天我在日记中写了这样一段话鼓励自己："对于最执着的水手而言，风浪总是格外的汹涌！我不会放弃追求，我不惧风浪，我会迎接挑战，继续为理想而奋斗！"

转眼到了2009年寒假，作为班主任我应学生之邀，参加了2006届高三（8）班同学聚会。近20名学生和我围坐一桌，席上他们谈了很多高中毕业后的见闻和感悟，我听得津津有味。忽然，檀阳举起酒杯说："黄老师，谢谢您在高中时给了我很多关爱，上大学后每次遇到困难都会想起您教给我的那些人生道理，并以此鼓励自己继续努力。"紧接着，张文雄说："黄老师，我一直记得您说过有些有臭味的气体稀释到一定程度就是香的，我希望可以发明一种香水，那多浪漫啊！"然后，李俊南说："黄老师，上高中时给您添了3年麻烦，您找我谈的话最多，那时候不懂事，太幼稚了，往事不提了，我今后会好好努力，积极生活！"就这样，学生们说了很多我意外的往事，他们可以说出我曾经说过的一句话、做过的一个动作、看他们的一个眼神等小细节，我被这种记忆感动了，沉静在快乐中。晚上临别之前，周涛忽然说："黄老师，给我一个拥抱吧！"就在与曾经最头疼的学生拥抱时，泪水禁不住润湿了眼眶。也不知道那一刻为了什么而落泪，大概是一种最原始的情感冲动吧！说不清，也道不明，只记得我没有伤心，由始至终都是快乐的！

我从小就怀揣梦想希望可以走上三尺讲台，大学毕业后，我如愿以偿成为了一名高中化学教师，十六载春秋，工作中的挫折、困难磨炼了我，学校领导、同事的关心帮助了我，学生的感恩之举回报并激励了我。往事历历在目，品味成长故事，何等幸福！"如果皱纹终将刻在我们的额头，我们唯一能做的，就是不让它刻在我们心上。"我愿继续用心追逐梦想，拥抱快乐，幸福成长！

# 三、 校园剪影篇

# 拜学生为师

高圣奉

为打造外语特色，培养具有家国情怀、国际视野的杰出中国人，我们学校每年在圣诞节所在的周，都要开展为期一周的“英语文化节”活动。一年一周的英语文化节，让孩子们在狂欢中学习。英语演讲、英语书法、英语歌曲比赛和英语课本剧表演等活动异彩纷呈，让每个孩子在快乐中充分展示自己。

在英语文化节开幕式上，我给孩子们提了一个要求：这一周所有的日常对话，无论是在寝室里、餐厅里，还是同学们在自办的圣诞市场上讨价还价，都必须用英语。

开幕式后，英语主持人余长江同学找到我，给我提了一个意见：“校长，您要求我们学生做到的，您也应该首先做到，请您今后在英语文化节上，带头用英语讲话。”

真没想到，给自己出了个大难题。我这个 1978 年考进华师的理科男，那时候学的都是哑巴英语。况且几十年过去了，早都还给老师了。要在全校大会上用英语讲话，岂不是会笑掉大牙！

但我还是硬着头皮答应了他的要求：“好，周末的闭幕式上我就用英语讲话，但我要请你当口语老师。”我把他请到校长办公室，我们一起写英文讲话稿。然后，他教我发音。开始我结结巴巴，他一遍一遍，不厌其烦，渐渐地我练得越来越流利了。

闭幕式上，我用流利的美式英语作活动总结，我说：“这一周不仅大家的英语学习突飞猛进，今天，我也可以站在这里，用英文讲话了。在此，我要特别感谢我的口语老师、我们的主持人余长江同学！”顿时，全场爆发出热烈的掌声。

会后，余长江祝贺我出色完成了任务。我了解到他英文歌唱得好，口语好，英语成绩也不错，但就是严重偏科，对其他学科不感兴趣。我也就给他提了个要求，并立下君子协定，努力把其他学科学好，争取考上北京外国语大学。

从此，这位“校长老师”越来越自信，越来越用功，各科成绩明显提高，高考终于以优异成绩考入北外，现在被东风汽车厂派往国外工作。

自从我带了这个头，以后每届英语文化节上，校长们一律都用英文演讲。这一周，老师们也自觉讲英语，孩子们连在厕所里，都是用英语对话。

我们做教育的，在孩子们面前，不要总是高高在上，要有民主、平等的意识。不要总认为自己比学生高明，在信息化时代，我们的学生是网络世界的原住民，我们最多只能算作移民，很多方面学生比我们知道的多。我们不仅要鼓励学生超越我们老师，我们自己也要身先士卒，率先垂范，不断学习，不断超越自我。我们做校长的要求学生、老师不断超越自我，校长自己也要有敢于超越自我的勇气。

# 谁这样扔垃圾袋？

向春雷

上学期，学校取消了放在教室里的垃圾桶，要求学生自己准备一个小垃圾袋，把垃圾及时丢到垃圾屋里。这项措施得到了绝大多数同学的支持，教室的环境变好了。但随后问题又出现了，连续几天我去教学楼巡视，都发现有学生为图方便，把垃圾丢到厕所里，有的甚至直接丢到下水道里面，致使下水道堵塞。

学工处组织召开学生大会，对这一现象提出严肃批评，但这一现象并没有得到遏制。对这样一类问题，关键是找到谁干的，然后再进行针对性教育才有效果。

有一天，在巡视中，我又发现了丢在厕所里的垃圾袋。于是，我让学工处的老师将垃圾袋打开，找找线索，很快就从学生所丢垃圾中发现了丢垃圾的班级。我们将这一现象向该班班主任通报，要求认真调查，并在班级批评教育。从这以后，很少发现同学们将垃圾袋丢到厕所里了。

无独有偶，我在葛洲坝中学工作期间，也发生了一件类似的事情。

那时，学校老师的办公楼和教学楼紧挨着，但办公楼比教学楼矮两层，办公楼的楼顶正好和教学楼五楼平齐。于是办公楼楼顶上的平台常常成为学生垃圾场——学生随手便把一些废弃物丢在那个平台上，这一现象屡禁不止。因为到楼顶平台上打扫卫生很危险，所以，这上面的卫生一直由总务处的师傅们定期去打扫，这儿便成为校园的一个卫生死角。

对这一类问题，泛泛而谈或笼统地提要求是没有用的，如何改变这一现状呢？我一直在寻找一个解决办法。

一天，我发现办公楼楼顶的平台上有一个装满了垃圾的黑色塑料袋。很显然，是偷懒的值日生扔到上面的，我便要总务处的工人师傅将其拿下来，清理其中的垃圾，看能否发现是哪个班的同学扔的。果然，我们从中发现了“线索”，找到了扔垃圾的班级。我把这件事告诉了该班的班主任，班主任也很重视，在班上调查了这件事情并进行了教育，并决定针对这件事情开一次主题班会，邀请我去讲话。

在班会上，我并没有从这件事谈起，而是问大家为什么读书。有的同学说为将来找个好工作，有的说为贡献社会，报效祖国，我肯定了大家的想法，并进一步问大家，要实现个人理想进而为社会作出贡献，光有知识行不行？同学们纷纷摇头，说不行，那还需要什么呢？如果一个人只顾自己不顾别人、只想到个人理想而忽视对社会的责任、只考虑自己应该享受的的权利而不管应尽的义务可以吗？这个问题引起了大家的思考，有的同学低下了头，开始为自己的行为感到羞愧了。说到这里，我又问大家，2008 年奥运会前，有几个外国运动员的行为深深地刺痛了中国人的心，大家还记得吗？同学们说，记得！就是几个外国运动员下飞机时戴着口罩，以此举动向世界表示中国的环境很差，与绿色奥运的要求还相差很远，这种对东道国不尊重的行为，引起了中国人的愤慨及国际社会的谴责。我接着说，我们在愤慨之余，难道就真的没有值得反思的地方？看看大家今天的行为，我倒觉得我们的反思应该大于愤慨，在我们国家，对环境的尊重和保护的确做得还很不够，破坏环境的事情时有发生，就连我们美丽的家乡也很难看到蔚蓝的天空、清澈的河水了。如果我们生活的环境很差，你个人的理想再远大，挣的钱再多，生活的质量也不可能很高。希望大家永远记住今天这件事，走到哪里都要自觉维护环境，做一名对环境和他人友好的人，这样的人也一定是受大家欢迎的人。也许你今天的举动是无意的，只是想图个方便，但正是这个无意的举动，这个不好的习惯，使我们学习及生活的环境被破坏了，大家试想一下，如果每个人都乱扔滥丢，那我们在这儿还生活得下去吗？今天，我不想问大家今后该如何做，只想看大家的行动。

从此，观察楼顶平台上有没有垃圾成了我的习惯。一天、两天、一周、两周……办公室楼顶平台上再也看不到垃圾了，我真为同学们感到高兴。

一次成功的教育，一定要有好的切入点。这件事情给我们的启示有三点：第一，教育要有针对性。如果我们没有找到丢垃圾的班级或个人，再严厉的批评可能都没有效果，因为大家都会认为这件事与我无关。况且大多数同学做得很好，就因少数同学的不良行为，让所有学生一起接受训话，对做的好的同学也是不公平的。第二，对待学生的错误，不要简单地批评或指责，而应启发他们认识事情的本质和危害，引起他们深层次的思考，这样才能增强他们改正错误的自觉性。第三，做事一定要认真，这件事情，如果我们不打开垃圾袋调查，不可能查出是谁丢的，正因为有认真的态度对待，才让犯错误的学生真正受到教育。一名做事认真的老师，学生是不敢在他面前敷衍的。

# 为了这条搁浅的小鱼

侯海舟

初次接触学生遥，高大、帅气，头发自然卷，淘气的阳光男孩，是2017年春季开学第一天的第一节英语课。首先我自然是旁征博引地大谈特谈英语的重要性，接着会讲学习方法，最后我会提出我的具体要求。第一大点刚刚开讲，我就发现遥同学心不在焉，抱着个午睡用的垫熊，下巴贴在桌面上，眼光迷离扑朔，满是心思的样子。我边讲边走了过去，我满以为他会很开心地接受我善意的小提醒，没想到他冷冷地望了我一眼，分明写着“我没有兴趣，别整这些个没用的”。我知道我碰上“钉子户”了。一周接触下来，还真是。仅举三例说明：课堂几乎不做笔记，不做课外作业，周末考试英语作文白卷上交。我的课堂别人都不想下课，只有他竟然兀自睡觉，而且他就坐在讲桌旁，我眼皮子底下，长此以往，我的威严何在呀?！一年多了，对于他，我真是费尽心机，甚至可以说是处心积虑。

## 真情诱导——了无力

对于我们这种擅长引导学生的文科老师来说，循循善诱、如沐春风那是常事，无效；换成大容量、快节奏的刮骨疗伤式，只要时机选择得当，情境创设合理，往往效果也很好。可是，对于他来说，也是瞎子点灯——白费蜡。我的话纵是良言赛金玉，有何用！好鼓不用重锤，如果重锤了仍然不响，十之八九就是没遇到一架好鼓呃。

## 理想激励——都失灵

一天，我批改练字，他的英语书写就像是多年没有修剪的草坪，兀自生长。但是我看到他作业本上的中文名字，写得苍劲有力，一般人断然是不能写得了的，便试探着问：“学过书法没有?”他说学过，我便说，那送一幅作品给我吧，并把一段话交给他：“每一个优秀的人，都有一段沉默的时光。在那段时光里，你会付出很多努力，忍受百般的孤独和寂寞，甚至有时你会遭到别人的质疑与冷嘲。你会累，会哭，会想到生活的苦难似乎为你量身定做，因此你会产生放弃的想法，但你要知道一个人唯一可以拼的就是一份坚强，因此你不能再抱怨再诉苦，你要咬牙坚持前行，把所有的苦楚埋在心里。但当日后说起这些时，也许连你自己都会被感动。青春的路上，我们可以孤单，但不能孤立；可以寂寞，但不能空虚；可以消沉，但不能堕落；可以失望，但不能绝望。生命就是一次次蜕变的过程。唯有经历各种各样的折磨，才能增加生命的厚度。一个人的成长过程，恰似破茧成蝶，在痛苦的挣扎中，意志得到锻炼，力量得到加强，心智得到提高，生命在痛苦中得到升华。当你从痛苦中爬出来时，就会发现，你的翅膀已经拥有了飞翔的力量!”第二天，果然送到，展开，龙飞凤舞翰墨飘香。我大喜过望，以为终于找到了激励他的办法，立马决定当天英语课前当着全班的同学欣赏这幅作品并收藏。这也够满足展示欲和成就感的了吧。然而，开心和感动总是那么短暂，他那天依然没交英语作业。说好的表扬和激励是最好的老师呢?

**晓之以理——牛弹琴**

一个朋友出差后送我一本励志书《唤醒心中的巨人》。我无端地深受感动并浮想联翩：要是我这辈子也能挽救几个孩子于迷途，就不枉为人师了。我马上叫他来我办公室，把这本书借给他，并说：“我很想你抽空看看这本书，看完后咱们交流一下心得。”我相信我说得很有感情，因为我当时正在被自己感动中。但是，从他后来继续时有时无的答题卡和吊儿郎当的学习态度来看，他并未受到一丝感化。

**针尖麦芒——牙还牙**

英语课上，唯一找理由中途出教室的人就是他。学生无端的逃学是我最反对的行为，因为这叫失了本分。他回来后，我控制怒火很平静地问他两个问题，一是到哪儿去了，二是爸爸电话是多少（平常妈妈联系多一些）。他一言不发杵在那里，正眼都不瞧我。我火冒三丈，还没怎么着呢，就杠上了。于是，我撂下一句话：“我从不惧怕任何挑衅，尤其是来自学生的，什么时候想好了什么时候告诉我，我等着!”结果，他在我办公室站了一节课！他当然也不搭理我。这次斗争唯一的胜利成果是，我以后每次和他说话，他有问必答。但是，真心没有达到惩戒和教化的目的，后来的英语课堂上又溜出去过一次。

### 曲线救国——感不动

一次英语考试前的下午，我看到他头发湿淋淋的，单薄的上衣几乎湿透了，从我办公室门口经过，心想这么冷的天别感冒了，便拿了一条新毛巾给他擦干水。在我这是对事不对人，也没有什么特别的关照。大约他受了感动吧，监考中，我发现他竟然破天荒地写了英语作文。我看他写得起劲，跑过去一看，他说自己深受感动呢。我喜不自胜，心想，桃李不言，下自成蹊啊。按说都感动得稀里糊涂了，该叫人刮目相看了吧，可是，后面的课外作业，他是外甥打灯笼——照旧（不交）。感动算个什么东西啊，反正社会上感动泛滥成灾，也没有谁规定感动了就一定得行动啊。

### 家校联合——无疾终

我作为普通任课老师的习惯是一般不主动联系家长，至于他，真的该给我交交话费才好。最长的一次和他远嫁湖南的妈妈讲了 40 几分钟。告状的时候不多，多是和他家长沟通商讨教育方法，比如：哪天在学校表现特别好，我就会发短信或者打电话给他爸爸和妈妈，让两家人（父母离异多年，都已经再组建新家）也高兴一下。但是报喜的电话或者短信一般只能管两天，三天后必然失效，该迟到还迟到，该不做作业还是不做作业。总不能天天打电话发短信吧，即使我不嫌麻烦，家长也未必喜欢。我这里不是 10086，哪有那么勤呢！

### 同学互助——收效微

把他投入到人民群众斗争的汪洋大海中去。我时不时变着法儿来表扬他，什么“书法家”、“林肯第二”、“艺术细胞侧漏”等美名直往他身上套，这是我一贯里倡导的“让每一个孩子都抬起头来走路”的理念的具体体现嘛。为了让他不迟到，专门记载迟到的班干部甚至都动用私人交情和他君子约定。可是他本来就不是君子，约定有什么用！该同学无比沮丧，我只得安慰他说：“别拿别人的错误惩罚自己。”同伴互助的收获还是有一点，他虽不爱学习，但是还算热爱班级，为班里抹黑的事情似乎还没有做过。

### 投其所好——不领情

有一次又碰上一个教育契机，教学楼的电子屏上写着“×××爱××”，前面是他的名字，后面是我班一个秀外慧中的女孩。我辨认了一下字迹，好像是他写的，啧，90 后真敢想敢做！这是赤裸裸的求爱呃！我便把他找来，用很随和的语气说：“小子诶，品位不错哈。你是喜欢人家，没毛病！但是，要想想人家的感受啊，要追自己喜欢的女孩，首先得让自己变得更优秀点啊！要不，咱们约定一下：高考如果上个985，毕业后我帮你牵个线呗。”爱情的力量总该很神奇的吧！可是也不能把他这块顽石点化为黄金。看来爱情，也不是催他奋进的良药！

### 赠书引领——不上钩

我看他反正也不听课，想着他这一天七八节课，每节课40分钟他也是度日如年的，不如看一点课外书吧。于是借了一些书给他看，例如《易中天品三国》之类，反正是故事性强的能够读得下去的。后来又借了一本《谁动了我的奶酪》给他，想启迪他的心智。但是，他宁肯发呆也不看书。我跟他说时，他总答应得好好的。看他诚恳的样子，我忍不住又相信他。但他答应的事情几乎就是说说而已。

我，能否改变他？至此，对于这一点，我终于有了清醒的认识！我只是他的老师，少则一年，多则三年，也许毕业后我们就成了两条平行线——永无交集。对于这些小时候不缺钙，长大不缺爱的孩子来说，教师的爱得之坦然，失之泰然，淡定得很！很多时候，转化后进生，就是老师的一场独角戏，自己既是导演，又是主角，唯独没有对手，更多的时候，甚至连观众都没有。

就在一个月前，就在高三定岗后的一周内，我在A3三楼的楼梯口碰到了遥同学：四目对望的那一刻，他莫名地问我，更像是自言自语：“猴哥（我的学生都这么叫我）还是成功地丢弃了我们。”眼里有失望、沮丧，似乎还夹杂着埋怨和伤感。然后一溜烟地跑了，没有给我一秒钟的解释机会。我一个人愣在楼梯口，五味杂陈。

午饭后，我正在办公室，门开了，遥同学拿着一个盒子进来了：“猴哥，我爸出差买了一个颈椎电子治疗仪，听说有效，您就试试看吧。”那一刻，我的世界已经大雨滂沱！我站起来紧紧地抱着他，遥也紧紧地抱着我，我能感受到他的心跳，泣不成声！临出门，遥鞠了一躬，留下一句：“猴哥相信我，我一定会上985！”

教育是智慧和耐心的马拉松，善待每一个教育的瞬间，便可期待教育的转机和奇迹。我知道，我的能力和智慧，不可能达到学生“听我一席话，胜读十年书”的境地，因此，我慎重对待每一个降临我身边的教育瞬间——勿以善小而不为。佛典里有一句话：“福不唐捐。”我说：“功不唐捐！”没有一点努力是会白白丢了的。在我们看不见想不到的时候，在我们看不见想不到的方向，你瞧！你种下的种子早已生根发芽开花结果了！

我知道，遥以后还会纠结，还会愤怒，还会耿耿于命运给自己开的不大不小的玩笑：从小父母离异，又各自再婚，从小就和奶奶相依为命，自己的某个敏感器官因为先天性发育问题动过一次不够成功的手术，留下了后遗症。但是，我想，他终究还是会记得这个中午和他敬爱的猴哥的拥抱，会试着原谅爸爸妈妈的错误，会试着原谅自己的不完美，会试着和奶奶沟通，也许还会试着走进父亲和母亲的新家。遥，我还想说，你的遭遇，不是抛弃，是转个弯，让你懂得生与生活的价值，爱与被爱的美丽，以及恕和自恕的艰难。遥，你的心，你的苦，你的乐，你的悲欢离合，就是我驻足的大地，我愿贴地而行，不在云端跳舞。

我愿永远在沙滩上寻找那一条条搁浅的小鱼，因为我拥有一片沙滩，拥有一片大海，也拥有满怀的珍珠。海风习习，衣袂飘飘，珍珠闪闪，与孩子们在一起的教育人生，是世界上最为浪漫的旅行，因为“这条在乎，这条也在乎”。

# 手捧千堆雪

潘冰华

热浪滚滚的盛夏，思恋冬的寒凉；头顶着烈日，渴望骤降片片雪花。雪，晶莹剔透的雪，是职业的条件反射，是埋在心底最美的记忆，听到说到想到雪，那个叫雪的女孩就会浮出心底，带着一颦一笑，款款向我走来……

1. 观望，两条平行线。

“报告!”清脆的声音打断了讲课正酣的我，循声看去，一个白皙高挑的女孩站在门口，清澈的双眸局促中透着坚定。“老师，我是理科九班转来的，学校同意我现在搬进来。我叫××雪。”在她的身后，还有桌椅和书包。天哪，分科已经3个多月了，文科本学期的知识即将“售罄”，这个时候转科，是来创造逆袭的奇迹，还是准备迎接冲动的惩罚？

接下来的日子，在翻页中飞走，雪很多时候都是低着头，看书做题，有时平静，有时蹙眉。很少与同学交流，对老师也是淡淡地注视。几次检测，她的得分不理想，这是意料之中的事。我在心里为她着急，可是除了偶尔的鼓励和点拨，竟也无计可施。时光顺着彼此的两条平行线，滑到了下学期。

2. 亲近，似紫燕绕梁。

上课做题“开火车”，是学生很喜欢的一种形式，一般都是在知识单元告一段落的时候采用，可以有效检测学生对知识点局部与整体的掌握情况，因为人人参与，显得精彩刺激。

今天的“火车”已经开过了两组，简单、基础的部分顺利完成，进入了较难的部分。轮到雪答题了，我很想跳过去，避免她答不上来的尴尬，但是如此露骨，会不会适得其反？犹豫中，问题还是出口了，而雪，落落大方地站起来，清晰准确地说出了答案。

我情不自禁地说道："太好了！你真了不起，这么难的题都会，简直是个天才啊！"也许是我的夸张和激动，雪高兴起来，露出了转班以来第一次灿烂的笑容。全班同学也报以热烈的掌声。

从这天开始，雪不再总是低头，上课会对着老师微笑。慢慢地，下课，她会挤到我身边问题目；悄悄地，她在我要来上课的路上帮我拎文件袋。她告诉我她的星座，打探我的爱好，……，我享受着紫燕绕梁的温柔，感受着一颗单纯稚嫩的心灵那小小的快乐与信任。轻风拂面，岁月静好。

3. 疏远，如雾失楼台。

温馨的时光并未久长，蓦然发现下课雪不再问问题已经有好多天了，投向她问询的目光被她用眼帘阻挡在外，与她交谈只有应付的对答，疏远让我如此心慌。

午后的电话固执地响，看来这个陌生的电话得接。一个大姐的声音传来："我是××雪的妈妈，开家长会时记下了您的电话，……。"随着叙述与交流的深入，我的心变得难受，不，是心痛。我不知道雪生活得如此艰难，我不知道自己无意中伤害了这个坚强的女孩。

如果不是亲耳听到，我无法相信在我们这个比较富裕的城市，还有近乎赤贫的家庭。雪的父亲患有肺癌，术后无法劳动，终日卧床吃药。全家挤在 18 平方米的公租房，开销靠母亲在外做家政保洁维持。雪很懂事，从小成绩优异，从不多花家里一分钱，直到现在穿的都是亲戚给的或新或旧的衣服。但这些，她从不对别人讲，母亲几次想让她向学校申请困难补助，她坚决不要。

我终于明白，当那天雪对我说晚上失眠，白天上课精神很差时，我轻描淡写地说，买核桃，或者吃蛋白粉，几百元很便宜的，实在不行就在学校附近租房子住，也要不了多少钱……那些话，对雪而言显得如此刺耳，冰冷地刺痛了这个用自尊包裹着的脆弱心灵。

而她疏远了我以后，也向妈妈讲，想跟老师和好，又怕哪一天我知道真相会瞧不起她的贫寒……

4. 呵护，手捧千堆雪。

这是一个多么敏感自尊的孩子，哪怕我无心的话语，也会让她躲进自己的壳，默默抚摸伤口；这是一个没有傲气，却有傲骨的孩子，她不愿看到别人的怜悯，咬紧牙关，只为傲然挺立！

以前她给我讲自己是狮子座时，我总是一笑，心里在说"小孩子的把戏"，可是今天我为了真正懂你，认真学习星座知识后，我才知道，身为狮子座的你，酷爱面子，把尊严看得高于一切，你渴望舞台和成功，喜欢掌声和鲜花，羸弱被你踩在脚下！暗暗发誓，我要小心翼翼地呵护你，捧起你，让你高中最后的一年洒满阳光！

若无其事的我主动靠近雪，每天在她的身上发现闪光点，比如星期一赞美她的笔记工整，星期二表扬她的思维敏捷，星期三问她皮肤为什么如此雪白，在女生中多么出众，星期四发现她记忆理解能力超强……这些真诚的赞美，滋养着这个聪慧的女孩，她的状态越来越好，自信阳光武装的强大内心，击退了学习上的各种挑战。

我不会给她讲贫穷是财富这样的大道理，因为她正在用拼搏诠释誓言：打败贫穷，改变未来！为了补充她的营养，我会请她陪我去喝牛奶，陪我去吃饭，付账时告诉她我是放长线钓大鱼，以后等她发财了，请我吃法国大餐……我让她母亲到学校来悄悄办好困难补助，只为能让高三拼搏的雪多一点点的帮助……

欢乐与汗水，在这个冰雪聪明的女孩身上转化成神奇的力量，每一次月考，她都前进，直到有一天，班上同学都喊她学霸。

高考成绩出来的那天，班级第二，雪看着我，满眼泪花……

我是长街，你是千堆雪……

# 用什么样的“暗语”与学生“接头”

赵 华

与学生交流绝不是说话那么简单，那绝对是一门技术活。话说对了，学生爱听，就相当于与对方对上了暗语，接上了头。用现在的流行语说，就是与他们确认了眼神，被他们认为是“自己人”；否则，便很可能没有走近他们世界的机会。

什么样的语言是他们喜欢的暗语？

比如他们热爱的文学作品中的语言。

可以说，在每一届学生中流行的作家作品都不一样，比如03届是韩寒与他的《三重门》，无数学生在作文中模仿他的《杯中窥人》，“人性”、“劣根性”成了这一届学生最爱用的词汇，而《三重门》的大火又让学生学到了讽刺，加重了他们的叛逆；06届是郭敬明，我到现在都还记得06届有个叫屈艺的学霸在解放路新华书店找现场售书的郭敬明签字的情景，那时，你不说说《幻城》就很难与学生对上话。14届有阿富汗作家卡勒德·胡赛尼及其《追风筝的人》，如果你能在某一次上课找一个机会说一句“为你，千千万万遍”，学生可能瞬间就能成为你的拥趸。而当下正在读高一的这一届学生，他们的秘密语言是《三体》中的“四维空间”、“十一维空间”、“降维”等。

09届是金庸，因为那些年火了一本书，就是孔庆东的《47楼207》，而孔庆东又写过《金庸侠语》，高度评价了金庸的武侠小说，所以，在中学生中并不火的金庸也跟着在这个群体中流行起来。我曾试着用金庸《天龙八部》中的语言与学生交流，谈心，效果甚好。

我跟他们谈“内功”。段誉因为没有内功根基，而练上乘武功凌波微步，差点走火入魔。我跟学生谈人生的内功。我说，人生也需修炼内功。内功不高者不可能成为学林高手，也不可能成为人生的成功者。内功是什么呢？各门学科有各门学科的内功。比如语文的内功就是文学作品的阅读量。大量的阅读培养极好的语感，可以培养文学作品的鉴赏能力，可以培养较好的写作能力，如果说阅读是内力，那么训练则是外功。没有很大的阅读量和很好的语感，单纯的训练不可能将一个学生培养成语文高手。要做很好的学问，要成为一个成功者，成为一个受人尊敬的人，更要从修炼内功开始。一次考试，既是对知识的检验，又是对学生各方面素质的考察。仅仅是知识掌握得好，不一定能在考试中取得理想的成绩。因为一个人的意志力、品质、心理素质、人格人品都会在一次次考试中部分地展现出来，而这些都是一个人的内功。经常有学生说，我这次是没发挥好，是题目错了，是第一科没考好影响了下一科的发挥。我说，不对，你想考好，得先学好，先学好，得先修练好自己的内功，从各方面培养自己，学会不骄不躁，学会谦虚谨慎，学会摆正心态。总的说来，做学问如果说是外功，做人则是内力。

我跟他们谈“顶尖高手”。《天龙八部》中绝顶高手层出不穷，小说一开篇，就用了极大的篇幅来铺垫“南乔峰北慕容”的出场，他们的武功被渲染得神乎其神，可是他们的武功均比不上他们的父亲。他们的父亲都在少林寺隐伏了多年，少林寺的那么多高僧都不能觉察，以致于让他们偷学了寺中的许多绝学。可是制服他们的竟然是一个穿青衣地位低下的操执杂役的服事僧。所以我给学生讲，山外青山楼外楼，强中更有强中手。顶尖高手是拥有大智慧的人。当时我班有一个学生，从小学起就被称赞为聪明，他自己也以“聪明”自诩。高一上学期，他在不怎么用功的情况下成绩也可保持在中等，所以他在素质报告单“成长足迹”一栏中写道，“通过多年的实践证明，我觉得我真的是一个很聪明的人”，结果那学期他的成绩下跌明显。我在他的评语上引用了老子的一句话，“大智若愚，大巧若拙”。是的，顶尖高手是大智若愚的人，是心无旁骛的人，是耐得住寂寞的人，就像这位无名的青衣老僧。黄蓉够聪明了，可是她不能学会左右手互搏的绝技，而看起来有点傻的郭靖却很快学会了，因为他心地单纯没有机心。青衣老僧40年来从不被人认识，他要耐得住怎样的寂寞、放弃多少人生的精彩才能练得这样一身绝世武功！我班几个尖子生都是心气浮躁的孩子，课堂上坐不住，自习课上头沉不下去，又希望现在就能品尝人生的某些美丽，我便常以这些道理来教育他们。

我跟他们谈“凌波微步”。段誉在危急之中练“凌波微步”，悟出了一个极朴素的道理，那就是“‘想上一想’，便是功夫未熟之故不让他们抓住，务须练得纯熟无比，出步时想也不想。”“想也不想”与“想上一想”，两字之差，便有生死之别。考试中大多数题是基础题，大多是老师讲过无数遍的，而很多学生却说，上课听懂了，平时也会做，可是一到考试就忘了，怎么也想不起来了。我跟他们讲段誉在习“凌波微步”时的悟得，并分析说，考试中忘了知识固然是因为紧张，根本原因却在于不熟练。老师平时讲过的例题，经反复演练，不断复习，可以脱口而出，才能说真正掌握了，才能在考场上展现出来。如果学过的知识点要“想上一想”才能出来，甚至“想上半天”还不出来，那就大有问题了。这个时候以为自己“只是考场上想不起来”就是大错特错了。你得反思自己的学习习惯和学习方法。在考场上，‘想也不想’与‘想上一想’，两字之差，虽无生死之别，却有分数高低之别、成绩好坏之成功与失败之别。所以老师平时所教，务须练得纯熟无比。这是一个简单的道理，却连天资过人的段誉也要在危急之中才能悟出来。对于普通学生来说，能够做到的便是精英了。

我跟他们谈绝技、秘笈、神仙姐姐。在金庸的小说中，每一派武功几乎都有自己秘不外宣的武学绝技和秘笈。天竺武功，著名的有三百六十门，少林寺武功有七十二绝技。每一种绝技又都有秘笈。读过金庸的人几乎都可以说出不少来，比如般若掌法、大金刚拳经、摩诃指诀、九阴真经、辟邪剑谱、葵花宝典、易筋经。习武之人，做梦都想得到这些秘笈，因为得到任何一本，只要修炼得法，几乎都可以练得一身绝世武功，笑傲江湖，称霸武林。围绕这些武学至宝，演出了多少爱恨情仇！可是，学习、人生却没有秘笈。学习和人生的道理从来都是简单朴素的。有一个学生，我上课去查堂，十次有九次他是在开小差，还有一次可能盯着老师，目光却无比空洞。跟他说了无数次他都不听。一到考试前夕，他就抱着厚厚的书本去找老师，说，老师，你把语法给我讲一下吧；老师，你把机械能给我讲一遍吧。我严肃地告诉他，老师不是你的秘笈，也不是你的神仙姐姐。学习的唯一秘笈是自我努力。

这一届学生毕业已快十年，也许他们已经忘了他们曾经热爱过的作家和作品，但我相信在他们的青春岁月里，曾有一些话打动过他们，走进过他们的心灵。

当然，学生中流行的“暗语”还有很多，比如网络热语、老师的口头禅、他们自制的各种段子，他们用这些语言沟通、嬉戏、表达情感、发泄情绪，如果我们解密了这些“暗语”，就相当于与这群少年们接上了头。

# 我邀学生下象棋

杨胜利

一天紧张而忙碌的教学活动接近尾声，熟悉的铃声再次响起，学生的课外活动时间到了，我想着同学们正好利用这个时间整理消化一下白天的知识，教室里应该是很消停的。我也可以抽点时间把象棋校本课程手稿再完善一下。

突然，“砰”的一声，办公室的门被猛烈地推开，小倩闯了进来，脸涨得通红，情绪激动地说：“杨老师，你还管不管他们，他们几个在班上下象棋！都爬到桌子上了！吵得嗷嗷叫，我们还怎么写作业呀？您去看看呀！”她一脸的委屈和无可奈何。

“是吗？那太不像话了！你先回去，我立刻就来，看我怎么制服他们。”学生前脚刚踏出办公室的门，我的大脑迅速转动起来，心想：一群小毛孩，我还对付不了你们！我起身走向班级。

远远地就能听到教室里传来切磋声，走近一看，只见四五个男同学围成一团正在观战助威，有的站在凳子上，有的坐在桌子上，围着，倚着，嚷着，吵着；几位女同学只得把耳朵塞得紧紧的，发愁、着急、甚至跺脚……有女生看到我，刚准备说话，我做了一个不要发声的动作，她们很快就明白了，只等着看一场“好戏”。

我轻轻地靠近他们，外围的同学看到了我，低头、侧目、脸上变了颜色，还不忘记相互间牵一牵、拉一拉，闪到一边，而那两位“棋迷”依然全神贯注、埋头酣战，全然没有感觉到情况的变化。我一声不响地走到他们身边，装出专心致志的样子看他们下棋。两位棋手仍没有觉察，还大声地争执了起来，“这盘我赢了！”“不算，你偷袭。”直到其他同学大笑不止，他们才紧张地抬头张望，一眼看到我就在眼前，就目瞪口呆地站在那儿一动不动，等着我对他们的“宣判”。我满脸微笑，轻轻拍着他们的肩膀，“两位同学的棋下得不错嘛，我也手痒痒了，你们谁敢和我来一盘吗？有言在先，我赢了，你们听我的；你们赢了，我满足你们一个要求，怎么样？”

“好！”“好！”“来！来！”有同学快活地叫喊着，兴致颇高。他们迅速交换了一下意见，就一致推举班上的“一流高手”于海洋同学和我对垒。

说真的，他们中的“高手”，和我这位十几年经验的“老手”比，差距还是明显的。没走多少步，于海洋同学就在大家的一片哀叹声中败下阵来。我大声问道：“有没有还想来试试的？”有的人摇头，有的人向后缩，没有一人敢上阵。

我接着说到：“既然我赢了，那你们就得听我的，我只有一个问题请教你们。”我故意停了停，“你们说说怎样才能提高象棋水平？”

“下得多就行了。”有同学小声地嘀咕道。

“多向高手请教呗！”“多看有关下象棋的书吧！”三两个同学补充道。教室里一下子安静了许多，同学们都回到座位上。

“同学们说得也许有些道理，但我觉得下棋是一门学问，它和下多少棋没有太大关系，棋手的比拼主要是智力的比拼。如何布局，如何攻防，如何诱敌深入，如何设伏，如何弃子，如何走好残局，它与兵法、哲学、数学、逻辑、心理素质都有着密切的关系，如果没有这些方面的知识，就是天天下，也不一定有多高的棋艺。”同学们静静地听着，若有所思……

我接着说：“所以，大家现在先把学习搞好，练好基本功，不然怎么掌握那些丰富而高深的知识，又怎能快速提高棋艺成为一名高手呢？”我又转向刚才下棋的那两位同学说：“何况在班上下棋，也影响其他同学的学习呀？”

“老师，我们以后再也不下棋了。”一位小棋手低声地说。

“不！怎能不下棋呀？老师刚才还说了，下棋是一项有益于智力的活动。只不过不能在班上下，教室主要是学习的场所，不是下棋的场所。同学们如果有兴趣，可以选修象棋校本课程，名正言顺地下，比你们在这儿担惊受怕的，那可好多了呀！”我一边示意他们将象棋收好，一边说着。

“好！”所有的男同学一齐欢呼起来。

“老师，以后您还和我们下吗？我们想赢您。”有个调皮的学生试探地问道。“当然！欢迎你们挑战我！”我笑着说，“如果赢了，我给你们发奖。”

“谢谢老师！”这几个棋迷笑得那么灿烂。

我的心也释然了，其实和学生沟通、交流需要讲究方式方法，但更重要的是用心去引导！

# 用爱探索孩子的心灵

李华妹

苏霍姆林斯基说过："爱，首先意味着奉献，意味着把自己心灵的力量献给所爱的人，为所爱的人创造幸福。"我也希望我心怀大爱，带着奉献的信念去关心每一个孩子。这一年，有很多事让人难忘，有一件不得不分享的。

那天晚自习，学生白天刚考试完，想着他们也非常疲惫，加上为了兑现很久的承诺，我给学生放《边城》的电影。大家都开开心心等待着相对放松的时刻到来。电影开场，我发现有一个学生座位是空的，心里一咯噔，预感有情况。我问问班上的同学，大家都支支吾吾的，她的同桌说，老师，她心情不好。

我跟班长交代了下，决定出门找她，很幸运的，我在办公楼旁边的一个平常很少人去的阳台看到她在抽泣。我慢慢靠近她，递过去一张纸巾，轻轻拍拍她的肩膀。她显然很讶异我的出现，想极力掩饰自己的激动，可是抑制不住的泪水还是如掉了线的珠子。

"怎么啦？是考试没有考好难过了吗？"我尽量轻柔地问。

"我不想回家，我害怕回家，我不想看到我爸妈。"她激动地嚎啕起来。

一阵微微的疼痛敲打着我的心扉，我预料之中的淡定，也意料之外的心疼。以为习以为常的教育小事，也被这种阴郁的氛围压得喘不过气来。

"我爸妈总是逼我，怀疑我，我没考好就说我在学校谈了恋爱。检查我所有的书本笔记。不分青红皂白地骂我在学校一定天天玩……"她开始倾泻而出。这些语言让我惊叹！我也是为人父母，深知家庭教育对一个孩子的伤害有多大，我当时的第一想法是找孩子的妈妈聊聊。一个没有信任的家庭是多么的可怕。这个孩子得不到任何信任，所以她最不愿意的事情就是回家，她觉得永远上学最好！这是她的原话。

家，本应该是最温暖的的心灵港湾，是我们每个人精神的栖息处。可是她的家，却成了完全相反的地狱般的存在。我的心感到震惊和悲凉。

这个小女孩，在我眼中，是非常非常努力的孩子。就我一门语文学科而言，她是少数学生中，每周自己写一篇作文来给我修改的孩子。其实在理科巨大的学习重担下，能坚持的学生凤毛麟角，她就是其中的一个。每周她都会在固定时间来找我，自己找题目，写好，我给她修改意见，她自己下去再修改。这样的孩子，如果成绩下降，我想一定不是不努力的原因。

我慢慢安抚了她的情绪，引导她理解父母，也许他们的方式有点着急，可是他们的心一定是最疼爱自己的。我还告诉她，有什么问题都可以找老师聊聊，释放自己的情绪，不要憋在心里……

我想，也许孩子的情绪是放大了，所以我还是相对理智地控制了自己情绪，给孩子的妈妈打了一个电话。讲了很久，妈妈也是很和善的，在我的内心，我希望这一切只是孩子情绪的放大，那么，一切都会随着孩子的长大慢慢好转的。

教育本身就不只是学校单方面的，家庭教育也很重要。作为老师，我们无法改变孩子原生家庭的弊端，可是我们可以在力所能及的范围内改变一些什么，引导孩子用正确的价值观和心态来面对人生的不如意。

巴特说过："教师的爱是滴滴甘露，即使枯萎的心灵也能苏醒；教师的爱是融融春风，即使冰冻了的感情也会消融。"我希望我能成为一个有爱的老师。

# 陪伴是最长情的告白

王晓桦

踏上工作岗位的第一年，作为一名教育新人，我有太多的不知所措。面对教学的压力、面对学生家长的期盼、面对学生的信任，我只能顶着压力往前，因为自己深知只有压力才有成长。

我校在德育方面的工作特别细致，为关爱每位学生的发展，学校让学生自主在任课教师中选择一名作为自己的成长导师。由于学生们对于新老师的偏爱，有许多学生选我作为他们的成长导师。“成长导师”这四个字太重了，这是学生沉甸甸的信任，我何德何能才能担此身份？只能立足教学，潜心钻研，悉心关爱，真心相对。

其中印象深刻的有这样一位学生小吴。小吴在初中是非常优秀的，在第一次上课自我介绍时，有的学生比较害羞，对自己的介绍只是只言片语，可是小吴同学慷慨激昂地讲了起码5分钟。在这5分钟里，我们了解了他小学时是班长，还是大队长。中学在宜昌市的演讲比赛中获得了第一名的好成绩，更是在初中数学竞赛中获得了一等奖。在学校各项荣誉加身，在家里也是弟弟妹妹们羡慕的榜样，爷爷奶奶外公外婆对他也是格外偏爱。刚开始得知这样一位集万千宠爱于一身的孩子选择了我作为成长导师，我心里直犯嘀咕，这可如何是好啊！

经过一段时间的接触，我发现小吴只是心直口快而已，便也松了一大口气。可是第一次月考之后，情况不容乐观，平时小吴大大咧咧的，还是延续了初中的状态，没太把学习当作一回事，结果月考成绩一出来发现自己的排名和初中差距太大了！平时和自己一起疯玩的小伙伴们怎么有的考得那么好呢?！当天晚上小吴来到了办公室找我：“老师，我过来想跟你……跟你聊一下这次的考试……”话还没说完眼泪就掉了下来。我一下也慌了神，一个一米八几的大男孩儿在我面前哭成这样我也有点束手无策，只得先给他递卫生纸，止住了哭再说。过了好一会儿，这眼泪才止住了。他抽噎着跟我讲："考得太差了，觉得自己没办法在班上待，周六放假也不敢回家了。"我安慰道："能进夷陵中学的人肯定都是在初中阶段很优秀的人呀！一群智力都很不错的人在一起竞争，你觉得怎样才会杰出呢？"小吴愣了愣，说"老师，我知道了。"还没等我发问"你知道什么"他扭头就走了。

周日晚上，我本以为会见到一个斗志昂扬的小吴，可没想到他的情绪更低落。我把他叫到教室外面问他："怎么啦？考得不好回家挨骂了？"他看了我一眼，嘟囔道："也不算是。""那是怎么回事呢？"我追问道。"不太好说…""啊，和我还有不好说的吗？"我故作吃惊道。他在那儿愣了半天缓缓开了口："老师，你觉得喜欢一个人会变吗？"我一听心想，咦，这成绩问题还没解决呢，又开始想感情问题了啊……面上却不露声色说道："喜欢一个人是不容易变的呀。""那为什么我爸妈不再喜欢对方了呢？"哦，原来是爸妈之间的感情出了问题。"老师刚刚说的只是一般情况，可是人总有生气的时候啊，如果太生气了有时候说出一些话是失去理智不可信的。""可是他们都要离婚了……"他带着哭腔说道。我轻抚着他的背，让他慢慢地冷静下来，心里也在琢磨着用怎样的说辞，才比较容易让他接受这件事情。"你爱你的父母吗？""爱！"他斩钉截铁地说道。"那你的父母爱你吗？""肯定也爱啊！""那你觉得他们即使分开了也还是会爱你吗？""还会爱啊。""你希望父母开心吗？""那肯定是希望的。""那就让父母作出他们认为正确的选择不去打扰。你想要自己开心吗？""也想要的。""那就认真专注地做自己应该做的事情，不要被烦恼的事情打扰你的宁静。"

我不知道他的父母最后是怎样处理感情问题的，但我看到的是这个孩子在经历这一切的同时变得越来越果敢，越来越成熟。分班之后我没有再带他的课了。可是他依旧跑到我办公室去，非要让我当他的成长导师，我答应了，因为没有理由拒绝这样一份单纯的信任。

成为一名教师，注定就开始了一段又一段的单相思，总是担心他们这里做的不够好，那里做的不到位；放假惦记着他们，人在办公室不在教室也会惦记着他们，但现在我很庆幸选择了这一职业，很庆幸能够有幸陪伴好多好多的人度过他们的年少轻狂。

# 好好学习　更多选择

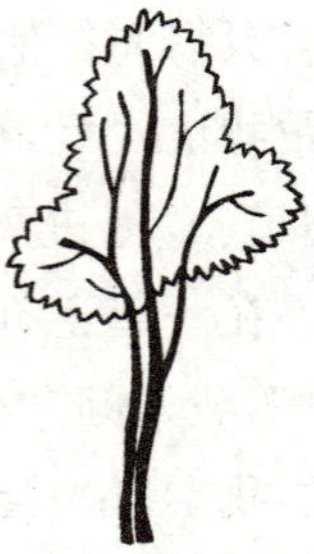

陈　平

新学期开学了，高一新生怀揣美好的憧憬，满怀抱负地来到了夷陵中学，向心中的大学目标前进，初中名列前茅的学生总是有着更多的自信、更多的期待。可是，在经历高中的几次考试之后，他们中的一部分人从初中的骄子变成普通的学生，落差之大，使这些学生对学习消极怠慢，时间一长，就失去了目标。再加上受到社会上的一些消极说法和对学习环境、方法的不适应的综合影响，就产生了“读书无用”的想法。作为一位任课教师，我也明显感到很多学生学习动力不足。

众所周知，教育学生的前提是理解学生，理解学生的前提是深入了解学生，所以，一切当从“了解”开始。如果老师不能了解、贴近学生的内心世界，就会增加施教的难度。无数成功的经验告诉我们，创设一种和谐的师生关系或教育氛围，是使教育“入心”、“入脑”的基本前提。而要开启学生的心灵之门，感受学生的感受，就要用科学的、现实的事例说服学生。有一个学生思想态度的成功转化让我感受颇深。

我班里有位同学小李。她是个做事小心翼翼，感情细腻丰富的女孩，对班级工作认真负责，和同学关系和睦。但是，突然有一段时间，连续几次作业没有交，而且上课经常走神，就连比较简单的题目，其他同学都会的她却错了。一次晚自习，我把她叫到了教室外面交流。从谈话中了解到：她家庭经济情况不是很宽裕，从她的言语中可以听得出，她很孝顺父母，不想给家庭增加负担。她也知道读书的重要性，想通过读书改变家庭的现状。但是高中学习难度的增加和对高中生活的不适应，使得她失去了初中时的优势，从而产生了苦恼和彷徨，给自己增加了压力，学习出现了开小差的现象。对于这种情况，我告诉她："孝顺父母是好事，但是你现在能做的不是怎么帮父母减轻经济负担。你尽力地学习，就是在帮父母减轻负担。你的父母现在辛苦的目的就是要你有出息、学有所成。"在听完我的话后，她看上去轻松了很多。于是，我接着和她交流了一些学习方法之后也帮她补习了几次。

在接下来的一段时间里，她上课也没有再开小差，也能比较认真地完成作业，各方面都回归到了正常状态。但好景不长，在期中考后的第二周，我找她谈心的时候，她却跟我讲："老师，对不起，我真的学不进去，读书没什么用，我在学校混个高中毕业证就可以了。"这时，我意识到了问题的严重性，对学生的教育不能仅仅靠以情动人就可以的。我认为有必要对她进行比较彻底的思想疏导。于是，我决定和她父母做一次沟通。

在与她母亲的谈话中，我了解到，父母对孩子的学习重视程度不够，立场不够坚定，是导致她现在思想波动的一个很重要的原因。父母文化程度不高，对教育也没有比较清醒的认识，所以对孩子也是放任自流。我告诉她："现在社会上，认为读书无用的人，无非就是有这么几种观点：一是认为，读书就是为了找份好工作，工资一定要比低学历的人高，花了几万元学费，读了三四年大学，如果毕业后挣的钱还不如一个卖肉、摆地摊的多，那么这书就白读了。按照这种逻辑，教育就变成了经济的附庸，有好的回报就是好的教育，反之，就是无用的教育。二是将大学生就业难的原因归于了教育本身。平心而论，大学生就业难的原因很多，有社会自身产业结构问题，有金融危机影响，有高校专业设置不合理因素，有学生择业心态，也有社会的偏见等。这里面有的是显性影响，有的则是隐性影响。而仅将原因归罪于大学教育，明显是拿大学当垫背的做法。"

这时，我发现她母亲一直在很专注地听。于是我就趁热打铁说道："读书有用无用自当在今后证实。一个人大学毕业，人生的路才刚刚开始。接受大学教育对于个人发展的影响是日渐显现的，绝不能以个别例子、一段时间内特定社会环境下的个人遭遇来论大学教育本身。老师相信，也相信别人会用经历和事实证明，读书终究是一个人终身受用的行为，它的作用或深或浅地会留在你的生活之中、心灵之上、精神之内，虽然你不能时时感觉，但总是存在着的。不读书，恐怕一个人连读书无用这样的疑问也是难以发出来的。"谈完话，他妈妈激动地拉着我的手说："谢谢老师，谢谢老师，是我们认识不够，耽误了孩子啊！"小李在旁边咬着嘴唇，一直没有说话。我隐约感觉，这次交流应该起到了一些作用。

不出所料，第二天，我收到她的一条短信："老师，对不起，请原谅我昨天没有积极回答您。我回去跟父母谈了一下，谢谢您一直以来对我的关心和帮助，是您对我的爱和昨天很有说服力的道理，让我从迷茫中走出来。请原谅我的无知，我现在已经想清楚了，不知道我从现在开始努力学习，成绩赶得上来吗?”

看到她的短信，我真的很是感动。我马上给她回了短信，告诉她她本来资质就不错，成绩肯定能赶上来。这个短信给了我很大的信心和动力，我觉得我的努力有了回报。这个短信使我体会到我的工作对一个学生是多么重要，我的工作是有希望有成就的，更是有乐趣的。也许每个学生的心都像上了锁的大门，任你再粗的铁棒也撬不开。唯有教师付出真诚的关怀和让人心悦诚服的至理，才能把自己变成一只只形状各异的钥匙，架设起一座通向学生心灵的桥梁，深入学生的心中去了解他们。

通过这件事，我也认识到了自身认知的局限性，作为教育工作者，除了努力教书，还要花时间去挖掘学生心灵深处的东西。以这次事件作为契机，我觉得自己今后更要努力去接触他们，不仅要做学生心目中的好老师，更要做他们心目中的知心朋友。

（后记：小李同学今年考上了她心仪的一本院校，听她母亲讲，拿到通知书的那一刻，她泪流满面。）

# 让学生爱上写作

杨胜利

新一届创新作文大赛开始了，题目是《高考之外》。挺适合孩子们写的，于是我在班上认真地宣讲，鼓励他们踊跃参赛。可是，报名人数并不多，我自我安慰：理科生大多热衷于数理化，可能是对写作不感兴趣吧。

几天后，课间时分，我从教学楼下来，刚走到校园广场，突然，一个女生从后面怯怯地喊了我一声，顺手从口袋里掏出一张纸，双手递给我，忐忑不安地说："杨老师，我写了一篇草稿，想请您帮我修改一下，好吗？"我打开稿纸，只见这张比巴掌略大的纸片上正反面布满了文字，娟娟小楷，密密麻麻，工工整整，清清爽爽，看得出作者是一丝不苟、极其用心的。

因为还有下一节课，时间紧迫，我迅速看完文章，微笑着对女生说："你的文章构思、选材都很不错，但在结构安排和主题的点化上，还需要斟酌一下。"

"谢谢老师。那等我改好了，您再帮我看看吧！"此时离上课时间已经近了，她眉头紧锁，显得有些紧张和焦虑。"好的，你的文章框架已成型，花点时间细细修改一下，脱颖而出的可能性更大。"见她如此认真，又抱着很大的期望，我鼓励她继续完善，同时安抚她正确看待获奖，"但是能不能获奖还要看运气啦。"女生微笑着点点头，离开时的脚步轻快了许多。

第二天一下早自习，她就迫不及待地找我看文章，提修改意见。这一次，我给她的建议是，重新拟定文章中的三个小标题，突出核心事件和人物的感受。

最终，她拟定"错过"、"愧疚"、"选择"三个关键词作为文章的小标题，分别通过朋友、自己、老师三个不同主体的三件事，表现了“高考之外”个人的奋斗与辛酸、父母的付出与忍耐、老师的奉献与抉择。

功夫不负有心人，文章提交一个多月后，她如愿以偿地荣获全国初赛一等奖，成功晋级复赛，在随后的复赛中又获得国家级二等奖。再见她时，她已是笑靥如花，脸上写满了自信。

闲暇之时，我再次阅读这篇文章，发现了几个当初不曾意识到的问题。经过修改，我把它投给了当地一家知名的文学刊物。一个月后，编辑部寄来样刊——文章发表了。当我第一时间把刊物送到她手上，她连声说着“谢谢”。令人感到欣慰的是，在新一年的高校自主招生中，这次参赛获奖和文章的发表，使她获得了高校自主招生资格。

# 如何巧妙处理高中男女生交往过密问题

邹家宏

记得我女儿小学四年级时给我背诵了一首在同学之间盛传的歌谣："一年级的小偷、二年级的贼、三年级的美女一堆堆、四年级的帅哥一排排，五年级的情书满天飞，六年级的夫妻一对对！"

是呀！我们的学生大多为16~18岁的青少年，他们有点想法、有点小行动真的无可厚非！如果是你自己的孩子、或是你自己的弟妹连想法都没有，那真的还要找一找心理医生，甚至生理医生。从人性的角度看，喜欢异性或是被异性喜欢真是一件很美好的事情，是一件很开心的事情！一个人活到80岁的话，他在世上的日子也只有29000天，和整个人类历史相比，太短暂，不管他一生会遇到多少痛苦的日子，经受多大的磨难，至少那段日子他/她是开心的，因为他/她找到了可以倾诉的对象！当然作为老师，我们不能包容、甚至鼓励男女生交往过密的行为，而是要正确对待并加以巧妙处理！

从心理学的角度来看，当家长得知自己快要成年的子女和异性有过密交往的现象时，他/她首先思考的不是应不应该交往的问题，而是和他/她的孩子交往的同学这个人本身怎么样？人品怎么样？成绩怎么样？甚至关心身体状况怎么样等。当家长得知这个孩子无论哪方面都很糟糕，他/她一定会全力阻止！但当他/她得知这个孩子很不错，学习成绩也很好，他/她可能会睁一只眼、闭一只眼，当双方家长都认为彼此的孩子很不错，而且学习成绩优异，他们可能会对此事给予默认，甚至是支持的态度！当然我不是宣扬班主任对异性过密交往置之不理，而是遇到这种情况时，我们真的不要着急！不要一棍子打死，不要做一些冒险的动作！

作为一位当过23年班主任的老班主任，我深知作为正值青春期的少男少女，彼此交往过密是极为正常的事情，但是他们同时又正值人生的黄金时期，记忆力最好，负担最轻、精力最旺盛等，是为今后的人生奠基的最佳时机，机不可失，失不再来。于是，我每次接一个新班时都会直言不讳地对学生说：“禁止男女同学交往过密，什么年龄做什么事，目前高考在即，我们应该全身心地投入到学习中来，如果到了大三、大四，你还没有男朋友或女朋友，请给我打个电话，发个短信也行，我的学生资源丰富，我一定帮你，说话算数！”全班狂笑，并齐声鼓掌！这样的要求在异性交往方面达到了防微杜渐的效果！

我曾经带的1415班，有这样一对，男孩伟岸、英俊，绝对不是你想象中的四肢发达、头脑简单的那种；女孩大眼、鹅蛋脸……是标准的美女！他们来自分班前的同一个班级，两位同学原本有一定的“联系”，我是在该班高三时接手班主任的，在我第一次训话后，全班的学习氛围浓厚，大家都在专心地做自己的事，当然包括他们两位！第一次月考，他们的成绩都在前100名！然而，月考半个月后，两人的交往突然过密，一下课，该男同学便会来到该女同学的座位处，或坐、或站，甚是亲热！林荫道上也出现了他们的身影！甚至还有在食堂面对面就餐的场面！我一直看在眼里，记在心头，默默等待下一次月考，用成绩说话！结果不出所料，第二次月考，他们两位是我班仅有的超过年级180名的同学！这时我在全班这样警示：“不是那些与异性交往过密的同学比别的同学更有魅力，而是别的同学比交往过密的同学更识时务！成绩可以说明一切！”这样一来，本班异性交往过密的问题有了根本好转，至少见不到公开秀恩爱的情况！或许是因为17岁的孩子有了很强的面子关？或许是彼此有一个高考后的约定？或许是女孩的妈妈找过男孩，给他一个吃“定心丸”的承诺？反正恋爱中的男孩和女孩真的再也没有来往！第三次月考，两位同学的成绩又恢复到100名左右！我又拯救了两个在人生十字路口徘徊的孩子！

高中男女生交往过密不是洪水猛兽，不必大惊小怪，我们有信心、有能力掌控它！

# 静待花开

## ——用自己的真心、诚心换取学生的进取心

张　珍

尽管2018届高三百日宣誓已过去一个月，所有高三老师举起右手，郑重立下誓言：“最后的一百天我们会恪尽职守，精诚团结，脚踏实地，刻苦钻研，潜心备课，认真辅导，倾注热情，挥洒汗水；无愧学生，无愧家长，无愧学校，无愧社会，全力以赴，决战高考，共铸辉煌”的画面对我来说依然记忆犹新。我也跟学生承诺：最后一百天我会不抛弃，不放弃，用我的真心、诚心去换取你们的进取心。我更愿意用我有深度和广度的二轮课堂去换取你们的进步和突破，我的口号是：Be active and creative before class；Be productive in class！因为我要做到：Be impressive after class！

3月七市州调考，英语相对来说是优势学科，我们每个理科平行班的达标人数都达到了50多个，而重点班的达标率为100%。因此我们英语二轮复习的一大目标便是争取把理科所有不达标的人都超过达标线。

考试完了，12班的黄泰之同学就走到我的面前：“老师，我想跟你谈一谈。”我非常愉悦地答应了。小黄同学的压力很大，这压力像一座山让他有点喘不过气，所以本次考试相对于元月调考他又退步了。他无助地看着我：“老师，你觉得我努力了吗？”“当然，你一直是很卖力学习的宝贝呀！”“那为什么我的妈妈就是看不到呢？”他更懊恼了，“我的妈妈给我提了好高的要求，还对我指手画脚，可问题的关键在于：她压根都不懂教育。”听到这里我心有余悸，我平时也是这样对儿子的，给他很多的压力。我很肯定地看着这小可怜的眼睛：“妈妈是对你太严厉了，但孩子你想想这是为什么？”他的愤怒消退了一点点，他点了点头。“既然你把话说在这里了，妈妈还有哪些

让你不满意的？你都说出来，我听听，我什么时候都愿意做你的听众。”他向我一一罗列了他妈妈的“罪状”，最后自己还补了一句：妈妈是太爱我了，就是这份爱太重。谈话后我跟黄妈妈取得了联系，跟她分享了小黄的苦恼，并且跟黄妈妈说了一下我的建议，我们俩决定合作，一个负责小黄在家里的情绪，一个负责孩子在学校的情绪。

言出必行，每次上课我都有意识地把友善的目光投向他，并下意识地让这孩子来回答一些问题，听完答案我更是给很多鼓励的话。慢慢地我发现孩子听课脸上都会有笑容，路上遇到我，更是主动地开心地跟我打招呼，内向的小黄不见了，他把我当姐姐了。最后的 3 个月这孩子一直状态稳定，心态良好。6 月 8 号当送考的车把我和 12 班的孩子们送到老校，我从车上一下来就被小黄的妈妈紧紧地抱住：“谢谢你，张老师，你是孩子生命中的贵人，如果没有你，我这 3 个月真的不知道怎么过。”一边说，一边还流出感人的泪水。同样身为母亲的我深切地体会到那份真挚的情感。高考成绩揭榜时黄妈妈更兴奋地告诉我：小黄高考英语 141，总成绩 640 多分，达到了华中科技大学的分数线。小黄也打电话来：“珍姐，我请你吃饭。”

1505 班的谭博文同学也是一直让我很头疼的孩子，高二基础差，再加上自控能力差，每天上课都在睡觉，即使我把他叫醒他还是继续睡。通过谈话我跟他约定：每天上课他不能再睡觉，他可以每天记单词，做适合自己能力的练习。但要求是：每天他要跟我问一个问题，而我每周检查一次他的练习。我坚持着，慢慢地我发现：这孩子上课拼命地睁大眼睛，逼着自己去做点事。一个星期、两个星期过去了，他变得积极了，从最开始的我找他落实情况到他自己主动把每个星期的任务交给我，我们一起努力到元月调考，他考到 119 分，我送了他一袋糖鼓励他继续加油。而到最后的 3 个月这孩子的英语由之前的 105 分左右提高到 130 分，我知道我走进了他的心。所以在最后的 100 天我更注意他，每次看到他情绪低落我就适时鼓励，他稍有进步就给他小礼物以示鼓励，这个内向的大男孩在我的面前特别愿意说，我也总是更多作为他的听众。就这样本来在一本线徘徊的小谭高考考了 590 多分，6 月 24 日凌晨谭妈妈给我发了一条 100 多字的短信，说我和她一起创造了儿子的奇迹。是的，奇迹不一定要惊天动地。有时，把一件简单的事情坚持做下去，就是一个奇迹。

我感谢我的职业给我带来的一份份惊喜，我陶醉在自己的职业里，这份职业幸福感更让我坚信：教育是浸润的艺术，更是良心，爱心工程。我们对每位学生的包容、尊重、循循善诱一定会拉近我们和孩子们的距离，让他们尊其师，信其道。我们用我们的责任心和专业素养一定能点燃学生，让他们乐于学习，让他们学有所获，让他们创造奇迹的同时，我们自己也可以收获职业的成就感并让自己的人格更加完善。在以后的教学生涯中，我会坚守自己的承诺，用心去对待、感化每一位学生，同时谨记勤勉而顽强的钻研。我坚信：我一定可以静待花开，收获在远方。

# 俯身倾听，花开有声

卢宜诗

“我们都是一朵花，有自己的芳香，有自己的形状，但是都一样地需要温暖……也曾经向往，也曾经失望，是伤也是成长，四周不停的张望，有谁在我身旁……”

每当听到这首动听的歌曲，那一群稚嫩可爱的面庞便浮现在我的脑海：每个学生都是一朵花，或娇艳，或淡雅，但每朵花盛开时都是那么美，让人充满期待。花开本无声，但只要用心倾听，也定能感受它的美妙绝伦——我明白这个道理还得从我两年前的一个学生说起。

那是一个平常的傍晚，只记得天气闷闷的，我也像往常一样去教室看看学生自习的情况，似乎一切正常。正当我走出教室门，准备离开的时候，一个声音叫住我：

“老师，您有时间吗？”

我回头，原来是班上成绩比较靠后的一个女生，她很内向，一年以来几乎从没跟我正面交流过。见她如此主动，我想她是不是遇到了什么大事，赶紧说：“当然有时间了！怎么了？”

“我想跟您谈谈行吗？”她依然小心翼翼。

“没问题！走，你陪我去操场走走吧！”

我每次都觉得黄昏的操场最美，柔和的阳光洒满整个绿茵场，微风拂面，飞鸟归巢，让心灵能完全放松下来。而这个女生一直不说话，我也只能陪她慢慢一圈圈地走着。

……

“老师，不好意思，我不想说什么了！还是谢谢您！”

我有点诧异，还是微笑着：“好的，没事，你以后想跟我说了再来找我哦！”

事后，我联系了班主任和家长，班主任向我说明了这次统考她的成绩，说可能是成绩的原因，在家长处也有一致的看法，说当晚知道成绩后，回去一直闷闷不乐。

过了3天的中午，女孩又找到了我，一句话没说，眼中已经是满眶眼泪。我连忙问她怎么回事，她还是摇摇头。因为是下课吃午饭的时间，旁边不断有同学扭头看她，她咬着嘴唇，低着头，似乎强忍着泪水。

我连忙拉过她的手说："走，我们一起去吃饭！"跟班主任联系好了以后，我将她带出了学校，到了外面的牛排馆，点了她爱吃的东西。刚开始的时候，话还是比较少，慢慢的，我从食物开始，话题范围越来越广，也了解到了这个女孩喜欢的男明星，喜欢的运动，跟家人的关系，在学校的好朋友……原来这么一位"内向"的学生，在学习之外也是这么的开朗活泼！而引起她难过的原因，用她自己的话说就是："我也说不上来，我一直在努力，努力了两年多了，一点进步都没有，我原以为我已经不在乎了，我也说服自己不在乎，但发了试卷还是让我难受，但似乎我又不是难受分数本身！"

我正想着如何给她分析，讲讲道理，她又接着说了很多，都是对她自己的分析。其实听着她娓娓道来，一切问题都明晰了，她自己心绪也开阔了，情绪也开始好了起来。等她说完了，我只是把她自己的几句总结性的话复述了出来，稍加引导，她便很兴奋地说："老师，太谢谢您了，您的话对我真的很有用！"

我也笑了："哪里，这些只是你自己对自己的分析，我只是听着呢！"

每个学生都是一朵花，让我们放慢匆忙的脚步，俯下身子，认真去聆听花开的声音，让那些幼小的花朵因为有我们的聆听而更美丽。

# 一点陪伴　一生感动

崔　莹

2016年临近寒假，一名学生拦住我，递出了一张卡片和一个钥匙扣，对我说：“老师，寒假快乐！”拿着她的礼物，我陷入了惊喜与惊疑的交杂中。于我而言，这是一份意料之外的祝福。她是一个平时沉默寡言的孩子，总是埋头苦学的她并不拔尖，却也不让老师操心，认真的态度，低调的作为，并没有得到我额外的关注，因为对于她我总是放心的。走回办公室的路上，脑海里闪过有关她的回忆，我仍然不知缘由，直到看了她的卡片。卡片上写道：“非常感谢你在我考砸的那次主动来找我帮我分析，可能这是你作为认真负责的老师的平常之举，但那真是的我坚持下来的动力之一。祝你完成自己的天命。”没有华丽的语言，也读不出激烈的情感，然而在她的这一番话里，我沉默了，也沉淀了。

她是一位复读生，上课认真，笔记翔实，然而11月的一次大考成绩却不尽如人意。作为一种习惯，考后找到学生分析成绩是夷陵的优秀传统，那不过是一次再平常不过的试卷分析，指出试卷的不足，点明努力的方向。虽然感受到她言语中的沮丧，但是当时的我想这也是人之常情，90分于她而言，确实是努力与成绩不成正比。实在是想不到竟然鼓励了压力之下准备放弃的她。更想不到的是，她也点燃了我的激情。法国小说家雨果曾说过：生活中最大的幸福是有人爱我们。在这个女孩子的卡片里我感受到的是在教师天天与成长中的学生进行的交往和对话中，我们不只是付出了爱，我们同时也深深地被爱、被崇敬着。

“亲爱的崔崔”、“虽然教师节已过还是要送上迟来的教师节祝福”、“老师，我可以抱抱你吗”、“老师，我希望成为像你一样的人”、“我想用您给我的一次评语来祝福您：‘温柔的笔触之后是一颗修炼了的温柔的心’”……亲昵的称呼流露出的是孩子渴望亲近的心，字里行间里是孩子朴实的敬爱。“老师，身边的同学都在看《三生三世十里桃花》，我不断地争辩它是抄袭，难道是我不对吗”、“老师，我才看了李碧华的小说想和你谈谈我的看法”“老师……”一声声老师背后，不只是学生的期待认同和交流，更是对我们的崇敬和依赖。

从那以后，我明白了，也许一次不经意的谈话，一次习以为常的鼓舞对青春期的他们会是如此关键，这让我怎么能不倾尽所有的努力呢？被这样深深憧憬、崇敬着的我们有什么理由倦怠和麻木呢？有什么借口不付出自己的热爱与热血呢？教师与学生本是萍水相逢，一次遇见，一场花开，一场相“爱”。用一颗“柔软心”，我们就能更接近学生的心灵，感觉到他们的心跳和体温，最终与他们“心心相印”，就能够让自己的生命在每一天都感受、触摸、认同教学。和学生一起欢笑、一起流泪、一起沉思、一起震撼，在这样的心灵之路上，我们将用陪伴换来感动，用感动填满人生！在一段时光里，一起穿过岁月的长廊，陪伴每一个清晨与黄昏。将相遇的感动静收心间，在心灵深处，温暖生香。

# 谁是最可爱的人

张晓亮

老师最关注什么样的学生？

也许是学习成绩优异的学生，因为在高考的指挥棒下，教育效果的最终评价使得老师似乎也难以免俗。也许是纪律习惯欠佳的学生，因为在校园的管理机制中，教育秩序的完善需要老师杜绝学生行为的出格。然而，优秀出众者，往往备受青睐，对于老师的宠爱未必感念有加；罔顾纪律者，往往特立独行，对于老师的管束未必心悦诚服。他们都未必可爱。

什么样的学生最可爱？

记得那次联考过后，接近吃晚饭的时间，我抱着全年级的试卷想找学生分出班级来，心想这个时候，聚集各班的课代表可不容易，干脆到自己带的班找一帮人帮忙也许还简单些。于是我抱着整沓试卷爬上高高的教学楼，累得哼哧哼哧直喘气。好不容易来到教室门口，上气不接下气地吆喝了一声："来几个同学帮忙分一下试卷！"偌大的教室似乎吞噬了我的求助，满教室的人仍然自顾自地忙着或闲着，偶尔投过来几束珍稀的目光，也似乎茫茫然，呈现观望的态度。我有几分始料未及，赶忙反思自己，也许是这个时间选得实在不好，刚考完最放松的时候，却给人家找麻烦，也确实不够体谅人。这样想着，再次吆喝的语气也随即客气了几分："请有空的同学帮忙分一下试卷吧！"然而效果仍然微乎其微，除了几个语文课代表开始有了几分似动非动的反应，大多仍是"事不关己"的漠然。我几近绝望，往日里与我谈天说地的、向我虚心求教的、对我崇拜有加的，仿若倏忽遁地，踪影全无。我正深陷孤立无援的境地，正准备垂头丧气地离去，却有一张灿烂的笑脸，伴着和悦的声音，走入我的视线："张老师，我来帮你!”清脆响亮，没有更多的言语，却似乎有千钧之力，迅速在荒漠一般的教室里扩散开去，不仅温暖了我的心，亦唤醒了更多的心，我的困难瞬间迎刃而解。

这世间的事，有很多时候难就难在缺少这么一个可爱的人，在众人权衡利弊不理闲事的时候，可以不计较个人的得失，以最单纯的真心烛照众人的灵魂。在一个所谓的重点班中，那张笑脸并不属于任何一个众人瞩目的所谓的种子选手，但是“可爱”，在于“付出爱”，一个能够让老师感到温暖的学生，值得老师去爱。

记得高三复习的最后停课阶段，教室俨然成了一个无声却充满硝烟的战场，每一个人都期待在最后的有限时间里完成似乎永远也不可能全部完成的事。就是在这样紧张和忙碌的氛围中，我居然收到了一本优雅精致的留言册。严格意义上来说，它算不上一本册子，而是很多大小统一的白色卡片，统一打孔，用一条古旧的麻绳拴系而成。封面是一张黑色的卡片，用荧光笔细致地描画出一只翩翩彩蝶，它在黯黑的底色上尤显出生命别样的绚丽华光。每张白色的卡片上，有数量不等的签名和告别语。我的目光停留在这样一段文字上：“张老师，记得第一节课上，您说希望我们会因为爱语文而爱上您，或者因为爱您而爱上语文，现在我很想告诉您，我的的确确是因为爱上您才爱上了语文。”这段话来自一个一向沉默寡言的女孩子，我突然记起她的结对导师一直都选的是我，然而她却从不主动找我说话，有限的几次谈话都是月考过后我例行公事般的关心和鼓励，我又突然觉得她所言第一节课上我说过的那些话，我已似乎全然没有了任何印象，然而她却还记忆犹新。她是那么乖巧用功的一个人，并不需要耗费我太多的精力，虽算不上拔尖，也绝不会拖后腿，于是也就自然省去了我点点滴滴的苦口婆心，省去了我时时刻刻的留神费力。现在，我却陡然生出许多愧疚来，我似乎并未给她的高中生涯增添太多的斑斓色彩，然而她却在这平淡无奇的底色上因了我的缘故而努力书写着自己的人生华章。

这世间的事，有很多时候愧就愧在难得这么一个可爱的人，自己无心无意的对待，却能被她有心有意地铭记，以最真挚的表达镌刻最美好的情感。在一个人数众多的班级里，默默无闻的她并没有任何出格的举动获取任何特别的关注，但是“可爱”在于“珍惜爱”，一个常怀师恩难忘之心的学生，值得老师去爱。

然而世间事，我无法未卜先知，当我再面对新的学生时，我不知谁将会有那样一张笑脸，谁将会留给我那样一段文字，所以我不能被耀眼的分数迷惑了双眼，不能被散漫的言行牵制了心神，我要记得有那样一些体贴懂事、不添麻烦的孩子，他们也许成绩平平，他们也许从不惹祸，他们也许被我稍稍忽略也仍然不会怨怪于我，但我要记得给予他们更多的关爱，这无关乎学业，也无关乎纪律，这是对充满爱的生命最好的报答。

阳春布德泽，并不刻意照耀哪一棵树、哪一株花，于是万物生光辉；好雨知时节，并不特别滋养哪一棵草、哪一株苗，只是润物细无声；为师者，慈母心，不轻忽任何一个孩子，才配桃李满园，春意无限!

# 爱心浇灌最美的教育之花

陈芙蓉

爱是什么？雪莱曾经说过：“什么是爱？要回答这个问题，让我们先问那些活着的人，什么是生活？问那些虔诚的教徒，什么是上帝？”其实对于老师来说，对学生的爱，就是愿意发现学生的问题，并乐意帮他们解决问题。

现实的生活忙碌而无奈，很多时候，我们也许能发现学生的问题，但是因为怕带来不必要的麻烦，或者以成年人的心态去看待问题，所以我们慢慢变得漠然。如果内心有对学生的爱，我们便能发现学生内心淡淡的哀伤，并能帮他们走出黯淡的岁月。这个故事和一个敏感的男生有关。

2012 年 9 月，当我完成了身份的转换，以一个新妈妈的身份重新回到学校时，我遇到了一个特殊的学生，何。说他特殊是因为刚进入到高一我是他的语文老师，后来因为怀孕不带那个年级了，但是按照正常情况，何同学应该已经升入高三，准备备战高考了，为什么还会在高二呢？他见到我走进教室非常兴奋，抱着我直跳。可是当我问起他为什么不在高三教室时，他闪烁的眼神告诉我这一年发生了很多事情。

思绪回到了两年前，何最初进入到夷陵中学的时候很单纯，但是自我控制能力不够好，性格比较倔，因为学习的事情经常和爸爸闹得不愉快。我那时怀孕 4 个月了，虽然很累，但是我还是因为作业的事情曾经和他交流过几次，鼓励他期末考试好好考，当是送给我当妈妈的礼物。结果他高一上学期期末考试的时候真的很拼，经常对我说，老师，等着吧，我一定会给你最好的礼物。高一上学期考试成绩出来后，他很高兴地给我打电话，告诉我考了班级第 14 名，马上要去学理科了。我也替他高兴，鼓励他在理科班好好学习。我以为我和他的交集结束了，他会顺利地读完高中，进入大学。

没曾想到，生完女儿我回到学校接下了新的班级，竟然诧异地发现本来应该高三的他又出现在了高二的教室。后来他陆陆续续地告诉我分班后他发生了很多的事情，最重要的是和新来的班主任兼数学老师不融洽，老师总是看到他的不足，他也觉得老师讲课自己不能适应，导致精神也出现了一些问题。医生说他如果再这样下去，就离抑郁症不远了。他实在读不下去了只好休学。后来看到了他的成绩，我心里暗暗可惜：现在的他，重新在高二来过也只能排在班级最后。

他见到我非常高兴，我甚至觉得他都把我当成了救命的稻草，这个班级对于他来说，是个全新的班级，我成了他唯一的熟人。他经常找我聊天，只是经历了这些事情后，他的性格越发孤僻，和班上的同学也没有办法交往。看得出，他非常孤独。或许是因为刚当了妈妈的原因，我想尽我的努力帮助他，哪怕他最后考不上不一所好的大学，但是我希望他能顺利度过高中。

于是几乎每个星期我都会把他做的不多的题拿出来帮他讲一遍，哪怕他不一定听进去了，我想让他知道，老师还没有忘记他的存在。这两年，虽然他的数理化都只能考到 60 分左右，但是他的语文最高可以考到 110 分。每次考完后，他都会拿着成绩来问我，老师，你说，我这样努力有用吗？我告诉他，一定有用的。其实我知道，他来找老师，只是想有个倾诉的对象，只需要发泄心里的负面情绪罢了。我要做他唯一的信任者。

我知道，这个孩子走出困境的出路绝对不是学习，而是与人的交往。我要想办法帮他交到朋友。他非常喜欢足球，著名球星范佩西便是他的偶像，虽然不是班主任，但是我在班上大力推荐他组织班上的足球队，班上很多男生加入了。因为他球踢得好，慢慢的同学们开始了解他，并愿意接近他。最重要的是因为篮球，他和班上成绩最好的那个男生成了好朋友，好球友。以前没有人愿意和他坐，现在成绩最好的郑，主动要求和何坐，而且非常乐意帮助他。何的性格慢慢地开朗起来了，也融入了班级中。虽然他很努力，但是成绩仍然是他心中的痛。半年后，虽然他的成绩并没有很大的变化，但是他冰封的心慢慢融化了。

他的妈妈说，孩子只要心理健康，其他的都不重要了。高三这一年，我也不断鼓励他，高考是走向社会的必经之路，考上什么学校是次要的，要知道自己以后适合做什么。他明白了我说的话，告诉我，自己一定会尽力在高考中取得好成绩，并且已经决定了要去读酒店管理专业。

高考结束了，虽然何只上了三本，但是他告诉我，现在他要做自己想做的事情了，他选择去北京读酒店管理专业。这个专业太适合他了。他身高 180，长得非常英俊。如果毕业后去高档酒店工作，一定可以很出色的。于是我推荐他在假期看美剧《实习医生格蕾》，让他感受下在美国该怎样生活，提前感受选择了职业后，该以怎样的姿态去工作，顺便也可以学习英语。没想到这部剧对他产生了更大的影响，进入大学后，他完全变成了另一个人，特别进取，特别努力，看到他在微信中发的大学各种图片，我真的替他高兴。而且他和考上了清华的郑同在北京，成为了好兄弟。有时到了假期，他会去清华找郑，他们一起看球，一起踢球。我真的很替他高兴。放在以前，他绝对很排斥成绩好的同学，尤其是清华的啊！他说，郑给他的更是一种精神的鼓励！他很庆幸拥有这么优秀的兄弟。今年过年后，他兴奋地给我打电话，说他通过了全英文面试的北京五星级酒店的实习考试，现在已经在那里实习了，而且有很大的可能会留在那里工作。他发来的照片，帅气、自信。

我和他的故事还没有完，现在他也会问我很多问题，只是现在的问题变成了怎样应对职场的关系，怎样和自己的实习老师交流。我也会慢慢引导他，让他逐渐适应社会，慢慢把自己的生活经营好。

我不是他的班主任，只是他生命偶遇的一个过客，了解了他的困境，知道了他的需要，顺便帮他理顺了这几年要走的路。

他不是我的学生中最优秀的，但是他是最渴望得到帮助的。有的时候，我们或许会觉得做这样的事情很麻烦，但是作为一个老师，不就是在与学生的交往中，帮助他们进步而获得自己的人生价值吗？

斯泰恩说：“假如他身在沙漠，他会爱上柏树枝的。爱的需求或力量一旦死去，人就成为一个活着的墓穴，苟延残喘的只是一副躯壳。老师不正是这样吗？老师的爱是“随风潜入夜，润物细无声”，唯有用心，才能浇灌出最好的教育之花。

# 一张保存了 15 年的贺卡

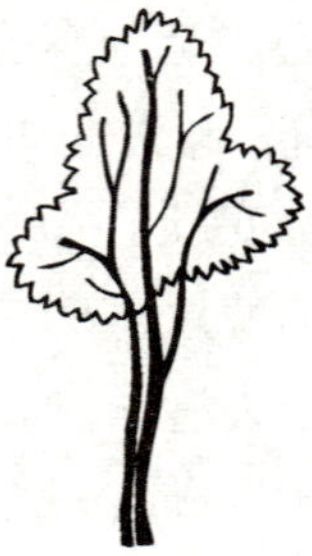

刘　平

在我的抽屉里层，一直保存着一张贺卡，时至今日，已有 15 个年头了。这期间，搬过七八次办公室，也收到过许多学生的贺卡，但这张贺卡珍藏至今，因为它时常促我反思对学生的引导和教育。

记得那是一个周末的下午，一名寝室长匆匆跑到我的办公室向我报告：我们寝室来了“小偷”，丢了一些物品和钱物。那年是我参加工作的第 3 年，在学校担任政教员，分管寝室工作。学生背后偷偷给我取的绰号叫“忍者”，一是说我铁面“太原则”；二是说我做事不达目的不罢休。我理解此绰号包含情感复杂，有褒有贬。当我听到在我分管的宿舍里有小偷时，心中暗暗发誓：我一定要把你揪出来给以严厉的纪律处分。

我向寝室长询问了几个细节之后，我断定这名小偷不是来自寝室外部，而是这间寝室内部学生干的。范围缩小，查起来更容易。第二天，在学生上课后，我独自来到这间寝室进行一次“摸底”。很快就查到线索，接着将丢失的物品与之核对，初步确定“小偷”的身份。于是，我以找学生谈话为由，将此名学生直接带到寝室。跟这名同学说明情况后，让他把柜子打开，这名同学在万般无奈的情况下打开了柜子，从柜子里拿出一个包，将包里的物品倒在桌子上，同时“扑通”一声跪在我面前，哭着说道：“老师，请原谅我，能不能给我一次重新做人的机会。”这一突发情景是我没有预料到的，我懵了一下，便赶紧说，你起来说话。这时，这名学生说道：“您不答应，我不会起来。”这一幕，让我坚定要处分他的心有了动摇。于是，我说道：“我可以原谅你，你站起来说话，同时我要知道你为什么这么做？”他才站起来，告诉我他的家庭情况，他家境不宽裕，是由他哥供他上学，为减轻哥哥外出打工的压力，就做了这件糊涂事。

听了这名学生的讲述后，我的内心也在激烈地斗争，上报学校还是私下处理呢？于是我跟这名学生说："你写一份认识给我，看认识的深刻程度。"一天后，他交来了认识，我和他有了一次长谈，同时要求他将所拿钱物全部悄悄放回去。他都遵照做了。同时，这件事我便独自作了处理，不上报学校。但内心还是充满忐忑，他真的不会再犯了吗？

半年后，他参加了高考，被南京一所大学录取。

又过了半年，我收到他寄来的一张贺卡，内容如下：

刘老师：

一切可好？

您还记得那个曾经干了坏事儿的学生吗？现在还时时想起您教育我、开导我的场景。我想，现在我能进入大学学习，也有您的辛勤付出。您的耐心，您的责任心，您的孜孜不倦的工作，一切都让我感激和敬佩。

到学校后，一直都没给您写信，每次好像都有很多话要给您说，但拿起笔却又不知写什么好。也不知道您现在是否顺利。

我们要期末考试了，这学期过得紧张而充实，因为我现在总喜欢找一些事情充实自己。我在初级党建班的学习结业了，还被评为"优秀学员"，现在是班上的学习委员，这其中也有像您这样的老师的功劳，真的很感谢您！

祝：元旦快乐！工作顺利！一切顺心！

当我读完这份贺卡，激动万分。

通过这件事让我明白：教育不是惩罚，教育不是 1+1=2，教育不是规章制度简单的执行。我所悟到的是：没有爱，就没有教育。凡是能够促进学生成长并进行学生自我教育的教育，都是真正的教育。

# 与篮球生谈“篮球精神”

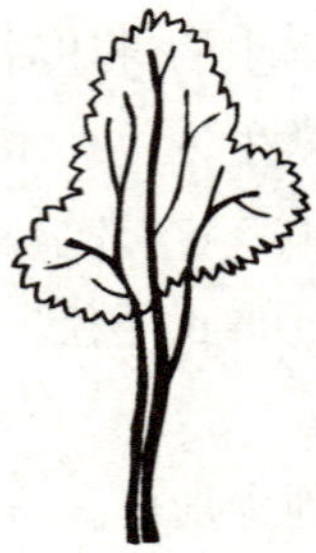

李大高

我是1502班班主任，我班上有两个篮球特长生，两个足球特长生，两个田径队成员，共6名体育生。下午走班班级中，加上走班过来的，班级体育生更是达到了10人之多。尽管大多数体育生品行习惯是不错的，但毕竟他们基础相对薄弱，成绩相对落后，如何管理好这些体育特长生的日常规范，如何调动他们的学习热情，成为了我必须思考的问题。

我班上有个篮球生，有段时间上午第三节课只要我不在教室，他也就不在教室。每次跟他交流，他总说去上厕所了，课间操也经常以各种理由缺席。更糟的是在他的影响下，他在班上的几个好伙伴，几个爱好篮球的男生也开始出现和他一样的问题。在一次自习课的时候，我把他们几个叫出来，带到篮球场上，和他们一起席地而坐，刚开始他们很拘谨很疑惑，不知道我想干嘛。坐定之后，我说：“今天找你们来呢，不是班主任与学生的谈话，而是球迷与球迷的交流。”我亮出我的手机，我的手机壳是网上订制的科比图案，我开始大谈科比，这话题一开，他们活跃起来了，关于科比的各种数据、各种新闻，进而拓展出来的关于詹姆斯、库里、邓肯的话题，他们都如数家珍，一个一个说得激情四射。等他们说完，我问：“大家都有自己喜欢的球星，那么除了他们酷炫的球技，你们还喜欢他们什么呢？”有人说喜欢科比不服输的精神，有人说喜欢詹姆斯的霸气，有人说喜欢马刺队的团队配合等。说到这里，我想该切入主题了，于是我说：“看来你们确实是真球迷，对篮球和篮球精神有很深刻的认识，既然大家都说了这么多了，咱们总结总结吧，篮球精神到底是什么？”此话一出，他们醒悟了，才知道今天找他们的目的在这儿呢，他们又转向了拘谨和沉默。我就自个儿总结了：“结合你们今天的谈话，我觉得篮球精神至少有这样几个方面，第一，规则意识，篮球是要讲规则的，犯规是要罚球的，六犯是要下场的，不懂规则，没有规则的人根本不懂篮球；第二，团队意识，篮球是团队运动，靠的是团队的配合和合作，一个不懂得维护班级利益，不懂得维护团队形象的人也是玩不好篮球的；第三，拼搏精神，即使已经落后，也要拼搏到底，只要坚持努力，就能创造奇迹；第四，坦诚相待，一个球队里，队员与队员之间，队员与教练之间，如果不能以诚相待，彼此欺骗，那必定是一个任人欺辱的烂队。”那个周末，我让他们以“篮球精神”为题写了一篇作文。在文章中，那个篮球生向我交代，他之前自习课都是躲着用手机看 NBA 直播，并承诺以后会遵守纪律，为了表明决心，他把手机一直存放在我这里。

体育都是竞技运动，都是有相应规则的，其实每一个体育生内心都是具备拼搏精神、具备规则意识的。只是有时候这些精神和意识还没有达到自觉阶段，需要我们去帮他们发掘出来。只要我们多一点耐心，多一点宽容，是可以做到的。

# 攻城为下　攻心为上

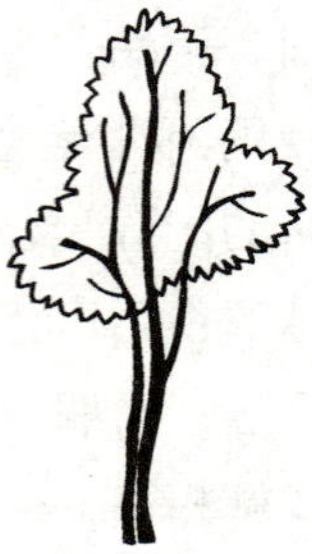

马秀龙

临时接到通知，第三节课教师开会，各班学生改上自习课。第二节下课铃声响起，我出现在教室门口，及时叫停了同学们冲出教室的步伐，通知第三节体育课临时改为自习课。面对我这突如其来的通知，大部分学生虽然略有失落还是乖乖地回到座位上。还有少部分同学觉得心有不甘，吴刚就是其中一名，怀里抱着个篮球，直接向我问道，凭什么这节课不上体育课？

面对学生的无礼，我还是耐心地解释道，所有老师都要开会，暂时调为自习。

没有老师我们自己也可以上体育课，他依然力争着。

我解释道，上课是需要老师的，体育课也一样，这是按要求执行的。

这节课按要求不就是体育课嘛，凭什么你们说改就改，我们就要上体育课。吴刚据理力争着。

我已经很不耐烦了，有点愤怒地吼道，这是要求，没有为什么！他被我的气焰吓得退回座位，由于急着去开会，撂下这话我就匆匆地走了。

吴刚进校就在我的班，分科后依然在我班上，我对他还算是比较了解。个性直，爱运动，聪明但学习兴趣不高，做事懒惰，得理一定不饶人。曾经因为逃避劳动而挨过批评，也因为顶撞老师而请过家长，总体来说就是大事不犯，小事不断。初为人师的我，没少在这样的孩子面前吃亏，好话丑话说尽，批评请家长各招用尽，效果也不怎么样。

教师开完会第三节课尚未下课，对孩子们总是不够放心的我匆匆返回教室，果然不出所料，有三四个学生不在教室。我又飞速来到了篮球场，很远就看见我们班的几个学生在篮球场上打球打得正酣。

我思绪混乱，这已经不是第一次出现类似问题了，之前一次实验课，大家做完实验后返回教室自习时就有几个同学跑到篮球场上打球，当时我就很严肃地批评了一次。这一次又出现类似的问题，而且两次都有吴刚。我的怒火直往上冒，恨不得立刻把他们几个孩子狠狠地批评一顿。正准备径直走向他们的时候，我停下了脚步，这样的批评有用吗？效果好吗？教育意义大吗？我的内心很乱。

我停下脚步，理了理思路，想定了主意，要么不管，要管就一定要让他们长记性，3 年都不忘。

我缓慢走过去，用一种悠闲的步伐往篮球场走去，用温柔的眼光看着他们精彩的球技。他们打球打得很投入，当我走到篮球场边时他们才发现走来的是我，立刻停止了打球，一个个低着头耷拉着耳朵，矗在那里，好像几只做错了事的小狗等待主人的训斥。

他们的反应我早有预料，我一反常态地说道，继续打吧，我也喜欢打篮球，看看你们打球。他们还是低着头，感觉事情似乎不会那么简单。我依然平和地跟他们说道，没什么，反正也快下课了，继续打吧！吴刚率先打破沉默，那好吧，咱们打吧！其他几个同学感觉我今天没有要发火的意思，于是在我的允许下开始了继续打球。刚开始他们还有点不好意思，过了一会，他们完全放开，打得不亦乐乎。

我在一旁作为一名忠实的观众，看着他们的每一次进球。下课铃响了，他们想要不打了，回教室去。

这时我果断拒绝了，这节课课间比较长，再打一会吧！他们执意要回去，我把脸一板，你们不是想打球吗，今天给你们时间打。他们看我脸色难看不知如何是好，站在那里不动。我还是缓缓说道，打吧，打好了再说。他们几个孩子站在篮球场上打也不是，不打也不是。我就在旁边站着盯着他们，这一站就是一节课。快到中午了，吴刚开口说道，老师，你怎么罚怎么批评我们都行，站在这里干什么啊？这时候孩子们是最难受的时候，我还不能轻易饶过他们，要让他们一次错误能记 3 年。

我说道，今天的首要任务就是把篮球打好。然后我们又在那里僵持了一会，他们几个孩子实在受不了了，低下头说道，老师我们这次真的错了，我们以后再也不擅自逃课了！

这个时候差不多了，也已经中午了，我把他们几个叫到办公室，先让他们自己说说自己今天错误在哪里，他们一一承认错误，并保证以后此类事再不发生。我让他们现场写好自己今天犯的错误，并写好自己的承诺。从这件事情之后，类似的事情再没有发生过。

孙子说："攻城为下，攻心为上。"面对孩子的问题，劈头盖脸的批评是能让孩子一时不敢越轨，但内心并不服贴。攻心，就是要让他从内心里强烈地认识到错误的严重性，从学生犯错的心理出发，对症下药，采取措施。

# 苦 肉 计

李国旭

一到冬季学期，最令班主任头痛的事莫过于学生早上赖床迟到。小周、小陈同学是1508班赖床迟到的始作俑者，为此我已经多次劝说警告，收效甚微。

12月21日星期三7点10分，我像往常一样“例行公事”——进班清点人数。伴随着朗朗书声我大步走进教室，环视整个教室，两个扎眼的空位深深地刺痛了我！前天刚刚找小周、小陈谈了话，今天又回到了老样子。我意识到事情可能已经很严重了，一方面作为初出茅庐的年轻班主任处理不好将威严扫地，以后学生还怎么信服；另一方面两位同学的行为可能影响到班级的学习氛围，长此以往会有越来越多的学生迟到！想到这里我的额头上不由自主地冒出了汗……

在教室外的走廊上我绞尽脑汁地想着对策，寒风凛冽，却没有丝毫的察觉。

“国旭，早啊！”一声熟悉的问候来自年级副主任黄文坚老师，我扭头一看，“啪！”我双手一拍，“有啦！”

一场好戏就此拉开了序幕……

7点15分小周、小陈同学迟迟未到，我却等来了年级组的电话。

“国旭在哪里？赶紧来年级组办公室一趟！”

“啥事啊？坚哥。”

“有两个学生，7点15分还在食堂吃饭！前几天开会不是专门强调了吗？你们班是怎么回事！”

“啊？好！我马上过来！”

挂了手机，我深呼吸一口，“好戏开演了”。我一路小跑到了年级组办公室，敲门进入，果然不出所料，小周和小陈正怯怯地站着，看到我进来，他们把头埋得更低了。

“李老师，你们班这两个学生，我准备请他们家长过来，交到学工处处理!”

“啊!？能不能让我来处理啊？交到学工处的话就要让他们走读了，可是这两个孩子……”

黄主任打断了我几乎祈求的话语：“那怎么行呢？上周开会学工处、年级组已经强调了，早上7点10分前必须吃完早餐进到教室！你没有参加会？还是你没有在班上强调吗？”

“强调了！强调了！李老师说了好多次了。”两个学生不等我开口，就争着回答。

“那就是明知故犯！学校是学习的地方，全校那么多学生都能起得来，你们怎么回事？”黄主任转而生气地看着我，“其他班主任强调了，怎么没学生违反，你这样怎么行啊！这件事就强令改走读处理吧，现在就打电话让家长来办走读手续!”

“不不，黄主任，这两个学生家住得太远了，一个在点军区，一个在伍家岗区！太远了太远了!”

“国旭，你们班不是只有这两个学生，学校也不是只有你一个班！你要护着你的学生，那你就在我这儿写一个检查，立军令状!”

“好好，谢谢，谢谢!”

我用眼睛的余光瞥了两位呆如木鸡，如惊弓之鸟的同学一眼：“去我办公室等我吧!”

“吱呀……”随着办公室门关起的声音，我跟黄主任再也忍不住笑了出来……

走出年级组办公室，我努力表现出生气愤怒而又无奈的神情，“恍恍惚惚”地走进办公室。

“老师对不起！对不起！给您添麻烦了！给您添麻烦了，我们再也不迟到了……”

我没有理会他们的道歉，仿佛没听见一样，反而埋头阅起了作业，办公室里静得出奇，“刷刷……”的声音像是一种愤怒诉说一样，一遍又一遍。60本作业终于阅完了，我慢慢抬起头，三双眼睛碰到的那一瞬间，两位同学的眼泪哗哗地流出来了，陈同学甚至哭出了声：“李老师对不起，是我们错了，请您原谅我们吧，不要生气了！您这么忙，这么累，我们真的太×××……”听着他们几近哀求的语言，我默默地把纸巾递给了他们……

从那以后他俩再也没有迟到过，小周同学更是成绩突飞猛进，挤进了年级前200名……

原来，教育是一种爱的事业，是一种需要“艺术”的工作，让学生学会理解他人，学会承担责任，是我们教育者最大的任务，只要有利于他们的成长成才，我“受点委屈”也是值得的!

# 母性文化在教育中的作用

李　欣

想谈这个话题一方面是近几年有幸接触很多优秀学生的母亲；另一方面是自己当了6年妈妈，有一点感触。

母亲的“母”字，在甲骨文里面是一个跪着的女子怀里抱着一个孩子，孩子身上有两点。汉字演变至今，这两点始终没有消失，其中有一种解释：那是母亲的眼睛，母亲一辈子都放不下自己的孩子。

“母亲”这个角色，通过文化的传承方式，应该以怎样的管道导入我们的孩子心里呢？通过学习教育专家们的经验，我在此总结了以下三句话。

一、母性文化的“要能等”。

记得有一次，和一对母子在办公室交流孩子的情况，我们刚开始寒暄两句还没有进入正题，孩子母亲敏感的神经可能察觉了什么，就听到“啪”的一声，母亲一巴掌打在孩子脸上，说：“我这么忙，你还给我找事！”随后又踹了一脚。这一巴掌表面打在孩子脸上，其实感觉是打在我的脸上，那一巴掌好像在对我说：“我这么忙，老师你还喊我来学校！”结果接下来我只好委婉劝母亲先行离开，安抚了孩子，没有任何实质性进展。

很多家长很难等待孩子成长的过程，太着急，批评孩子的毛病一针见血，让孩子觉得怎么妈妈一开口说话就是带着武器的，出口就能伤人。孩子犯了点错误时，孩子还没反应过来，妈妈就开始抓狂了。做妈的应该缓一点，慢一点，静一点，当孩子有缺点时，先不要急于表现，先装没看见，用你平和的情绪给他养一养；要是发现孩子的优点了，也不要急于夸奖，用平和的情绪，平静的微笑看着就够了；孩子犯了一点小错误，不要急于指责，也以平和的情绪去对待，他的错误在你平和的情绪中能慢慢自我改正。这种不争不指不批是要超越现实克服障碍的。

母亲最大的障碍是：学校要成绩，考试要分数。如果母亲在现实的这个障碍上绕不过去，她就很难在情绪上和心态上平和下来。平和不下来的母亲的情绪就没有空间，没有空间就不具备孕育孩子心智的能力，孩子的心就没人管了。养孩子只养孩子的身，养不好孩子的心，外界的好的营养，孩子的心就吸收不了。

二、母性文化的“要能弱”。

记得有一位家长拉着孩子、扯过来指着孩子的脑门说：“他就是不自信。”（非常强势的表情）。这么厉害的妈妈，我这个老师都害怕，谁在她面前都难自信。

现在的母亲真正回归家庭做全职妈妈的只是少数，而兼顾事业和家庭的是多数，这类母亲大多能力很强，表现在做事方式上就显得风风火火、雷厉风行、说一不二。这些特点用在事业上，本是推波助澜的好事，但用在孩子的教育上，就形成了对孩子的“强硬”和“强势”，不会在孩子面前示“弱”。太强势的母亲，一定会养出个很弱势很难自信的孩子。妈妈的强势已经把孩子想生发的东西给控制住了。生发的东西都很嫩，像嫩芽一样，妈妈的一阵狂风暴雨就把孩子刚长出来的嫩芽全给扫了。

示弱是母亲的一种美，也是母性的力量，在孩子面前会示弱的母亲，她旁边肯定能站起来一个自信而坚强的孩子。这应是所有家长培养孩子的一个内在的目标——自信而坚强。拿什么去培养？拿我们的示弱去养育去支撑。我们就能像一个弹簧一样把孩子撑起来。

三、母性文化的“要能柔”。

我的侄子今年是高考生，高三这一年我无数次充当他们母子的和事佬。记得侄子对我表姐说：“我有你这个妈，估计是找不到媳妇的……”曾有教育研究机构做了一个问卷调查，问初三以上的学生：有多少同学希望找像自己母亲那样的女人将来做自己的妻子？97%以上的同学写的是 NO，还有极个别的写：我宁愿去死。多可怕啊，不是母亲本身不美，而是失去了母性本身柔的东西，美就变丑了。

曾经的“柔情似水”、“以柔克刚”、“柔肠侠骨”这些美好的词，都和女性有关，女性本身就具有这些特质，而做了母亲的女性，这些特质更应展现得淋漓尽致，可现实并非如此。究其根源就是我们缺乏对母性文化内涵的理解，其次是社会对女性的要求制造出的强势女性越来越多，具备柔性特质的母亲就越来越少了。

现在很多孩子长大以后，男孩中的“伪娘”现象普遍，女孩中的“春爷”现象普遍，这种普遍现象的背后，部分原因是母性文化的变异与消失导致。在学校和家庭教育中，都蕴含着特有的文化内核，教育离不开文化，文化是教育的极致，而母性文化是教育的文化基石。

# 活到老学到老

孙玉华

光阴荏苒，白驹过隙，又是一年高考时，我马上就要送走第三批学生，送他们进入高等学府继续施展他们的抱负。看着讲台下的他们，或是皱眉或是沉思，我也不禁替他们紧张，或许这不是他们人生中的最后一场考试，但一定是最重要的一场考试。

每天中午和晚饭时分，很多家长给孩子们送来了丰富的食物，尤其是高考临近，校门口就更加热闹了，形成了一道靓丽的风景线。我想这也是孩子们最幸福的时刻，看着父母还有爷爷奶奶注视着孩子们狼吞虎咽时的目光，似水一般温柔，充满了怜惜、无奈等复杂的情感。

在班中也有这样一群孩子，父母为了家庭的生计常年不在家里，家里只有爷爷奶奶，而他们只能生活自理，照顾上学的孙子孙女就谈不上了。父母既牵挂年迈的爷爷奶奶，也放心不下顶着高三压力的孩子，而孩子也时刻想念着在外务工的父母，看着别的同学都有父母每天的陪伴，还时不时的可以向父母撒撒娇，对比之下心中无不感到失落。

刘同学就是这群孩子中的一个，在顶着这些压力的同时，在连续几次月考的打击下他终于崩溃了，萌生了不想读书不想参加高考的想法，每天都是一筹莫展，上课下课都是魂不守舍，与同学和老师也不愿意多交流。我们都看在眼里，急在心里，好端端的一个阳光帅气的孩子怎么就被高考逼成了这个样子。后来接到了他妈妈从福建打来的电话，在电话里他妈妈也是泣不成声，原来孩子一直有轻微的抑郁，而孩子一直坚持自我调节，在学习和生活中也都能与同学和老师正常交流。就是这一连串的打击，让这个花一般的少年崩溃了，心中的不快没法纾解，也害怕同学用异样的眼光看自己，不愿意跟同学说出自己的想法，他在课堂内外的表现也是越来越糟糕。了解到这些情况之后，在一次眼保健操结束后，我在操场上找到了他，他正在跑步，因为在之前的交流中他觉得自己偏胖，想通过跑步减肥顺便锻炼身体。首先我肯定了他的坚持锻炼的计划，并趁机跟他约好每天九点二十分在操场碰面，相互监督锻炼身体。因为我觉得就算是我跟他什么都不说，就是每天的陪伴对于他来说也是好的，能让他知道，他并不是一个人在战斗，身边还有很多像我一样关心和爱护他的亲人们。我们边跑边聊什么都说，从我们小时候聊到长大，甚至还畅想了以后的各种各样的事情。期间我发现课堂以外的孩子们的想法很多，知道的也很多，还有很多我不知道和我未曾涉足的地方，并不是一味地只知道高考。在这个过程中我们就像是聊得来的朋友，并不是师生，我并不主动说到考试的事。直到有一天，他主动提到其实考试没考好也没什么要紧的，就算是高考没考好也不能说明我是失败的，前面的十几年只是我的人生的小部分，后面的路还很长……我笑着对他说，对呀，谢谢你告诉我这些。

活到老学到老，每天都是新鲜的，每天都要向我身边的人和事学习。

# 与考试失利者的对话

谢 彬

学生：老师，我这次考试失利了，我很郁闷。

老师：我能理解，没有哪一个学生能够考试失利了还会高兴。

学生：如果考试题目很难，我完全不会做，成绩差一点也是可以接受的。最让我郁闷的倒不是成绩本身，而是很多考试题目以前我都会做，可是一到考试我就什么都不会了，怎么会这样呢？

老师：这真是不幸。平时都会做，一到考试就不会做了。没有谁会面对这种事情不耿耿于怀。

学生：是啊，这太恐怖了。会学还要会考，可是我会学却不会考，那学习还有什么用呢？

老师：这次考试的题目你平时真的会做吗？

学生：真的会做，不信，你可以去看我的作业本。上面全是勾。

老师：上课能够听懂老师的讲课吗？

学生：能够听懂，老师讲得都很好，我们听得都很认真，也很清楚。

老师：那么做作业的时候，是独立作业呢？还是照着书本边看边做呢？

学生：有时候想不清楚了，就翻翻书，一看就明白了。

老师：那么这样做出来的题目算不算真正会做呢？

学生：这有什么区别吗？

老师：有，因为考试的时候是不允许看书的。如果你没有把知识真正印到自己的头脑中去变成自己的东西，考试的时候没有了书本这个拐杖，你当然就不会做了。

学生：听起来真的有道理，也就是说，我自认为平时“会做”的题目，其实并不是真正的会做，而是有条件的“会做”。

老师：是这样的。你认为平时会做的题目，是指会做这一个题目呢？还是这一类题目都会做呢？

学生：我们一般都是完成老师布置的作业，没有考虑过这个问题。老师，你是要求我们举一反三吗？可是那样，不是要做很多的题目吗？我们没有那么多的时间。

老师：举一反三，不一定就是要做很多的题目。而是要从你所做的那些题目中总结出规律性的东西来，思考很重要，一个题目代表的是特殊性，通过思考，可以总结出一类题目的共性，这样可以提升你对问题的理解。

学生：你是说，如果我们只会做一个题目，其实也不算是真正“会做”。所谓真正“会做”一定是由一而多，由此及彼，对吗？

老师：是的。这就是总结和归纳的力量。

学生：看来，我们对“会做”的理解还是很肤浅的。我们所谓的会做，还仅仅是停留在会做一个题目上面，这是非常有限的“会做”，一旦考试的时候，条件变化了，对于我们来说就成为了一个新面孔，不会做也就成为必然了。

老师：是的。你认为会做的题目，一般是指在当天上课以后会做吧，那么，第二天还会做吗？一个星期以后还会做吗？一个月以后，一年以后，你还会做吗？

学生：我没有尝试过。所以我不知道怎么回答这个问题。

老师：因为考试是在学习一段时间以后才进行的。学习新知识的时候，你认为什么都听懂了，什么题目都会做。可是过几天之后，你所学习的知识会逐渐遗忘，如果不复习巩固，原来会做的题目，就变成不会做了。

学生：“会做”这个命题是随着时间的变化而变化的，原来会做并不代表现在会做，只有原来会做，现在也会做，才是真正意义上的会做，是吗？

老师：是的。把老师布置的作业完成了，就认为自己会做了，从此再也不管了，这样的后果就是“会做”逐渐异化为自己的敌人，而我们自己还天真地以为自己是真的“会做”，这不是很可笑吗？

学生：看来，考试失利的原因还在于我们自己，在于我们平时对“会做”的片面理解，并由此而产生的对知识理解的一知半解。

老师：我还有一个问题，你平时做作业的时候，给自己规定了时间没有？

学生：没有。自习的时候很自由，想做哪门科的作业就做哪门科的作业，想做多长时间就做多长时间。

老师：也就是说，平时思考问题时没有紧迫感，没有“时间”的压迫。一个很简单的问题可能由于缺乏紧迫感，而要花很长的时间才能得到解决。当然，这时候你可能也会认为自己“会做”了，因为结果是正确的，但从来没有想一想为了这个正确的结果而花费的时间。换句话说，从来没有考虑思考的效率问题。可是考试的时候是有时间限制的。这会不会影响到你考试的整体成绩呢？

学生：以前没想过，但是现在想起来，还真是这样。作业和考试是有区别的。如果我们平时做作业的时候都跟考试一样，有一种紧迫感，时刻会感受到时间的催促，那情况肯定会不一样。

老师：你平时喜欢问问题吗？无论是问老师还是问同学。

学生：一般问同学的时候多一些。

老师：这是一个好习惯，是一个优秀者必备的素质。可是，如果做作业的时候，遇到了困难，去问了自己的同学，在同学的帮助下，你把这个题目做出来了，这算不算你“会做”呢？

学生：从表面上是“会做”了，但如果没有自己的思考，仅仅停留在结果上，还不能够算是真正“会做”了。

老师：问问题也要适可而止，不能什么问题都问，这样就失去了自己的思考，而思考才是自己进步的真正动力。即使问了，也还要思考，这样才能把他人的思想变成自己的思想，使自己达到对问题的真正理解。

学生：老师，我懂了，现在我不郁闷了。因为我知道了自己应该怎么做。

# 一次“关心” 引发的冲突

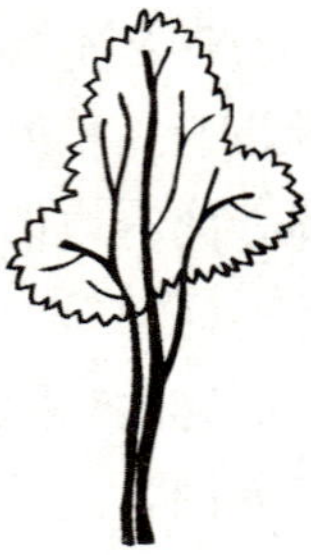

杜　毅

作为一个曾经有过5年班主任经验，和无数各类好坏学生做过“斗争”的“成熟”教师，早就觉得学生工作不过就是“忽哄吓诈”四字真言就可应对，也习惯性的对于自己之前的教育经验信心十足，这一次由一次“关心”引发的冲突却让我不得不重新审视自己的德育观念。

我的课代表小竹，是一位工作认真，乖巧懂事，学习积极的优秀学生典范。某一段时间，我却发现小竹有了三个变化：一则近两次考试退步较大；二则上课时有打瞌睡发呆的现象；三则好几次发现与同一男生在食堂操场单独相处。在自我脑补和联想之下我就下意识地将这三个问题相联系，并决定去“关心”一下我的课代表。在一次课外活动时间，我问小竹“怎么感觉最近状态不太好啊”“有没有什么分心的事儿啊”“高三关键时刻不能出问题啊”……而小竹除了对于第一个问题正面回答了“是的”之外，其他问题要么不答要么否定，而我面对小竹的这样一种态度却理所应当的以为是自己问到了小竹的软肋之处，准备继续。这时平时温文尔雅的小竹却突然带着哭腔，泪流满面，大声对我吼道：“不要你们管。”然后大声哭起来。这时我才意识到可能出错了。

第三天小竹的朋友单独找到了我，给我讲述了事情的始末，我才恍然大悟，原来前段时间因为身体原因考试成绩有些下降，但是随即家长批评了她，而正当她准备奋起加油的时候，临班的一个男生却对她有了好感，才有了我看到的那些现象，而这次考试之后成绩再次下降，家长、班主任都再次给她施加了压力，而我已经是考后关心她的第四位老师，也成为了压垮她情绪的最后一根稻草，才有了上次的一幕。这一次我知道我的经验失效了。

这个时候我突然想起了华林飞老师曾经说过：“不要轻易帮助学生，不要让你的帮助变为学生的负担甚至是学生前进的障碍。”“关爱学生需要教育智慧，如果教育工作者完全没有爱心，面对学生的时候就是激情燃烧完了的岁月，那教育活动就成了一群闹更年期的和一群闹青春期的对话。”如果光有一番热情，只知道自己怀着无限爱心去从事教育事业，常常会遭受挫折，空叹“绿水青山枉自多，华佗无奈小虫何”。其实说到底，每一个老师都爱自己的学生，都希望自己的学生健康快乐成功，但是教育又需要一份智慧，一份耐心，还有一份爱心。爱有很多种表达方式，面对现在这一代生活在信息爆炸、竞争激烈、全家族关怀成长起来的孩子们的时候我们要时刻更新自己的教育教学观念，更好地更有效地帮助我们的孩子们走过人生最重要最美好的时光。

皮格马利翁能用真情使一尊石像变成少女，我们也一定能以一片至真至诚的爱心感动上帝，这个上帝不是别人，就是我面对的全体学生。

# 教育即生活

杨安红

教育是一个古往今来大家都在谈论的问题。因为它事关个人命运、家庭荣辱、国家民族兴衰。教育究竟是什么？可以说是“仁者见仁智者见智”的事情。既有时代的烙印，也有教育者个人的价值取向。苏格拉底认为“教育不是灌输，而是点燃火焰”；雅斯贝尔斯在《什么是教育》中说过：“教育是人灵魂的教育，而非理性知识和认识的堆积。”有人主张“教育即成长——静等花开”；也有人主张“教育即体验”；也有人主张“教育即爱，没有爱就没有教育”；美国的杜威、中国的陶行知都主张“教育即生活”……应该说这些关于教育的观点都有一定的合理性，而且有些观点具有永恒性。就本人而言，从教 23 年，更趋向于“教育即生活”。人是具有社会性的，换句话说，人是社会的人，在学校里受教育最终是为其走进社会服务的。反观现实中的教育，几乎是“一切为了分数”、“一切为了高考”、“一切为了就业”、“一切为了将来能赚钱”，结果是“培养了一大批精致的利己主义者”，不能不说是“现行教育的悲哀”。

为了践行“教育即生活”的教育理念，在此叙述几个教育过程中的片段。记得 2016 年学校安排我做班主任，班上有一个学生姓梅，开学第一天就是拄着拐杖“走进”教室的，原来是假期腿部做了一个手术。我们学校有“跑操”训练，学生如果因为有病而不能参加“跑操”的话，就需要出示医院医生的证明，交到学校学工处备案，否则就要作为缺勤而扣班级量化管理的分数。

一天早上，天阴沉沉的，天空中还夹杂些小雨。我一般早上 6 点 50 分左右就会进教室观察学生学习状况并清点学生人数。大约在 7 点 10 分我将要离开教室去食堂吃早饭的时候，这个梅突然拄着拐杖，一瘸一瘸地来到我面前。她说：“杨老师，请您帮我把这个不能参加跑操的医院医生的证明交到学校学工处。”

我说：“为什么要我给你去交啊？”

她说：“我已经去过学工处三次了，一次也没有看到人。”

我说：“你还是自己抽时间把这个证明交到学工处吧，你如果去了100次仍然碰不到人，我就帮你带过去。”因为我一直秉承“教育即生活”的教育理念，学生自己能做的事情就尽量由学生们自己去做。我当时心里想那个同学估计会对我有意见吧，给学生带个证明到学工处对我而言是举手之劳的事情。

第二天我看见了那个梅同学，我走到她面前，问她：“你的医院证明交到学工处了吗？”

她说：“昨天后来我去学工处看见人了，已经交到学工处了。”一脸的羞涩状。

我说：“你昨天是不是对我没帮你把那个医院证明带到学工处有意见啊？”

她说：“没有！”

我说：“其实我帮你把医院证明带到学工处只是举手之劳，你知道我为什么不这样做吗？我希望你通过这件事获得两点启示：一是自己的事情自己做，教育是什么？说到底，教育即生活；二是要学会坚持，做任何事情不要轻言放弃。”这时她脸上露出了真实的笑容。

我想这就是所谓的教育吧！

# 育人是教师的神圣职责

李　伟

记得上学期，我在批改作业的时候，一本作业里夹着一张写得密密麻麻的便利贴，上面写着自己的一些困惑，最后还问我，人活着的意义是什么？

从她的文字里，我能够读出她对于未来的迷茫，她的痛苦与焦虑。我知道她是在向我诉说，向我求救，希望得到我的帮助。从她文字里，我虽然知道她很迷茫，但是并不清楚是什么引发了她内心的虚无感，为了能够帮助到她，我打算找她聊一聊，了解下具体是什么引发了她的这种感受。

在和她聊之前，我想了很多，确定聊天的时间是晚自习，地点是学校操场，并设想了她可能遇到的问题。选择晚自习和她在操场边散步边聊天，是因为那个时候她有足够的时间，而且在比较轻松的环境里更容易交流。

晚自习的时候我走近她的书桌，敲了下她的桌子，示意她出来和我聊下。刚走出教室，她便流泪了，这泪水映出她内心的无助和焦虑。我想现在的她最需要的应该是一个能够倾听她的人了。

我和她一起在操场上一边绕圈转着一边聊着。我想试图弄清楚具体让她难过的原因，但她的回答不够直接，只是和我聊着一些不易回答的关于人生意义等的问题，但这里面都反映着她内心的苦楚和迷茫。我继续倾听着，并站在她的角度去感受她的心境，并表达我的一些看法和她交流。我们聊了很多，最后不知不觉地她提到了自己的成绩，从她的阐述中，我终于发现原来是因为物理成绩不够理想，才引发了她的那些情绪和迷茫。

弄清楚问题后，我告诉了她学好物理的一些方法，并鼓励她不气馁，继续努力，相信未来会好的。她也慢慢有了些许自信。通过这次谈话我帮她梳理了自己的苦恼，让她的情绪压力得到释放，同时也找到了她的问题，为她今后的学习指明了方向。聊天结束时，她擦了擦满是泪痕的脸，去教室上课去了。

最后，我想说作为老师，教学、传授知识不是我们的唯一的职责。而且随着人工智能的发展，随着网络教学资源的丰富，我相信老师传授知识的职能会被进一步地削弱，但是老师永远不能被替代。因为学生作为一个能动的主体，一个健全的人，他的成长不仅需要知识，同时也需要关爱和引导。概括而言，我们老师最重要的职能是育人，这应该是一个好老师的坚定信念。

过了几天，那位同学给我写了一张明信片，告诉我她对于人生的思考。在那一刻我感觉到了幸福，感觉到了什么是真正的教育，什么是一个教育者应该坚定信仰的，那就是育人。育人是教师的神圣职责。

# 遇　见

张晓亮

“如何让你遇见我/在我最美丽的时刻/为这/我已在佛前求了五百年/求它让我们结一段尘缘。”（席慕蓉《一棵开花的树》）。我很早就很喜欢这首诗，极爱极爱，因了它而怀有着对美好的人生际遇最单纯的憧憬与期待。

不承想，多年以后，有一个可爱的学生竟把它作为诗抄送给我，感恩于我们的邂逅。于是，因了这首诗的缘分，我有幸遇见一颗温暖而诗意的心灵。

这个可爱的学生，她喜欢称呼我“晓亮老师”，叫得亲亲热热的，喜欢送给我小卡片，写得满满当当的，喜欢从背后追上我，跑得气喘吁吁的；我说“迟子建的风格你应该会喜欢”，她就很欣喜我对她的了解，我说“我喜欢黛玉”，她就去细读《红楼梦》然后找我畅谈黛玉的纯真和傲气。她这样定义我们的相处：平和的，深切而淡淡的，宛若老朋友般的。她对我有太过热切的依恋，也许并不能体味到一个老师对学生的情感会更淡定或者理智一些。经历过一届又一届的付出、收获与远离，我似乎已经很难再有那么热情的投入，我能做到尽职尽责，却很难再如当年初登讲台时那般全心全意。在这样的心境中，遇见这样一个可爱的学生，便对我有了不一样的意义。

记得有一天，她与我谈起理想，她说她以后一定要做老师的，说时带着几分小得意，眼睛里面绽放着异样的光芒，也许是很想与我分享这份激动。彼时，我却有些麻木，并未十分留意这些细节，只是突然点燃了多年辛苦操劳的幽怨之火，淡淡地回了句：“别当老师，尤其别当语文老师！”她闻言惊异地抬眼，大声地反问：“为什么呀?”我只管顺着我的思维逻辑继续走下去，自以为是地给她忠告：“长年累月地早晚自习，改个试卷都比其他学科更耗时劳神，总有一天你会难受到厌倦的。”我给了她最真诚的建议，然而她望着我，眼里似有湿润的泪光，颇有几分委屈地咕哝着：“可我就是很想做一个像你一样优秀的语文老师……”我有些措手不及，我原不知道她是这样的打算，这明明应该是对我的赞誉与欣赏，却因了我的世俗见解，仿若成了对我最大的嘲讽。那个瞬间，我的脑海里闪过很多片段，许多张模糊的笑脸似乎正唤起许多清晰的回忆，我与许多个孩子最美好的青春年华同在，而我却在无限的生命热情的透支状态中消耗到心力交瘁。在这样一个心灵怠惰的时期，我遇见了这样一个赤诚地愿意成为一名老师的学生，也许是上天刻意的安排？让我可以清清楚楚地看见当年的自己是什么模样，可以真真切切地感受那颗执着的心曾经拥有的温度。

我因此而深深地自责，我之怨愤在现实，她之憧憬在理想，作为老师，岂可把一己之负面情绪宣泄给一个充满希望的孩子？我想起她曾送给我的一首小诗：“愿我生命中这缕温暖阳光/携着清风 鸟鸣 泉水 绿荫/穿过长长岁月 稀薄大气/唤醒每一个孩子童稚的梦/让他们睁眼看世界/带着一颗坚强又美好的心/而这阳光/会成为春的扉页最美的注脚。”我是她稚嫩的心灵中阳光般的存在，能化作她追逐理想的力量，只为此，我当自勉，才不愧为人师。那么，于我而言，她又何尝不是以自己的真性情净化了我历经多年辛苦而蒙上尘垢的心灵！

我有幸遇见这样一颗温暖而诗意的心，从而拥有了一个更美好的自己。由此，我又忆起另一次幸运地遇见。自习课我在教室巡堂，过道里一片大大的废纸突兀地映入我的眼帘，我皱了皱眉。那个时候我初为人师，不仅担任着班主任还带着两个班的课，责任大，压力也大，干劲儿更大，正处于颇想干出一番成绩证明自己能力的时期，所以眼里揉不得沙子，这片废纸正是眼中钉，是教室清洁卫生状况的红灯。本想批评两边座位上的学生，实在因为自习课太过安静，若是制造噪音，又会影响教室纪律状况，于是忍了忍，自己迅速弯腰捡起了事。事后工作一忙，也就忘了。不承想，这个短暂的瞬间却被一双眼睛捕捉。有一个学生在周记中写道，老师在自习巡堂的时候经过他身边，亲手把过道里的一片废纸捡起，扔进了垃圾箱，没有打扰任何人，让他很感动。他说，当自己意识到老师的目光定格在那片纸上的时候，已经作好了接受批评的准备，却没想到一切就这样悄无声息地结束了。他称这是一次优雅的弯腰，拾起的是他对老师的敬佩和感谢，教给他的是点滴为他人的高尚。看完我就深感汗颜，“高尚”二字实难担当，我不过是正热衷于以完美的班级管理创造个人荣誉，有时甚至于有些苛责，以致这个学生发现这个小纰漏会本能地有些紧张。不过，很幸运地，在这样一个头脑发热的时期，我遇见了这样一双真诚而善意的眼睛，它传达给我这样一条教育的定律：其身正，不令而行；其身不正，虽令不从。我开始真正明白，一切外在的成绩都是虚像，教育的最高境界在塑其心灵，所以教师的以身作则，言传身教，强过任何的高压政策和严词管教。

回顾十多年的教师生涯，如此多次美丽的遇见，淬炼了如今的我。在我遭遇挫折怀疑自己的时候，我遇见过一张明媚的脸庞，它笑着告诉我，总有人因为我而收获了成功；在我身体不适体力不支的时候，我遇见过一双体贴的手，它为我送上最普通的药品，给我最难得的关心；在我感到失望情绪不佳的时候，我遇见过一双安静的耳朵，它默默地聆听我的训斥，暗暗地企望通过自己的努力让我放心……这一路走来，我成就了无数孩子美丽的人生，而我的人生亦在这一次次遇见中得以成就。我渐渐冷静、宽容、坚韧，渐渐能够以更加成熟的姿态站立于讲台，亦当感恩于这些幸运而美好的师生际遇。突然想起“教学相长”这个词，原来也有这般美妙的含义！

央视“朗读者”节目第一期，主持人董卿这样诠释“遇见”：世间的一切都是遇见，就像冷遇见暖，有了雨；春遇见冬，有了岁月；天遇见地，有了永恒；人遇见人，就有了生命。可见得，“遇见”是这世间最平凡的神话。一段不期而遇的师生缘，正是彼此人生美丽的装点！

# 严于责己　等待拔节

邓少平

曾经，我这样看待高一高二的语文教学：喜欢语文最重要，只要语文课堂能吸引他们，他们就会自觉学语文，“亲其师、信其道”嘛！所以，每次备语文课，我总要查阅各种教案、诗文、评论……上课的时候，我尽量做到让我的声音是美的：时而娓娓道来，时而富有激情，我的内容是吸引人的：旁征博引、滔滔不绝。我的课堂形式是灵活的：学生质疑、小组讨论、写对联、写小诗……语文课堂，我在其中“恢恢乎游刃有余”！有效果吗？有！学生屡屡在课堂评价中以优美的文字评价邓老师的课：“邓老师的语文课，总是受欢迎的。她的声音响亮又悦耳，像美丽的音符跳跃在耳旁……”“邓老师用她独特而富于激情的上课方式，给我们展现了一扇汉语的门，迈过那道门，让我们看见语文的另外一个世界，让我们看见最独特的四季风华。”然而，课本、课堂是语文教学的全部吗？远远不是！在与学生沟通的过程中，我深深感受到，自己的语文教学需要完善、改进的太多了。作文教学是我的短板，我就从这儿说起。

吴思睿，女孩儿，2015 届最优秀的学生之一。理科思维极其灵活。物理老师说：“她就是来得快！”她长期位列全年级理科前三甲，可她的语文在高一总是只有 110 分左右。高一上学期的一次期中考试，她是年级第一，可语文只有 107。“1”！“107”！这两个数字在我脑海里不断循环，多么押韵，而又多么地不和谐！她莫非是不喜欢语文？或者，她就是感性思维差些？这样的孩子我带得好吗？还没开始行动，我就已经视困难为难以逾越的高山了，就像我永远也不敢去蹦极一样。

在家访中，孩子的妈妈告诉我：“她其实读了很多书，尤其是散文。但是语文一直是她最怕的。这几次都没考好，我们也着急。”我拿来她的试卷分析，发现她最差的是作文！可她的妈妈明明说她读了很多书啊！为什么这些阅读没有化为她的写作能力呢？我忽然想起来，她读的是散文，抒情、历史散文居多，而高一正训练的是记叙文。我结合自己的阅读经验知道：一般人不爱看记叙性散文，觉得絮絮叨叨，在语言上又没什么可借鉴的地方。我于是找到吴思睿，她说自己没有可写的素材。我让她注意阅读优秀记叙文、记叙性散文，并带着她试读了一篇。我们一起探讨自己觉得哪个地方描写得精彩，之后，我问她：“你自己的生活中有没有这样的类似所见所闻或亲身经历呢？”她想了一会儿，抬起头来说：“有！”我说：“那就把你自己想起来的这个事情写到你的积累本上去吧。其实，我们每个人生活在校园、家庭的圈子里，平时有些木讷，不会认真观察到一些值得珍藏、令人感动的细节。那么，我们为什么不以这些优秀的记叙文为情感的触发点，去由此及彼地联想呢？如果多做这样的思维活动，那些被遗弃的生活琐忆不就会被重新唤起吗？你把这些想起来的碎片记录到你的积累本上去吧。”在之后的几次考试中，她考得依然不太理想。甚至在高一期末时，她竟然因为作文偏题只考了 90 多分，而且作文内容也没有体现出的她的文采和思想。我也开始担心，但我转念一想：积累，本来就不是一蹴而就的，学习的不足不是一两天形成的，那我们也不要急于求成，于是我这样劝告她的妈妈：“让我们都等等吧！”

高二一次全国性的中学生作文竞赛，吴思睿报了名、交了钱，她将写的一篇散文拿来给我看。我对这篇文章，提出了很多修改意见。在第三次我找她时，她竟然空着手来了。她说：“老师，我不参赛了。我达不到您要求的那个标准！”我让她坐下，再次细致地讲了一遍如何改。没想到，她竟然泪水夺眶而出。我再次强调这次竞赛如果获奖会有高校自招优录条件，她依然摇头。我问：“是我逼得太狠了吗？”她摇头。“是最近压力大吗？”她也摇头。她依然低着头，边擦眼泪边说：“我就是觉得我写出来了也获不了奖，我不想参加了。”我能感受到她心里难以诉说的微微的抵触，但因为她良好的修养而反过来变成了伤害自己的一股暗流……我不再逼她。但我们共同保证：不放弃努力！不仅是她，还有我！

之后，我发现，她的摘抄虽然不是最丰富的，但所选择的内容却是非常有深度的、见解新颖的。我真正理解了孔老夫子的“不愤不启，不悱不发”的奥义：不要妄图逼迫孩子学习她不擅长的，只有让学生真正感到了求知的必要和困惑，再来启发，才会有最好的效果。

我也在努力。作为备课组长，在选编时文给全年级的学生阅读时，我一改以前由教师选编时文的习惯，让学生分班自己选编。结果是：集思广益，果然不俗！每个班的孩子精心选择文章，而且各班都有一个主题，如“信仰”、“凡心所向，一苇以航”、“关于自由”、“你好，旧时光”，等等。川端康成的《花未眠》、《伊豆的舞女》，龙应台的《致亲爱的安德烈》，王小波的《一只特立独行的猪》，冯骥才的《花脸》等都在入选之列。印刷出来后，同学们在课堂上展开了热烈的讨论。中外作家们深刻的思想在课堂上碰撞、极具个性色彩的语言在言语里咀嚼、独特的构思选材一起分享。我不敢说他们的作文水平提高了，但我从本班学生的遣词造句、选材用材上，感受着他们的潜滋暗长。

吴思睿的蜕变直到高二下学期才发生。一次以李泽厚先生的名言“世俗可神圣，亲爱在人间”为材料的作文训练中，我看到了这样一篇文章《外公的搪瓷缸》，开篇是“桌边放着一个搪瓷缸，很是老旧了。白净温润的缸面耐不住岁月的淘洗，翻起了块块红褐色漆皮。朋友来我家，总投上一道不屑的眼光：‘嘿，多老多俗的玩意了，你还留着！’我只是微微一笑。大概只有在我眼里，这小小陶瓷缸才是神圣脱俗的吧。”托物寄情，开头就精准点题，我睃了一下名字，吴思睿，三个字隽秀清晰，赫然在目。我带着期待读下去，随着她讲述的一个个流年小故事思忆翻飞，外公装面的搪瓷缸，却盛装着对孙女的宠溺；外公喝茶的搪瓷缸，却教诲孙女“人生的辛苦要会尝啊！”我被她的文章拽回到外婆在世的时代，茶垢厚厚的搪瓷缸、长长的烟袋、常含着泪带着笑涡的亲人……这一刻，我虔诚地欣赏着，嘿！沁人心脾！

散文呢？在一次以“底座”为话题的考试作文中，她巧妙地化大为小，就城市建设的“底座”是“文化特色”这一点侃侃而谈，写悠闲的水城威尼斯、写废墟林立的雅典，感叹西京西安的古都气象的衰没。虽然没到过这些城市，但她的描写如同亲眼所见。阅卷老师给出了 57 分的高分。

两年时光，我在与一个优秀女孩的对话、交往中，学会了：勿以几次的考试或一时的表现来推测一个孩子的语文学习能力，遇到教育教学的困惑，少一些埋怨，多一些沟通；少一些责生，严于责己；更重要的是改变自己，调整自己的情绪、认知、态度、方法。唯有如此，才能听到拔节之声，嗅到蔷薇之香。

# 爱是智慧的孪生姐妹

罗廷敏

“我们的人生/也许平淡/因为踏上了这片土地/从此变得神圣 洒满阳光!”这是我初入夷陵时，荣幸地作为新老师代表，在开学典礼上，对夷陵的第一次表白。“我亲爱的学生/从风和日丽到雪地冰天/我就这样守望着季节的轮回/我愿每天，都为你们编织梦的藤萝。”面对刚刚接手的新班级，我许下了这样的承诺，自此，踏上了用爱为他们织梦的虹桥。

新生报到那天，快到午饭时间，一个神情漠然的男孩子两手空空地和自己肩挑背扛的母亲来报到，母亲一边赔着笑一边手忙脚乱地拿出各项证件票据给我，为迟来报道而感到歉疚。

“罗老师您好，我是某某某的妈妈……”这个名字好耳熟！我再一打量，对，是他！就是入学考试时我所监考的考场里要么睡觉要么左顾右盼的那一个。我立刻对着在妈妈身后看起来无所事事的他微笑道：“入学考试的时候你是第10考场的吧?”他露出略带惊讶的神色，又马上恢复漠然：“是啊”。他的回答不是“是的，老师”。而是眼皮半垂的一句“是啊。”语气之外带着些许“怎么样”的挑衅。我略有些尴尬，恢复微笑跟他妈妈说：“我是他那个考场的监考老师，看来我们很有缘分啊。”做母亲的马上感觉轻松了许多：“那是最好不过了，在您班上是他的好运气。”她一边说着一边用眼神示意自己的孩子和我打个招呼，而他却一直站在离我三步开外的地方，局外人一样等报道手续办完之后便自顾自走了，没有看我一眼，也没有等他的母亲。倒是他妈妈一脸手足无措一边跟我说着再见一边紧赶慢赶跟了上去。

一块大石头压了下来！他们离开之后，我茫然若失地朝学校食堂走去，另外一位老师看我不对劲关心地询问，我便告之原委。他又问及这个学生的姓名，我如实相告。他突然恍然大悟道："哦，他啊！之前上暑期衔接班的时候就老是迟到，上课也总讲话，干什么都提不起劲。"听了这话，我的心一下子沉到了最底，大石头把最后一点光都挡住了。

味同嚼蜡地吃完午饭，准备好了资料，便故作镇定地走进了新教室。还好，都到齐了。一眼瞥见靠墙坐着的他，低着头好像根本不关心谁进了教室。我定了定神，深呼吸一次，简单的自我介绍之后，便开始告知学生接下来一周的军训安排以及训练期间需要做的各项宣传、学习等任务。"军训期间我们要完成一期主题为'夷陵——梦开始的地方'的黑板报，有没有同学初中就对这项工作比较熟悉或者现在有兴趣学习如何办黑板报的？"不出所料，一片沉寂。我又带着轻松的微笑鼓励道："大家不要害怕自己做的不好，万事开头难，这项工作不仅可以锻炼自己的能力，还能加强和新老师新同学的交流，说不定你还能一鸣惊人呢，这么好的差事何乐而不为呢？"动员有效，3 个胆大的女孩子举手了。我微笑着肯定："非常不错，果然是巾帼不让须眉的年代了。这期板报需要 4 位同学完成，下面我闭上眼睛随机说两个坐标，产生出我们另外一名同学，大家觉得可以吗？""可以！"一听说还有这种略带刺激的方法，学生们一下子来了精神。

我闭上眼睛，说出早就确定了的坐标。没错，就是他！我睁开眼睛，看见他有些惊讶，在所有学生带着笑意看向他的目光中，缓缓抬了一下手向我示意。万幸，他接受了这个结果。我马上回应："恭喜你，某某某，正好你素描过了十级，可以担当这次板报绘画方面的技术顾问啊！"他终于抬头用疑惑的眼神看着我。"大家用掌声向这 4 位同学表示祝贺！"我带头鼓掌，班级一下子抛开了沉闷死寂的气氛，多了几分融洽欢乐的气息。

军训集合之后，在我往办公室走的路上，他跟了上来："老师，你怎么知道我会素描，你调查过我吗？"他直截了当，筑起了他的戒心。我微微一笑："调查你？我哪有福尔摩斯的本事。我是入学考试监考的时候，看你在试卷上涂涂画画，很有功底的样子，觉得你一定是个高手。今天也很凑巧选中了你，这是缘分。"他半信半疑："就这么简单？"我故作天真："就这么简单！赶紧去吃晚饭吧，去晚了可就是残羹冷炙了。"他没说再见点点头跑开了，我长舒一口气，第一关过了，我当然不会告诉他中午我给他妈妈打过电话，去学校学生档案室看过他的档案，以及一进教室就找到了他的坐标。老话说得好，有备无患，果然是真理。

当天晚上学校统一要求写军训日记，许多学生洋洋洒洒千余字，刚进校园的不适应和新奇感，对未来的不确定和小期待，包括对新老师的好奇与猜测，形形色色，以手写心。唯有他，不出所料，寥寥几句话，"从报道到现在，对一切都很漠然，希望军训不要太让人痛苦……”之类，果然如之前老师所说“对一切都提不起劲”，我还是找到了他，“没想到你不仅画画的不错，字也写得很有特色，文章语言简练，有写诗的潜质啊。”他居然报以羞涩的一笑，认真地说道：“但是我觉得板报上还是不要出现我的字比较好，我还是画画吧。”我立刻抓住机会：“可以啊，你要是全包了那其他同学哪还有用武之地。不过你可以向校报写诗投稿啊，说不定明天的军训简报上，全校同学都可以看到你的作品哦。”他点点头：“我尽量。”这三个字无疑给了我巨大的鼓舞，对他也对自己坚定地说：“加油!”

第二天的军训太阳毒辣，许多学生显然还是无视老师的提醒没吃饱早饭也没带水杯，中途休息的时候，几个学生问我可不可以回教室取杯子，我说快去快回，就忙着去照顾由于没吃早饭而晕倒的两个学生。第二次休息的时候，许多同学奔到饮水机旁边，吃惊地问：“欸？这不是我的杯子吗？谁帮我拿下来的？”我也疑惑，这么多杯子，谁好心拿下来的呢？这天晚上为了让学生放松，学校特意准备了校社团的汇报演出，演出之时许多人口渴向我请假到训练场拿水杯，走到队伍后面发现全班所有的杯子乖乖地放在那里，坐在最后面的同学指了指前面的一个背影，“是这个同学搬了几次把杯子拿过来的，我们吃完饭来的时候就看到他在搬。”我仔细一看，是他！一时心里涌起莫名的酸酸的感动，原来是这么单纯善良的孩子。我走过去，他蹲在地上，拿凳子当临时桌子在写着什么，我轻声问他，你在写什么呢？他拿手把纸一捂：“写军训日记，但是现在还没写好，我还要誊一下。”然后他脸上现出略带担心的神色问我：“晚点交要紧吗，老师？”“没事！你慢慢创作。”我微笑着走开。在全班同学都差不多到齐的时候，我对所有学生说：“大家知道上午的水杯和现在的水杯都是谁给你们拿过来的吗？我们班有个无名英雄，非常难得的做好事不留名的活雷锋出现在我们中间。”他听到这话，抬头看了我一眼又立即埋下头写写画画，我笑了笑，大声说出了他的名字，并号召所有学生：“咱们一起为这样充满正能量的同学鼓鼓掌好吗？”掌声和着“好人!”的欢呼声，雷动全场，整个班级充满了温暖。

晚上去男生宿舍查寝，他正好等在宿舍门口。“等谁呢？”我问他，他做出了标志性的害羞动作，摸摸后脑勺说：“等您，交这个。”他递给我一首诗，工工整整的字，依然不够美观，但是看得出一笔一划誊抄时候的用心，题目是《观军训》，仿写了曹操的《观沧海》。他有些局促地站着等我看完，“您说我可以写诗，其实我也很喜欢，但是以前写的老师说很烂，这首估计也不怎么样”。我惊讶地说：“怎么会？你太谦虚了吧，这样还不怎么样，那你要根本写不出诗来的人怎么活？快回宿舍吧，早点休息。”他迈不开步子一样转了几次身没走，我问他：“还有事吗？”他像第一次和我说话一样，低垂着眼睛，声音不大：“罗老师，谢谢啊。”我拍拍他的肩膀轻轻推了一下：“不客气，快回去吧，还要洗澡洗衣服呢。”他机械地进了宿舍，显然对于向老师致谢还有百般的不适应，但迈出了第一步就是好的，我想着他入校以来的变化，满足地回到住处，拿出洁白的纸张，重新抄写了一遍《观军训》，附上了他的姓名，第二天一大早就送到了校报办公室。

中午就收到好消息，他的那首诗被选中了！我高兴地奔到训练场，对满头大汗晒得面红耳赤的他说："下午六点去校报办公室领我们班级的军训简报，有惊喜哦!"他似有所悟，咧开嘴笑了，脸上的汗流留到嘴巴里还继续笑着。我仰头对着站得笔直的孩子们说："咱们班的文章上学校简报了，大家掌声鼓励我们的大作家，权当休息休息!"连续两天得到掌声，他很不好意思，只好不停擦汗，掩饰自己的羞涩。我看着他，庆幸自己没有带着偏见一开始就给他定性，他就像"灯笼红"一样，有着坚硬粗糙不讨喜的外壳，内心却又红又甜，柔软如棉。

之后的班干部竞选，他勇敢登台。竞选词出人意料："请大家给我一个重新做人的机会。"全班哄堂大笑，他一脸严肃，坦诚地说出曾经的自己多么自大狂妄，而今进入新的环境，他感激这里的一切，希望新的起点他也可以有新的开始。顺理成章的，他以相当大的选票优势当选了副班长。

军训结束时的军训总结中，他的文字让我感慨万千。"我曾经被老师嫌恶，认为我刚愎自用，被父母呵斥，认为我骄傲得无可救药，我被中考狠狠地扇了一个耳光，那时候我觉得一切都毫无意义，我信奉的一切都失去了价值，我甚至想到了轻生。"看到这里，我几乎不忍心再往下读，我能想象这个其貌不扬却看似桀骜不驯的孩子，曾经因为这股浮于表面的傲气被多少人误解，他的单纯和善良有多久没有见过真正的阳光，处在花季的他不知迷茫无望到何种地步才会产生轻生的念头。

然而幸好，在这里，在夷陵这片土地，他重拾了信心也真正认识了自己，他写道："5 天的军训很快就过去了，而在这 5 天中，我身上发生了很多改变，罗老师欣赏我的画、夸奖我的字甚至认为我可以写诗。校报上有我的创作，教室黑板上有我的作品，同学们热心地给了我一次又一次掌声，以及担任班干部宝贵的机会。我想，我会乘着这股上扬的势头，继续努力，改变自己，重新做人！罗老师，真心地谢谢您!"看罢，我热泪盈眶。

突然想到一名夷陵 2013 届学子写的作文《夷陵——让学生找到家的方向》，"那些我们熟悉的老师，会以我们熟悉的温暖去温暖更多的学生。""我很庆幸当初选择的是夷陵，不管我走多远，面对的是谁，我都会永远大声地说出这句话。是夷陵造就了今天的我。"作为老师的我，同样很庆幸，因为这片土地，因为这片土地上优秀的学生，才真正领悟，爱是智慧的孪生姐妹，付出是成功的同胞兄弟！

# 润物细无声　让教育充满爱

谭立婷

正低头整理手中的资料，余光瞥见一个人影出现在办公室门口，抬头一看，原来是欣，这个我休产假之前带过的孩子。产假休完之后我就与这个班级没什么联系了，所以我并没有意识到她是来找我的。我微笑着随口一问："你找谁?"她的脸部一瞬间通红通红，对的，这个女孩子向来比较害羞，我知道的，思绪不禁飘回到一年前当她班主任时。

那时，她和其他学生带着还没褪去的稚嫩走进夷陵成为我班上的学生，在同学们中她很耀眼，一是因为这个女孩子的颜值很高，二是因为她从进班起就一直安安静静十分听话，因此内心深处各种疼惜这个孩子。进高中两个月后他们迎来了第一场考试——期中考试，她的名次在班上排年级倒数，听班长说她拿到卷子后就没有停止过哭。我跑到教室一看，果然，无法形容当时的场面，眼睛红红的，鼻尖红红的，泪水簌簌往下流，双肩不停抖动，我也被这场景吓到了，毕竟我也才第一次当班主任，没见过多少复杂情况。除了害怕之外，我更多的是心疼。

我将她带离拥挤的教室，来到空旷的操场，牵着她的颤抖的双手，轻轻地说："慢慢哭，不要紧，哭好了我们再聊。"大概过了几分钟，她平复了心情，我便开口说："说一下，怎么回事，是成绩不好的原因吗?"她点头示意，接着给我解释道，原来在初中她最差最差也能在班上排前 20 名，没想到上高中后就是这样。哦，原来是这样的问题啊，这种问题在我们学校，特别是高一基本上算是一个普遍现象，毕竟这是一所汇集了宜昌各所初中尖子生的重点中学。然后，我便很老道地给她分析了原来初中和夷陵的不同情况，一二三四五点，哗啦哗啦口若悬河。以往面对这样问题的学生，基本上我们讲完后心情就会好很多，可是这次我发现有点不对劲，一边是我口干舌燥唾沫星子横飞，另一边是她无动于衷没有半点反应。

到底是怎么回事呢？眼看着就要上晚自习了，我一时半会儿也不知道怎么应付这种尴尬的场景，就借口上课让她先回教室去了。在晚自习的时候，我拨通了欣妈妈的电话，如实地传达了刚才的一幕，希望从家长那里寻找到更多的线索，很直白地问欣妈妈："欣好像不只是因为成绩排名而伤心，似乎还有其他的原因。"在我的询问下，欣妈妈道出了欣还有一个双胞胎妹妹，两人一直在同一所学校的同一个班级里面，但是上高中之后，两个人去了不同的学校，这还是她第一次跟妹妹分开，可能有些不习惯，难怪欣从进班到现在一直这么安静。另外，从小这两姐妹跟着父母辗转过很多地方，往往是刚刚熟悉又要离开，加上父母做生意比较忙，使得陪伴女儿们的时间也比较少。综合欣妈妈的信息，我知道了比起成绩排名，欣在进入陌生的高中以后可能更需要的是来自周围人的关爱。

等到下晚自习后，我再次来到她的座位面前找到她，明显发现她眼睛里面闪烁出来的惊诧，也许她以为我不会再次找她了。这次我把她带到学校的俏牛儿奶吧，给她买了一杯热鲜奶，不谈成绩，只询问她进高中以来的各种状况，包括饮食、住宿、作业情况、老师印象，还有她的爱好，等等。可能是因为脱离了成绩这个沉重的包袱，也可能是因为找到了她感兴趣的话题，她比先前的状态好了很多，慢慢跟我闲谈起来，也跟我分享了很多她的心里话，我知道这招奏效了。临别的时候，我嘱咐她，以后有什么不开心的事情尽管来找我，她腼腆一笑点点头跑开了。

大概几个星期之后，我们开了一次关于感恩的班会，主持人点名让学生分享案例。出乎意料的是，没等主持人点名，一向内向文静的欣竟然主动举手，同学们齐刷刷地将头转向欣，这么多的注意让欣的脸一下子红到耳根子。在主持人的鼓励下，欣说道："我要感谢谭老师，因为谭老师像妈妈一样关心我。"她所列举的理由我已经记不清了，只是那句"像妈妈一样"当时让我又窘迫又感动，窘迫的是我才 24 岁啊，咋就像一个 15 岁少女的妈妈呢？但又十分感动，因为我们几个星期之前的谈话对她适应高中生活有很大的帮助。

思绪再次回到现实，望着这个在我问完"你找谁"之后便满脸通红的女孩子，欣似乎费了很大的劲儿才挤出几个字："谭老师，你回来了，我好想你，就来看看你。"我很默契地一笑说："我也很想你，以后遇到什么不开心的事情尽管来找我哦。"这个一向情感细腻敏感的女孩子的眼眶又红了，我赶紧在她肩膀了拍了两下以此来平复她的心情，原来一年前的那次平平常常的谈话竟让她记挂这么久。看着她一蹦一跳离去的身影，我很欣慰地重新审视自己的职业，虽不是惊天动地，但是能够通过简单的言谈举止便走进一个孩子的心里陪伴她一生，真好！

# 学会倾听学生的心声

姚　倩

小罗是理科班转到文科班的，他的爸爸、妈妈都在移动公司上班，爸爸对小罗无比宠爱，出了新款苹果手机赶快给他买，有了好的电话号码也留给他，考试成绩进步了给予金钱奖励，最多的一次奖励了 3400 元。

小罗很聪明，热衷于参加学校活动，是学校街舞社的副社长，喜欢在表演社跑龙套。但他在学习上并不是很努力，到了高三，依旧会出现上课睡觉、不交作业、上课玩手机游戏等情况。因为他的贪玩，我经常要和他的爸爸妈妈交流。

一次数学晚自习，我和往常一样去教室巡堂，看到小罗正端着一碗热干面，数学老师在上面讲得汗流浃背，他在下面吃得不亦乐乎，同学们在旁边闻香。看到这种情形，我先用手机拍了一张照片，作为证据。同时，我在外面巡堂的事情小罗也发现了。下课了，我把小罗带到了班主任办公室旁边的会议室和他交流，他也明确表示自己在课堂上吃饭既对老师不尊重，又影响了其他同学，还耽误了自己的学习，看到他认错态度非常诚恳，我简单说了几句就让他回教室了。

但是，没想到，事情还没有结束。

当天晚上，我回到家已经是 10 点半了，洗了澡准备睡觉时就看到了他爸爸发来的短信，内容是这样的："晚上小罗情绪有些低落，回家就把自己关在房间，和孩子沟通后知道他晚上和老师发生了冲突，同时觉得自己的学习不在状态，明天我想把带孩子到单位让他冷静冷静。"看到家长的短信，我觉得孩子口中描述的"和老师发生冲突"不是事情的真相，我有义务和家长说清楚。于是，我打电话给家长，小罗爸爸的手机打不通，他妈妈的也打不通，我想可能是太晚了，家长和孩子都睡觉了。

第二天，小罗真的没有来上课，我还是觉得有必要和家长把事情核实一下，就用自己的手机给他的父母打了电话，但是电话依然“无法接通”，这是什么原因？接着，我就向另外一位班主任借了电话，很快就拨通了他妈妈的电话号码。电话一接通，我就知道自己的电话被“阻止”了。我就把前一天晚上在学校发生的事情，他“爸爸”发来的短信，我的电话号码被屏蔽，小罗没有到校等情况反馈给了他妈妈。他妈妈表示，前一天晚上小罗回家后很正常，他爸爸没有给我发短信，早上自己将小罗送到学校来。很明显，这个孩子在欺骗父母和老师。

由于家长本来就在移动公司上班，很快通过自己的方式在一家网吧找到了小罗。

高三的孩子学习目标很明确，学习动力也比较足，为什么小罗会这样？

我想可能是我的方法出了问题，很明显他不信任我，他不想我和他的爸爸妈妈交流，不愿意父母知道自己在学校的情况。

找到小罗后我就坐下来和他谈心，从进 1303 班第一天谈起，从他在讲座旁边的座位谈起，从第一次期中考试的进步谈起……后来，小罗告诉我：他之所以屏蔽我的电话是因为他不想让父母为自己担心。他知道自己做得不对，觉得自己前途渺茫，虽然自己不笨但是缺乏意志力，更重要的是他想学传媒，现在根本没有心思学习文化课。

听了他的话，我是又生气又心疼，生气的是他清楚自己的缺点却没有信心改正，自暴自弃，心疼的是他有理想却得不到父母的支持。后来，我、小罗和他的父母坐下来一起深入交流了一次，不仅指出他在欺骗老师家长事件中的错误，而且分析了他的现状和考传媒大学的条件。我们达成共识，作为男子汉他要对自己的言行负责，如果想学习就要定下目标，向着目标努力；家长和老师如果需要交流一定当着他的面，语言一定中肯。

后来，小罗真的去学传媒了。

再后来，小罗专业课考完后回校学习很认真。

最后，小罗被中国传媒大学录取了。

有人说：“生活像一首单曲，流动着恬淡的幸福，我们对着彼此微笑，明白了彼此之间的心声，于是我们没有了距离，只因为我们，学会了倾听。”教育何尝不是这样，老师学会了倾听才能走进学生的内心。

# 那么轻　那么重
## ——我与学生二三事

曾晓宇

前两日，读到这样一则作文题，感触颇深。题中写道：中国宣纸“轻似蝉翼白如雪”，有着“纸寿千年”的美誉。它轻薄，却能承载文字、文化的厚重；它素朴，却能呈现心灵、精神的绚烂。轻中有重，朴中见华，又何止宣纸呢？我们的课堂、我们的教育也承载着学生心灵培养、人格塑造的重任。而学生“轻”、“朴”的言行，有时也重叩我们的心灵，让我反思教育之轻重，为师之真谛。

### “教育”与被教育

常常听到有学生问我：“老师，课本上的知识又不会考，我们学了有什么用啊？”每次听到这样的疑问，我一边在心里“吐槽”，怪学生太过于功利，一边告诉学生母语的魅力不在于应试的高分，而在于乐养生命、滋养心灵的高级境界。我希望在语文课堂上让学生体会到诗意与美感，然而现实却如此骨感，在高考这根指挥棒下，学生总是想着多得分、得高分，似乎忘记了语文素养和人文情怀才是语文学习的出发点与归宿所在。

其实也不能怪学生功利，有时老师似乎也有迷失。高三的一天，已经进入了最后的冲刺阶段，评讲试卷时，我将试卷上的诗歌鉴赏题做了种种“技术性分析”，颇为自得，自认为得高考涨分之精髓。然后恨铁不成钢地严肃批评了那些不背知识点和答题方法，导致诗歌鉴赏失分严重的一些同学。批评完了，一看还有两三分钟就下课，于是我将诗歌范读了一遍，让学生再自读体会诗歌的情感。下课了，一名男生跑了过来——是之前被我点名“教育”的一名学生。他并没有被批评后的沮丧，反而笑嘻嘻地对我说：“老师，说实话，刚刚你讲答题方法、分析题目之后，我对这首诗究竟是啥情感还是半懂不懂的，但是你一读，我就一下子体会到了！你读得好！我领悟力也好！”然而他的热情却似一盆刺骨的冰水一下浇到了我的头上——为什么十来分钟细致的方法讲解反而比不上一两分钟的朗读呢？什么时候起我忘记了让学生感受文化意蕴、获得独特感悟比一两道习题的讲解更为重要？学生对我真诚地赞赏令我汗颜，而他无心的一句话让我无地自容，我所谓的批评教育抵不上他的无心之言带给我的深思和反省——在高三这个特殊的时期，如果老师自己都不能固守初心，急功近利，那么投映给学生的将是思想的黑洞！我望着他灿烂的笑脸由衷地说：“谢谢你！”

教人要教心，我们常说静待花开，可花朵并不能盛放在功利性教育的泥淖中，缺少人文情怀的冰冷解析，只会黯淡语文教学的人文魅力，只会合上学生那扇感悟真情的心灵之门。有时学生需要的并不仅仅是过于理性的分析，也许一两句感性的话语，倾情的朗读就能拨动他们本就柔软敏感的心灵，让学生在美好的情感体验中去学习、去寻真，怀有诗意的心灵，我们才能聆听到花开的声音。

**鼓励与被鼓励**

一天上课时，我发火了，原因是快要高考了，有些学生却只顾着玩，十来个学生没有交语文作业。下课后，一张纸条塞到了我手中——是一个平时不太爱表现、略为矜持的女孩子。纸条上写着：“虽然小生我也没有那么乖，但我在精神上完全支持你，在行动上尽力服从你。晓得您教书有自己的办法，人也好，不过最近大家压力真还挺大的，表现不好请见谅。您最近有些不淡定，这样对自己不好哟！加油加油加油！我们都愿意和你一起创造奇迹!!”后面是一个大大的笑脸。孩子们就是这样纯真可爱，看到我发火就用自己的方法宽慰我、鼓励我。静心反思，我发火、批评他们的初衷是什么？他们并非思想品性不端，触犯了原则性的问题。他们也在承受着种种压力，也许他们只是渴望将绷得紧紧的弦略略松一松，放松一下身心，再投入到学习中去。选择语文作业没交，也许是因为我一向同他们走得近，他们希望在我这里稍作休憩，再整装前行。这时候，他们希望的也许只是老师几句关切的询问、几句激励的话语。然而这种渴求却被我轻忽错失了。

其实他们是多么善解人意的孩子们啊！新年的贺卡中有他们对我的感恩与自我期许——“不知不觉，我们踏入新的一年，也是我们学习生活的最后一年。两年前，我因为遇到您这样的老师感到自豪，在这新的一年，您也将为我们的成绩感到骄傲。祝您新年快乐，万事如意！”生日的祝福中有他们对我的善意调侃——“放开胆子去吃吧，做一个萌萌哒的吃货！”我喜爱的榴莲蛋糕和一杯暖暖的奶茶悄悄地放在了我的座位上。生病后，他们会贡献出有靠背的椅子，“老师，您就坐着讲！没关系的！”

有学生会递来一盒“金嗓子”或者几袋感冒冲剂。“得天下英才而教育之”——孟子的人生之乐其实我早已感受到！被学生关心着、鼓励着，他们淳朴的心灵、本真的善意让我感受到教育之乐、人师之乐！

一位教育专家说过：“教育的核心不是传授知识，而是培养学生健全的人格。”曾经有位学生在给我的祝福卡片中写道：“能遇到你，是多么幸运呀！你与我们分享你的生活，尊重我们的想法。每节语文课都是紧张生活中一次心灵的瑜伽！”其实我又何尝不感恩于你我的相遇，感谢你们——我的学生们——对我的教育与鼓励，让我不忘初心，让我与你们共同成长！新高一的第一节语文课上，我在黑板上写下了六个大字——“爱生活，爱语文”。轻轻落下的粉尘中弥漫的是那份厚重的教育情怀。

# 悉心关爱　静待花开

黄　淮

光阴似箭，岁月如梭。不知不觉近一年的光阴已从我们手边溜走，而我也在每日与学生的“打交道”中走上岗位快一年了。想想这一年，有幸福也有苦恼。幸福的是孩子们原来那么细心，连你轻声关门也能注意到；苦恼的是对于有些需要帮助的孩子，我有时候却没有太多的办法去帮他们。和周清老师交流的时候，他说教育不是一瞬间让孩子发生天翻地覆的改变，而是学生在多年之后还记得你上课讲的一个事例，又或是你对他的成长有了一点点影响，那是你最幸福的时候。的确是这样，教育是需要耐心和时间的。

去年开学的时候，同学们正在做自我介绍，突然有一位爸爸来到了教室门外，他身旁站着一个害羞的小女孩。我见状便对爸爸说：“先让她进教室吧。”

爸爸略带命令的口吻：“快进去吧，听老师的。”

我见她有些胆怯，便对同学们说道：“请同学们热烈地欢迎我们班的新同学！请这位同学给大家做个自我介绍吧。”她小声地回应：“我叫杨××，来自河南。”听到这句话，我瞬间明白了她情绪的由来。十几岁的小姑娘就离开了自己从小生活的地方，那种孤独感与无助感我是体会过的。所以我立马回应道：“那我们一定会让杨同学感受到家的温暖，是吗？”伴随着掌声同学们回答道：“是——”她见状小心地走到自己的座位上，坐了下来。

第二天军训就开始了，本来以为小姑娘会因为一天的熟悉而开始适应，可是刚刚开始训练，她就开始落眼泪了。见此状况，我将她从队伍中带出来，递给她一包纸巾，轻声问道：“怎么啦？不适应吗？”她啜泣着点点头。我又问道：“你吃早饭了没？”她回应道：“没心情吃。”

“那可不行，没吃早饭哪有力气训练啊？走，我带你去吃东西。”此时早已过了早餐时间于是我将她带到了面包房。待她坐下之后，我对她说道：“你是第一次到离家这么远的地方吗？老师以前也和你一样，也有过这样的经历。”这时她终于开口说话了：“真的吗？”

“是啊，我那时比你还小，刚开始也是很想家，头一个月总是盼着放假的日子。后来我认识了新的同学，也认识了新的老师。在一天天的学习和生活中知道了总有一天我要离开父母身边，去向更远的地方。慢慢的你就习惯了，你看周围的同学不都对你很好吗？”她若有所思地点点头。“一会儿吃完了就回去训练好吗？”“我知道了。”

在后面几天的时间里，我每天都和她聊天谈心，她也和我说渐渐适应了，情绪也稳定了下来。正式开始学习之后，由于对文史方面特别感兴趣，还主动要求做政治课代表，期中考试文科综合进入了班级前10。

分班之后，她进入了文科班，虽然还有许多习惯需要改正，但是她已经习惯了这里的生活而且知道了自己的目标。我们本就是渺小的，也并不能改变什么，只希望自己的言行和经历能够感染和帮助更多的孩子。

# 徒弟，你慢慢来

张春喜

学校一直注重对年轻老师的培养，“青蓝工程”为每位来到夷陵中学实现理想的年轻人提供了迅速成长的平台，而我也有幸得到学校领导的信任，承担了年轻老师的培养重任，成为了年轻老师——方瑶的指导教师。

一天，一直元气满满的方瑶垂头丧气地走进办公室，我问了句：“你生病了吗？”方瑶说：“没有生病，是我们班一个学生的校服丢了，他家长天天给我打电话让我给他找。我已经问了全班同学，也问了他同寝室的同学以及住校的同学，有没有人拿错校服，结果都没有。刚发校服就提醒，让他们好好保管，最好是自己在校服上写上自己的名字，他不按照要求做，现在丢了，成天找我。真是烦死我了！”看着心情糟糕透顶的方瑶，我说：“你先不急。我们做班主任，什么样的家长都会遇到，所以要保持良好的心态去工作。”方瑶说：“这个学生的妈妈天天给我打电话，我都快要崩溃了。哪里还有良好的工作状态啊！”看着焦虑的方瑶，我特别能够理解一个刚工作的充满工作激情的年轻老师的无奈。我说：“我给你讲个我亲身经历的故事吧。”

那是我刚到学校带班主任的时候，我班上一共有3个女生寝室，其中一个女寝三天两头的不是白榜就是黑榜，我多次找寝室长谈话，是不是寝室同学起床拖拉导致卫生不合格，或者是因为有学生劳动观念不强，又或者是有学生集体荣誉感不强。寝室长说这些情况都不存在，她们每天都起床很早，为了把地上散落的头发清理干净，拖地都是跪在地上用抹布擦的。而我也多次在查完早自习后去查寝，看看到底是什么地方老是扣分。我每次去的时候发现，这个经常扣分的寝室的卫生比其他寝室做得还要好。在查了几次，确实没发现什么问题的情况下，我再去查寝的时候就喊上负责卫生检查的生活老师W，这样就形成了，每当我去查一次，生活老师W就会给我们班这个女寝上一次红榜或者第二天上一次红榜，当我不去的时候，白榜就又再次出现。多次反复后，我也是心力交瘁，只要学生确实做得不错，索性不去计较卫生评分的情况了。就这样，一个学期结束了，寒假来临。寒假的某一天，我突然收到一条短信，是生活老师W发来的，很长的几条。内容大致是，对不起我，老是给我的寝室扣分，原因在于我们班X女生。原来X女生的妈妈是第三者，抢走了生活老师W的老公，X同学的妈妈年轻漂亮生活优越，经常打扮时髦地过来给女儿送东西，而生活老师W离婚后，一个人带着儿子生活，儿子就读普通高中，孩子爸爸给的生活抚养费不够母子两人的开销，于是就出来当生活老师，每个月挣点钱贴补家用。她说，每天面对着这个在重点高中学习、生活优裕的孩子，就勾起了她的伤心往事，于是她就用扣这个X女生所在寝室分的办法来缓解内心的伤痛。她也是个善良的人，可能这么做之后，她背负着沉重的道德压力，最终承受不了，跟学校提出了辞职。辞职后，她觉得对不起我，向我说出了心里的秘密。

当方瑶听我讲完后，她的情绪缓和了下来。我发现，元气正在她的体内恢复，相信，她能够更加淡定地应对那位妈妈的纠缠了。

年轻人在工作中，可能会遭遇或这样或那样的挫折，其实回过头来看，这些挫折又何尝不是一笔宝贵的财富呢！正是因为我们年轻，所以我们唯有经历挫折方能成长。只要我们意志坚定，成长中的这些挫折都不可能消磨我们的勇气。

很欣慰地看到方瑶工作半年的努力与成绩。在紧张而忙碌的工作之余，她参加了湘鄂边教学比赛。虽然因为教学理念的不同，没有取得好名次，但是我相信，备课、磨课的经历，每天晚上在办公室战斗到12点、没有双休的备赛经历，会使得她的教学能力得到极大的提升。在高一上学期的三次大型考试中，方瑶所带班级的历史单科成绩能够一路遥遥领先，就说明磨课的这段经历早已经物化成教学成果。不仅是专业教学效果显著，她所带班级的综合成绩也是名列前茅。我想，只要不忘初心，慢慢来，不急不弃，一切都会好起来。

# 用心呵护　静待花开

张梦飞

阳春三月，草长莺飞，春风和熙，百花齐放，久违的太阳终于露出了笑脸。难得的一个周末，来个大扫除，让家里也一扫冬日的阴霾，迎接复苏的春天。收拾旧物时，突然掉出一叠贺卡，精美的卡片包裹着满满的祝福，落款都是同一个人——程皓。

清秀的字体，慢慢变成一张青涩的脸庞浮现在我眼前，将我的思绪拉回 2013 年，我第一次见到他的时候。

飘逸的头发，新潮的服饰，倔强的眼神，高高的个子，由于偏瘦，显得格外单薄，一看就是一个很有个性的孩子。但是，由于当时我所带的是美术班，都是学艺术的孩子，多少都有些个性，相比起来，程皓并不算扎眼。随着慢慢的接触发现，程皓确实不算是个调皮的学生，安静内敛，不爱跟同学打交道，经常独来独往，但是很头疼的却是他的成绩，在班上一直处于摆尾的状态。无论是文化课成绩还是美术成绩，他似乎没有什么学习动力，上课，写作业，包括画画似乎都只是在履行一种责任，完成一个任务，提不起丝毫的兴趣。想要改变他的这种状况就必须要找到原因，才能对症下药。

我决定从他的家庭入手。通过和他妈妈的沟通，了解到他其实是一个很孤单的孩子，爸爸常年在外地出差，妈妈平时工作繁忙，经常上夜班，对他照顾较少，唯一弥补他的就是金钱，一切物质条件都满足他。终于明白了，他孤单萧索的背影后是这样一个缺乏关爱的家庭。从此，我开始刻意地关照他，无论是学习上还是生活上，给他最大的帮助，让他感受到学校的温暖和关怀。但是收效甚微，我决定还是和他谈谈。经过一番苦口婆心的开导，他终于跟我说了实话：“老师，我觉得我就是我爸妈用来考大学的工具，他们从不关心我其他的东西，只关心我的成绩，跟我聊天也是三句话不离考试和分数，好像我生来就是为了高考，为了考一个好大学的。其实我以前很喜欢画画，但是现在画画也变成了我考大学的工具，我就不想画了。老师，你不用管我，我知道，你也在乎我的成绩，但是，这是我的选择，请你把精力放到其他同学身上去吧。”说完，就转身离开了。看来，要想改变他，不是一朝一夕的事儿，得真正打动他的内心，触及他的灵魂，让他放下那份戒备，真正接受我的关爱。虽然我没有放弃他，但是我的努力也没有多大的起色，他对我给他的关心非常的淡漠。

事情出现转机是在 2014 年 12 月，我永远记得那天阳光下的操场，那一片碧绿，以及那一张笑脸……

那是一个冬日的晴天，午后，温暖的阳光洒满整个校园，偶尔一丝暖风拂面，像母亲的手，温柔而慈祥，整个校园都沉浸在午睡的安详中，以至于午觉起床铃响起时，大家都不舍得与周公说再见。下午第一节课的上课铃响起时，还有同学一副睡眼惺忪的模样，我像往常一样叫醒了同学们准备回办公室，就在我回办公室的路上，突然感觉办公楼震了一下，开始还以为是自己的错觉，紧接着又是一阵摇晃。当时我抓着栏杆脑袋一片空白，直到不知是谁喊了一声“地震了”，紧接着教学楼里一片嘈杂，学生蜂拥而出，校园里也响起了警报铃，我才反应过来是地震了，赶紧往楼下冲，作为班主任要赶紧到操场上清点班上的人数。就在我跑到中央广场，距离操场还有几步之遥的时候，我突然想到了程皓。因为程皓在这之前下楼时不小心摔伤了脚踝骨，回家休息了一段时间刚回学校，行动不便还拄着拐杖。他下来了吗？我转身飞奔向教学楼，三步并作两步冲上楼梯。此时，楼梯上只有零星的学生还在往下跑，我绕过他们一路往上。我们班教室在 5 楼，我当时恨不得一步跨一层楼。当我冲到 3 楼的时候，我松了一口气，因为我看到我们班的谭恂正背着程皓往下走，由于谭恂个子比较小，所以走得非常艰难。我赶紧上去扶起程皓，谭恂已经满脸涨红，看得出来他也是拼尽了全力。我和谭恂一起把程皓扶到操场上的集合点，当我准备离开去清点人数的时候，程皓叫住了我：“老师，谢谢您！”并向我深深地鞠了一躬。抬起头，我看到了他脸上绽放的笑容，映着冬日的阳光，衬着苍翠的草坪，格外的干净灿烂。

这件事我并没有批评班上的其他同学，因为在灾难到来的时候，人出自本能的反应都是自保，但是我表扬了谭恂，生死关头还能不顾自身安危帮助身边的人，这种大无畏的精神是这一代孩子缺乏的。我想其他的同学经过这次事件之后，心灵会得到净化，灵魂会得到升华，无需我再多言。让我最想不到的是程皓变了，不再是以前那个懒散、一切都无所谓的程皓了，开始变得非常积极主动。所有老师都反映程皓上课聚精会神，积极回答问题，再也没有神游了，作业质量大大提高，似乎换了个人一样。他的改变，我看在眼里，喜在心上。

元旦的时候，我收到了一张精美的贺卡和一束鲜花，“亲爱的张老师，首先，我想为我以前说过的话向您道歉，以前我觉得，您是我的班主任，所以您也只会关心我的成绩，现在，我知道我错了。那天我看到您专门跑上楼去找我的时候，我才知道，您和其他人不一样，您是真心的关心我，在意我。我很后悔没有早些认清这一点，您放心，我不会再放弃我自己了，离高考还有几个月，我一定全力以赴，不让自己留遗憾，不让您失望！——程皓”。程皓说到做到，经过努力，最后考上了武汉的一所大学的平面设计专业。从那以后，每年教师节和元旦等节日都会收到他的贺卡，现在我已不再是他的老师，但我们更像一对老朋友。

每个孩子都是一颗花的种子，只不过每个人的花期不同。有的花，一开始就会很灿烂地绽放，有的花，需要漫长的等待。我们作为园丁，要细心地呵护每一朵花，用爱心滋养它，慢慢地看着它长大，陪着它沐浴阳光风雨。所以请相信孩子，静待花开。

时光静好，往事如烟，我擦拭着每一张贺卡，将它们收好。窗外传来清脆的鸟叫声，天空澄净碧蓝，阳光明媚灿烂，如此好春光，不出去走走岂不辜负了太阳公公的美意，收拾好，出门，大步走向春天里……

# 每个孩子，都应该被关爱

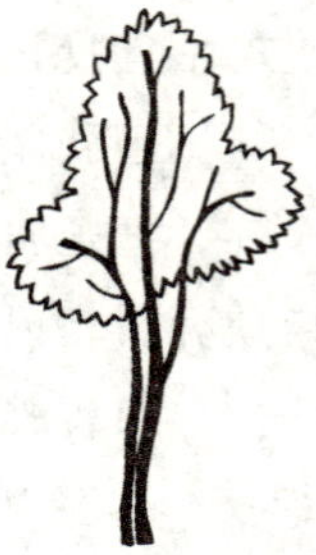

王　方

还记得第一次见他，是在监考的考场里。所有孩子都在认真答题，只有他一个人睡得正香。一米九的大个子，高大威猛，身材壮实，就那样肆无忌惮地酣睡着。我走过去轻轻拍了拍他的肩膀，他醒来后，看了我一眼，撇了撇嘴，什么也没解释。再看看他的答题卷，除了选择题填涂了，主观题部分一个字也没写。

第二次见他，就是分班后了，作为他们班的数学老师，我带着愉悦的心情走进 1601 教室，一进门就看见他坐在教室的最后一排，两只眼睛呆呆地望着我。我满怀激情地在讲台上讲着数学知识，却瞥见他两手空空地坐在那里，课桌上连一本书也没有，更别说是在听课了。我走到他身旁，用眼神示意他拿出学案，认真听课。可他仍然撇了撇嘴，没有搭理我。

回到办公室，经过与班主任沟通，以及跟他之前的任课老师了解之后才知道。高中开学至今，他根本就没怎么听课，什么内容都没有听进去，什么都没学会。

再次上课，我下意识地望了望他，他却一直低着头。没错，他在看小说。我想，在他眼里，学习是一件痛苦而困难的事，与其听着老师讲 40 分钟“天书”，倒不如看小说来打发时间。看着这个一米九的高个子小伙儿，我不禁开始为他担忧。说真的，他看小说，我并不生气。那一瞬间我想的是如何让他对学习感兴趣，如何能让他参与到课堂上来。

下课后刚好是课间操时间，别的同学都去做操了，他在教室里坐着。于是，我就主动跟他搭话了。

“诶，××同学，你怎么不去做操呀？”

“我请假了。”他说。

“哦，怎么啦？是不舒服吗？”

他说：“没有。都是那个语文老师，没事儿搞我干什么。非得让我默写！切，真是的，我跟他又不熟。”

简短的言语中，透露了他对语文老师的不满，也充分说明了他内心里还是没有体悟到老师对他的关爱，而是用怨恨的态度来回应别人对他的“关注”。我一边安慰他语文老师是因为关心他才这样，一边岔开话题，跟他聊聊别的，拉近与他的距离。

第二天上课，我在办公室拿了两本小册子，里面都是与现在所讲内容相关的一些公式定理等，我把册子放在他的桌上，只说了一句“送给你”就转身离开。我想，我的用意已经很明显了，希望能真的触动他。

第三天上课，他没有再看小说，而是静坐在那里，两只眼睛望着我。下课后，他终于主动走到我跟前：“老师，你那里还有多余的学案吗？我的学案丢了。”

我很高兴地回应他：“当然有，随时来我办公室拿。”

是的，我当然很高兴，至少他开始想学习了。在回办公室的路上，我一直在想，在这个校园里，还有多少像他这样的孩子啊，他们孤单地坐在教室某个角落里，在每一个 40 分钟的课堂里，吃力地听着老师们精彩的讲课，艰难地想把那么多晦涩的知识点搞懂，课下他们又很无奈地完成那么多难做的作业……但作为老师，我在他们的眼神里，还是看到了他们内心是多么渴望自己能学好啊。在这个时候，老师的一句鼓励，同学的一点帮助，或许真的可以促进他们取得进步和快速成长。

我曾经在改试卷时，收到这样一份答题卷，主观题一个字也没动，但在那么大空白的答题卡上，这个学生写下了他的内心独白，大体内容是先悔悟了他从高一入学至今，在学习上的放松和偷懒，使得现在他虽然真的很想学好，只是无奈跟不上别人的节奏。从他的字里行间，我感受到了孩子们的真诚和可爱。我没有批评他，而是在答题卡的另一面用黑笔用心地写下了我想对他说的话。

是的，正如刘若英的歌《最好的未来》里面写道的那样，每个孩子，都应该被关爱，他们是我们最好的未来。

# 该如何表达 何其幸运

汪振喜

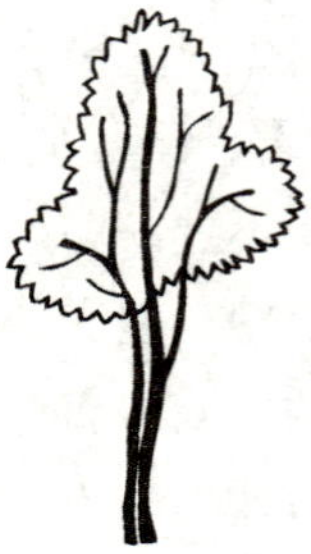

要分班了。

这是一封长达3000字的信，一名学生写的。

当然，信的内容一点儿都不严肃，甚至还包含了几首诗，用塑料夹装在一起。实际上，在高一下学期的半年里，我经常在办公桌上发现她留的各种东西，包含早餐面包或是各种糖果。

在这一届高二分班前，她是我班上的一名学生，成绩倒不是很好，特别是物理学科，但是学习态度非常认真，作业字迹工整，让我最开始就有了比较深刻的印象。在某一次的作业中，她留下了一张小纸条，问我为什么每天晚上10点钟还在办公室备课，还说一直感觉第三节自习教室太吵，可不可以到我办公室写作业，我答应她了。之后，她就经常最后一节晚自习来我这里写作业，如果是有问题，还经常询问。之后的一个月来得很频繁，同时我也看到了她在各个学科的进步。我想，这应该就是我所给她带来的正面效应吧，看到她的进步我也很欣喜，感叹每一个学生总是会有一种特殊的方法来提升的，只是我们老师很少一个个去寻找而已。实际上，在夷陵，有一大批学习勤奋的学生，做事一丝不苟，学习上也严格要求自己，有时候只是缺乏老师给他一点点小小的动力，然而，这份动力或是鼓励的获得，可能连他自己都不知道。

之后，我经常会在办公桌上发现一些面包、糖果、牛奶，甚至生日以及教师节的时候的各种礼物，很多都是手工制作的。特别是过生日的时候，她用乐器给我吹了一段生日快乐歌并放到了网上，我喜欢这样的“回报”，感动于这样的结果。

回到那封信。

信里面写了她怎么来到夷陵，然后自己的家庭以及上学的过程，再写到夷陵的每一次考试成绩如何的令人不满意，以及自己是如何的“宅”，再就是对我各方面的调侃与评价，剩下的就是流露出的关于分班后会不在我班上的无奈与不忍心。很幸运，我能了解到这么多学生眼中的我。这一学期中，我对她的经常性的鼓励让她奋斗了很久一段时间，以至于她自己都说“我相信结果总比努力来得晚”。恩，是的，我一直在见证着她的努力，还有什么比见证一个学生的努力和进步更让一名时刻关注他的老师开心的呢？

她写道：“一路从无知到自信的陪伴，不胜感激，幸运的感觉不觉降临，愿一切向上安好，更似朋友，希望你更顺利，快乐抑或是更快乐，谢谢！对了，一定要吃早餐。”我可没有这么好的文采，之后还附有一篇诗歌，好像是自己写的，读起来有些生硬。

有一次月考，她考得很差，然后跑到我办公室，和我聊了整整一节晚自习，从那时起，我才体会到，一名高中生的想法会有这么多，而不是平常一般表现出来的样子。作为一名老师，一名年轻的老师，我很渴望去了解学生的想法，我希望能更好地通过自己的各种方式去帮助他们，这是我们理应去做的。要分班了，作为一种如此和谐的师生关系，我也有些不舍了。

信的最后，写道：“该如何表达，何其幸运。”

恩，何其幸运，高一分班后，她还是在我班上！

# 给学生一点时间和空间

李　力

2013年秋季学期，我再一次担任新高一班主任。10来年的班主任工作的积淀，让我觉得自己足以应付各种突发情况和各类问题学生了，显得信心满满和无限期待！

开学后，我按部就班地开展班级的各项工作，学校的各类活动接踵而至，学生们在活动中展示了自己的个性和班级的凝聚力，其中有一个女生张某某显得尤其突出！她在班上担任团支书，各项工作安排得井井有条，而且有非常棒的运动能力，在田径运动会100米、200米比赛中获得了两项第一名，对于不是特长生的她来说，实属难得！她性格外向，做事大大咧咧，班上一些调皮的男生都被她管得服服帖帖，有一种让人油然而生的敬畏感！一个学期结束后，她的性格发生了一些变化，作为班主任的我明显感觉到，她脾气大了，任性了，有一次在课堂上和科任老师发生了不小的冲突，而且拒绝认错和交流！我意识到情况有点不对劲，冷静下来后把她妈妈请到了学校交流。她爸爸是市某著名医院的科室主任，妈妈也是该医院的医生，都受过良好的教育，为人处世很不错，但是当聊到她女儿的现状时她妈妈总是闪烁其词，好像有些难言之隐，我才意识到也许有些不便告知的事情！我决定冷处理一段时间，一边做好老师的安抚工作，一边密切注意张同学的动向。

这样的处理反而让她坐不住了，一次她走进我的办公室，非常主动地承认了自己的错误。这让我很意外，也让我很开心，我很大度地告诉她，人的情绪受很多因素的影响，你当时可能就是展现了自己恶魔的一面，知错能改善莫大焉！她又去找了科任老师，得到了老师的原谅，再次返回来找到我，说：“李老师，谢谢你没有当时很严厉地处理和批评我，让我有了一些自己的空间和时间，我想明白了，我想对您说一个我心中的困惑和秘密！我相信您会是一个很好的听众！其实在几个月之前我查出来得了甲状腺癌。上次利用国庆假期，爸妈请了最好的专家为我做了手术，我知道我们家庭会为我付出很多，会找到最好的医生，但是我还是很怕，很怕我这个病治不好，经常要复发！我也不敢和同学们说，我感到很自卑和无助，我希望做一个平常的学生，而不是一个患了癌症的学生。我不敢想后面会发生什么，我吃饭都是妈妈每天送到门口，不能吃学校食堂含碘的盐，生活中有很多禁忌。我还这么小，我不敢想将来的日子，也许就没有了将来。”听到她的这些话，我一下子懵住了，我终于知道了我这么优秀的学生、18 岁花季的孩子经历了什么，我意识到我们的工作是多么的不足！

第二天，我和她、她爸妈在办公室见了面！因为孩子的主动表露，爸妈也觉得很释然，我们就开诚布公地谈论了孩子的病情。据我所知，甲状腺癌是一种可控可防的疾病，只要及早发现，处理得当，对生活的影响不会很大。孩子爸爸是医院的专家，对女儿表露了心迹，告诉孩子，爸妈及早发现了她的病情，做手术是为了怕以后情况更严重，她现在的状况对于现代医学来讲，根本就不是大问题，只需要再做一次手术，基本上就没有大的问题了。爸爸的真诚感动了张同学，她的心结解开了，和爸妈拥抱在一起，哭着说一定好好配合治疗，把疾病赶走，她还想上大学！之后的她重新变得乐观，虽然生活并没有那么快的改变，但是她已经积极面对了，我也联系学校门房，让妈妈每天把饭送到学校食堂，母女两人每天利用宝贵的时间进行短暂的交流，一切又回到了正轨。通过 3 年的努力，她也终于摆脱了病痛，更是考取了浙江理工大学！毕业后，她的妈妈给我打电话，感谢我那时候对孩子的理解和宽容。我也反思，如果我当时没有冷静处理，给双方一点时间和空间，结果会怎样？也许我会毁了她的一生！

# 四、 世间行走篇

# 一个贫困孩子的成长故事

高圣奉

社会中，有很多爱心人士，捐助困难家庭的孩子，帮助他们顺利完成学业。人们一般认为，资助对象应该珍惜捐助者的善意，懂得感恩，努力学习，成为对社会有用的人才。但实际上，这并不是一个自然的过程。

18年前，我在宜都市教育局工作。那是一个夏天，我去宜都一中，在校门口，一对衣着破旧的父女引起了我的注意。女孩子拖着一个塑料袋，边走边抹眼泪，爸爸在前面催她快一点。我走上前去了解情况，他们来自偏僻的贫穷地区，女孩叫方会，很小的时候妈妈就去世了，奶奶和爸爸把她拉扯大，家境非常贫寒。她学习刻苦，考取了市一中，今天来报到，但钱不够。家长没有办法，准备让孩子放弃读书回家。

看着这个孩子无助、忧郁、含着泪花的眼神，我的心情很沉重，同情之心油然而生。

我决定帮助这个女孩。我和校长商量，学校免去她的学费，我给她资助3年的生活费，我把钱交给班主任，按月发给她。

看到方会和其他孩子一样，能够在教室里安心读书，我感到欣慰。

但是不久，李老师给我讲了一件事，引起了我的注意和思考。周末放假，乘坐班车时，方会同学在车上抢占座位，旁边站着老师还有别的老年人，但方会在座位上一动不动，没有给老师和老年人让座。

李老师说："高局长，这么自私的孩子，缺乏感恩之心，值得您帮助吗？"

听了李老师的话，我愣了一下。其实，我帮助这个孩子倒不是为了她感激我，而是帮助她顺利完成学业。可是，怎样引导她成人成才，懂得感恩，我倒没有认真思考过。

一个周末，方会提着一袋家里摘的橘子来看我。

我说："谢谢你！我帮助你，是希望你和其他同学一样顺利完成高中学业，成为能够帮助别人的人。我们生活在这个世界上，每个人都离不开别人的帮助，我们也需要学会帮助别人，尊重别人，对人文明礼貌，要学会谦让。"

这个孩子非常敏感，她问我："高爸，您是不是听说了什么？"我犹豫了一下，说了乘车抢座位的事情。她显得非常不好意思，脸红红的。我安慰她："我说这个事情并不是批评你，可能是你没有注意到，以后在生活学习中留心一下就可以了。今天你专门给我送橘子，说明你很有感恩之心，你身上有很多优点，学习勤奋，自理能力强，吃苦耐劳，要继续发扬。高爸不仅希望你学习好，还希望你能够成为对社会有用的人才，实现你的人生梦想。"我那天特意请孩子在外面吃了一顿饭，吃饭的时间，我们又交流了很多学习生活的问题。

孩子走的时候，我感觉到她还是很开心的。

后来，我又抽空去看她，别的同学都很羡慕她有一位高爸爸，我时常接她到我家来玩，她与我女儿建立了很好的姐妹关系。

从此，她变得阳光、开朗，除了学习努力以外，主动打扫班级卫生，乐于助人，班上有位同学不慎摔伤，她每天扶着同学上下楼梯，扶她上厕所。她积极参加学校社团活动，参加模拟法庭后，她梦想成为一名律师。

3 年后，方会以优异的成绩考入了西南政法大学。上大学后，她还把我女儿带到重庆去玩儿。

大学毕业后，她参加工作，结识了心爱的人。结婚时，她还专门回到宜昌，举办了一场婚礼。婚礼上，她由衷地表达了对我的感激之情。现在他们有一个女儿，一家三口过着甜美的生活。看到我帮助和教育过的孩子健康成长，并建立了幸福的家庭，我感到十分欣慰。

我想，我们做教育，除了让孩子们努力学习，追求理想之外，还应该让他们懂得成人的道理，能够健康快乐地追求幸福的生活。我们学校开设有华萌班，帮助这些家境贫困的孩子实现大学梦，改变他们的人生。在这个过程中，为他们构建一个积极健康的心灵世界非常有意义。这些孩子虽然很勤奋，但一般都比较自卑、自私、敏感。让他们在成长中学会更好地融入集体，融入社会，正确看待自身的境遇，懂得社会的爱心，形成健康完善的人格，是教育的真正价值所在。

# 方　仁

吴益民

事情已经过去整整10年，我仍会被故事里的主角震撼。为避免让当事人受到打扰和感到不适，我故事里的主角没有用他的真实姓名。作为在夷陵中学工作了20多年的“老人”，我知道，这件事情的当事人，还有我的一些同事们或许并不愿意旧事重提，更愿意让这件事情顺其自然地从自己和他人的记忆中淡出。或许，仅仅10年仍然是不够的，需要两个10年、甚至3个10年之后再来讲述，大家才可以心平气和、饶有兴趣地倾听。

2006年学校发生的一些事情注定会写进夷陵中学的历史。这一年，夷陵中学以优异的成绩通过了省级示范高中督导复评，先后获得了“全国奥林匹克教育示范学校”、“湖北省最佳文明单位”等殊荣。我们的老师先后摘取了“宜昌市十大杰出青年”、“十大民选新闻人物”、“十大科技精英”以及全省、全国优质课比赛一等奖等一系列桂冠。2006年高考，我校创造辉煌成绩，全省文科状元、全市理科状元花落夷陵中学，市委书记李佑才做出批示，高度评价我校的教学质量和办学成果，充分肯定我校“为宜昌人民争了光”！与此同时，我校教师发出的“婉拒谢师宴，纯净师生情”的倡议，经《三峡日报》、《中国纪检监察报》、中国廉政网报道，在社会上产生了强烈反响。

然而，就在夷陵中学师生欢欣鼓舞、斗志高昂的时候，一件突如其来的事情彻底将夷陵中学拖入到疾风暴雨的漩涡之中……

2006年9月10日上午，考点设在市一中的某学科奥赛湖北省赛区的考试正在进行。方仁——就读于我校理科奥赛班的一名高三学生，此时就坐在第二考室。他猛然发现，眼前考卷上的几道大题与老师刚刚让自己做过的训练题竟然一样。他明白，只要自己中规中矩写完试卷，全国一等奖、保送名校几乎没有什么悬念。但就是这个方仁，经过一番激烈的内心冲突，他最终放弃答题，在自己的试卷上用红笔写下两个大大的“作弊”二字，并在下面密密麻麻写下了100多字：“致理卷人：以下是关于老师让我作弊的事……荣誉是我所向往的，但用不正当手段取得是我鄙视的！……在情与法之间，情必定让位给法！”最后一句话是：“望上级领导高度重视。”

考试在看似平静中结束，离开考场的方仁没有看到当监考老师和考试负责人发现这份“特殊试卷”时的震撼表情，也没有预料到自己的不寻常之举会引发一场怎样的风暴。众所周知，近年来，两所学校的竞争异常激烈，用市民的话来说几乎势同水火，现在，夷陵中学的学生竟在对方考场上留下了这样的把柄！方仁的试卷被人当场用手机进行了拍照取证。

考试结束两天后，标题为“奥赛考试泄题”的帖子出现在“三峡论坛”中，并附有一张惊人的照片——方仁写有举报书的试卷，其中字迹清晰可辨。随即，全国各大门户网站、论坛、贴吧大量转载，并冠以“学科奥赛：少年方仁考场举报泄题，监考者惊得目瞪口呆！”等惊悚标题，舆论一片哗然。

想要出名，最快捷、最高效的办法莫过于出事！此言虽属调侃，却真是这么回事儿。一夜之间，夷陵中学“全国知名”。

在巨大的舆论压力下，9月中旬，中国某学会全国委员会委托湖北省竞赛委员会组成调查组赴我校开展调查，宜昌市纪委也介入了此事件的调查。

各路媒体纷纷出动，相关方、当事人被记者追访。9月21日，《南方周末》推出整版长文《学科奥赛被指严重舞弊，学生考场戳穿漏题丑闻》，舆论持续发酵。

直到年末，方仁被《南方周末》提名为“年度人物候选人”，并进行了事件回放。12月26日，《中国青年报》发表年度特刊《人物点评》，方仁名列榜首，记者写道：不禁要轻声问一句：这个孩子还好吗？“奥赛舞弊”的消息在满世界传播。有人发现，处于风暴中心的“揭发者”、湖北省宜昌市夷陵中学高三学生方仁，形象竟如此模糊。从少得可怜的资料里，人们只知道他“性格内向，从不惹事”。2006年9月10日，奥赛考场上，这名内向的17岁少年，用红笔在考卷上写下“关于作弊的事”，揭露“泄题”丑闻。人们长期怀疑又无法证实的猜测，由此被踢爆。关于‘作弊文化’，关于竞争压力下的畸形教育心态，关于被名利支配了的应试交易，再次成为焦点。而方仁却从这场热闹里消失了。人们不清楚他的相貌，不关心他是否爱踢球，甚至不知道他的现状。在对应试和奥赛的新一轮“讨伐”中，人们需要的，只是一个符号化的孤胆小英雄。真担心，对一个实名举报自己学校丑闻的高中生来说，今年冬天会不会特别冷？

关于此事的媒体报道，我看到的最晚近的一篇仍然出自《南方周末》，刊于2010

年末特刊——《十年担当》，方仁赫然在列，该文序言如下：

他们都只是“小人物”，在某一年，因为某些突发状况被关注，成为舆论焦点。他们也以自己的方式推动着中国的进程，尽管时间短暂，力量却未必微薄。若干年过去了—— 你们都还好吗？

……

事情的经过就是这样。时至今日，我不知道这件事情算不算得是夷陵中学历史上的一件大事，因为它的确与可以载入史册的大事非常不同，既不光荣伟大也不辉煌卓越，彻头彻尾是一个负面消息。谁会把一个天大的负面消息写到自己的历史当中呢？

可是，作为当时的办公室主任，我从学校领导和老师们在整个事情的处理过程中，发现了一些我们学校值得品味和思考的东西。随着事态的发展，大家所持的态度和观点有过几次明显变化，从开始的积极应对危机，到后来的冷却处理，最终落脚到上下一心全力保护学生，这个过程不仅体现了智慧，也彰显了责任。

9月10日中午，校长得知方仁同学在考场中的所为，立刻意识到此事非同小可，第一时间向竞赛负责人询问了情况，同时要求奥赛教练高度重视、积极配合调查，争取主动。结果，当联合调查组进驻我校开展调查的时候，我们老师现场在自己的几本教学参考书中找出了与这次奥赛试题几乎一模一样的例题，这是很有说服力的证据，事情就这样基本上说清楚了。联合调查组及时做出了调查结论，排除了试题泄密的可能。我并不想在这里评述这件事的真与假，经过10年岁月的冲刷，真假已经无足轻重。但如果当时学校不能快速反应，积极应对，事情会非常被动。

调查组做出了有利于学校的调查结论，然而，这个结论却并不为当时的媒体所采信。一些媒体记者非常执着，甚至采用跟踪、盯梢的方式以图获得采访当事人的机会，大有不挖出“真相”、把整个事情弄个底朝天绝不收兵的架势。这时候有同志提出，是不是可以围绕调查组的结论主动做点文章，正面宣传一下学校。经过讨论大家认识到，正面宣传表面上是在为学校正名，但可能引起对方仁同学不利的议论，产生一系列新的问题，对学校最终无益。大家认为，既然调查组的结论认为学校无责任，那么，学校要尽可能对此事进行“冷处理”，明智地保持沉默，谢绝媒体的任何采访，用沉默来为过热的舆论降温。就这样，媒体记者们想尽各种办法，折腾了好一阵子，却始终没有采访到当事人，大部分媒体也就偃旗息鼓了。

作为一名未成年的孩子，方仁不可避免成为了舆论的焦点。媒体上、网络上的方仁“诚实、正直、勇敢”、“无视潜规则”、“拥有一颗天然纯净的心灵”，但在周遭的生活圈子当中，方仁的处境完全相反，他的行为让他几乎“众叛亲离”，外有媒体的追访，内有家长及家族亲友的斥责和埋怨，身边少有同情和理解他的人，不少人认为：“这孩子真傻到家啦！”这对方仁的高三冲刺会有怎样的影响？他还能在夷陵中学正常地学习生活吗？面对各方的疑虑，学校的立场非常鲜明：必须保护好方仁！校长一方面安排我给《南方周末》曹记者（此人追踪采访闹得最厉害）打电话，希望他本着对学生负责，多从保护未成年人的角度考虑问题，不要给方仁的学习生活带来更多的麻烦，另一方面亲自主持召开相关干部和老师工作会，统一思想，要求大家一切为了学生，上下一心保护方仁，消除方仁的心理负担和思想包袱，确保方仁尽快回复到高三正常状态。不能不说，方仁所在班级的任课老师们是一个非常有战斗力的团队，大家通力协作并与家长紧密配合，保证了班级的和谐稳定。在2007年的高考中，方仁最终以优秀的成绩考取了中国农业大学，同年湖北省高考理科状元也诞生在这个优秀的班级之中。

故事的尾声：当我回忆、追述这个故事的时候，特别想知道方仁的现状。我拨打了方仁妈妈的电话，居然还是10年前的那个号码，方仁妈妈说的居然也还是10年前的那些话："孩子惹事，对不起学校！对不起老师！"不过，她告诉我的消息让我释怀：一是方仁不后悔自己所做的事情，到现在也不后悔；二是方仁研究生毕业后就职于一家大型环保公司，从事数学建模技术研发，目前对自己的工作比较满意。

# 20年后一次以学生身份的发言

杨 勇

各位尊敬的师长、各位亲爱的同学：

一别20年，你们好吗？

我很想你们，但我不能像冯巩那样说：我想死你们了！因为在母校，我学到的更多是本色当行，我没有学会矫情。

我是中文系9403班的毕业生杨勇，同陈俊同学（早先发言，曾任孝感孝南区委书记）丰富的人生履历相比，我一直“从一而终”，这20年一直执教并任职于湖北省宜昌市夷陵中学。

周三接受鹏飞兄弟（张鹏飞，中文系古代汉语专业博士，现为湖北大学教授）安排我在这讲几句的任务，我突然明白了一个朴素的真理：兄弟就是拿来卖、用脚踹的！你说报到来了突然安排，我也好有个推托的理由：你临时赶鸭子上架，我胡乱凑合几句不丢人的！现在倒好，我给了你3天的时间准备了，你准备不充分，对不起，丢人现眼是你的事，与我张教授无关！

这当然是个笑话！可我该怎样准备呢？20年的时光，一个人四分之一的生命历程，该浓缩了多少世事的无常、人间的百态？杰出也好，庸常也罢，光鲜也好，落寞也罢，听从内心的召唤，这就是回来的理由，这就是相聚的缘由。

儿子曾经问我：老爸老爸，你身份证上的开头数字420202为何同我和妈妈的不一样？我的回答是大学毕业了你就会懂。他又问，能不能改过来？我的回答是有些东西改不了，也不能改！其实我的第一个回答是个伪命题，他们这辈人一出生一上户口就有身份标识，所以即便是他们以后异地求学、工作，也不会有他们父辈类似的牵挂；我的第二个回答有些沉重，他现在不一定懂，对于母校这个概念他没有我们成年人心中的分量。

什么是母校？根叔说：母校就是那个你一天骂它八遍却不许别人骂的地方。对于母校，我没有根叔那样直白而深刻的理解，个人肤浅地认为：母校就是那个让你想起偶尔会抓狂、偶尔会发出会心甜蜜的微笑、却始终不会入梦的地方。——那是魂可牵、梦不绕的地方。

我不会忘记黄瑞云教授用他原生态的湖南话讲述的一个又一个直抵人心的寓言故事；我也不会忘记石麟教授用“心猿意马的放纵与收束”来高度浓缩西游记中美猴王的形象；我更不会忘记余涛老师（现为副校长）当时作为系辅导员面对中文系篮球队九二级亚军、九三级季军的困局，面对我们中文系九四级篮球队喊出的铮铮誓言：我决不能让“九斤老太，一代不如一代”的悲剧落在我们中文系的头上。——虽然我们最终也只得了第四名。但作为男人的担当、在竞技场上应该具备的血性，我至今铭记并自觉践行。感谢所有的老师们在那样的时局下赋予我们精神的滋养，赐予我们向真、向善、向美拔节的力量。谢谢你们！

借此机会，我还要感谢大学四年对我始终不离不弃、包容我陋习、忍受我孤僻的同学们。你们称呼我为“队长”，我却很少有机会为你们服务；你们评价我是“方形人格”，在你们有诉求的时候，我却很少坚定地与你们站在一起。如果时光的洪流可以回溯，在你们最美的年华，我一定会让你们遇见更阳光、更温润、更勇毅的自己。感谢你们的大度与宽容，让我这 20 年无论在什么样的境遇里都学会了始终真诚相待、温情相随。也谢谢你们！

“我们跋山涉水穿越红尘，抵达的不是远方，而是内心最初出发的地方。饱经的风霜、历练的人事，都是生命里最温柔的灌溉。”这是《愿你出走半生，归来仍是少年》一书中我最喜爱的一段话，送与大家共勉。最后由衷祝愿：

各位师长，身体健健康康，儿孙满堂；

各位同学，日子和和美美，事业蒸蒸日上；

祝福我们的母校永远枝繁叶茂，永远光景常新！

2018 年 7 月 20 日于人文楼 602 室

**后记：**

以学生的身份再次回到阔别整整 20 年的大学校园，心中不由百感交集。在讲台上站得太久，是否还有坐下来聆听教诲的心绪？习惯了场面上酒酣耳烈的热闹与喧嚣，是否还有勇气承受逆耳忠言的冷寂与孤寒？曾经的如花笑靥，眼前饱经世事摧折的脸……

路上酝酿、宾馆写就、礼堂讲完，听着台下大学师长和同学的阵阵掌声，我竟有些恍惚，有些讶异。为20年倏忽时光穿越般的存在，更为自己在这样一个特定情境里竟然能如此高效率地完成了“工作”（文本里我用的是“安排”一词）。是的，又是工作，大大小小的工作，形形色色的工作，充斥着我们的生活，也装点着我们的生活。它，对于我们，就是神一般的存在。可紧要处在于，有没有一些“工作”，找不找得到一些“工作”，可以直抵人心（文本中我用了这个词）？可以在我们日益钙化的内心深处探寻到那些温柔的存在？——而我们师者，尤其需要找点时间，找点空闲，找点契机，去探寻、去验证那些存在！那是爱的存在，真正的神一般的存在！

所以，有些句子，还真的有些感觉：一如“20年的时光，一个人四分之一的生命历程，该浓缩了多少世事的无常、人间的百态？杰出也好，庸常也罢，光鲜也好，落寞也罢，听从内心的召唤，这就是回来的理由，这就是相聚的缘由。”又如“如果时光的洪流可以回溯，在你们最美的年华，我一定会让你们遇见更阳光、更温润、更勇毅的自己。”

权以之煞尾。

# 一日为师　终身为友

黄　靖

凌晨两点，一条微信消息惊醒了熟睡的我，我摸索着打开，是已经毕业多年的一个学生，“靖姐，你在吗？紧急求助。”“我被骗了3万多块钱，刚毕业，这才是我工作的第一个月，你能不能借我点钱……”冷汗冒出来，顿无睡意。

这个学生芦苇（化名），是我带的第一届学生，现在刚大四毕业，算起来确实是参加工作第一个月。我和她多年来一直断断续续有联系。她就像芦苇一样，生得平凡，却性格坚韧。她从小便是妈妈独自拉扯，辛劳的生活让她成长得比同龄人更加懂事善良，早上六点就进教室读书，晚上十点半还不肯走，每天追着老师问问题，无论在别人眼中她多么没有学习的天分，也无论那些高傲的同伴如何嘲笑她的努力——是的，她在那3年里，就是班级里其他同学眼中最努力却总是考不好的人。但是她从未放弃，十分自强。正是因为这一点，我对她印象格外深刻，校内校外对她的关注也格外多一些。

“这该不会是骗子盗号了吧？”想到最近频频发生的各种微信盗号骗局，我的第一反应便是如此。正在我发愣的时候，微信消息接二连三扑通扑通地冒出来……

“这是我刚刚报警的回执单，我被骗使用网贷，刚开始没注意，后来发现一天利息一千，太吓人了，现在都利滚利三万多了。”

“我现在G市工作，一个月工资5000元，包食宿，我有偿还能力，一定会尽快把钱还给你。”

“刚才我找小C和小Y（这些都是我带过的学生，他们高中同学）借了一部分，现在还有一部分凑不起来。”

“我妈肯定担心死我了，我不仅没有给她寄钱，还被骗了这么多，我不想告诉她，你能借我点钱吗？”

凌晨两点，看看熟睡的家人，正是我不方便接打电话核实真实信息的时候。而她发过来的这些却又那么真实，万一是真的呢？怎样核实她的真实信息呢？

“你是本人吗？”我试着发了一个问句过去。

很快，一个 10 秒的小视频发了过来，确实是她本人对着镜头说：“你看，我可憔悴了。”

想到微信骗局里语音信息和视频信息都可以盗用作假，我总觉得心里不安心。怎样才能确定这是她本人，而不是别人趁她不备，盗用她的各种信息呢？想到我和她相处的点点滴滴，我突然来了灵感……

“我要先核实你的身份，你先回答我的问题，我叫什么名字，我是你什么人。”我问道。

“你叫黄靖，是我高中生物老师，也是班主任。”她很快回过来。

可是，这些信息稍微熟悉一点的人都知道啊，还不够。我又继续发问：“那在你高中 3 年，你印象最深的是什么？”我想，如果真的是她本人，聪慧如她，应该能很快理解我的意思，吐露一些只有我和她知道的往事。

果然，她发了一个萌萌的不情愿的瘪嘴巴的表情给我，说：“你这是在套我话嘛，这得让我跟你说多少我的小秘密。”

“印象最深的第一件事是高中第一次见你，那个时候的你像现在的我一样大，才 22 岁，长长的卷发，刘海全部扎起来，大大的光脑门儿，笑得很阳光，你对我说的第一句话是，欢迎你来夷陵中学，这是你的饭卡，我叫黄靖，我以后就是你的班主任啦！”

“那时候的你总是穿很土很老气的衣服，把自己搞的好丑。”

“你会在晚自习十点半熄灯以后陪我一起回寝室，那时候在老校区，我会摸黑数着阶梯，每一层楼有 11 个台阶。”

“有天下晚自习我走得晚，看到你偷偷地躲起来哭，我给你写了纸条，你后来告诉我我也让你很有力量。”

“高二，有一次你单独叫我出来，给了我 500 块钱助学金，后来好像是半年后又给了一次，也是 500。”

“我们班是全年级平行班成绩最好的，又特别团结，你总是寸步不离地守着我们，班上调皮的男生实在是憋不住，就会趁你实在不得不走开的时候溜出去踢球，你吼起他们来也挺吓人的。”

“校庆你跳新疆舞《花儿为什么这样红》，结果晚自习你来不及卸妆，顶着大浓妆去班上，大家都惊呆了，那是高中最欢乐的晚自习了。”

“有次晚自习突然停电，你一点儿也不慌，慢悠悠地说，打开你们的手电筒，我们来个烛光拉歌比赛。很快，我们一首一首唱起来，大家都没动，歌也唱得很热烈。半节课的时间电就来了，你又镇定地坐在讲台上继续改作业，我们也很快镇定地自习。你太镇定了，我们都以为那次你是为了搞班会故意拉了电闸。”

“上大学之后我去你家玩过两次，最后一次你送我回学校，路上你还跟我讲了很多你大学里的事……”

看着她发过来的消息，回忆如潮水涌来，一幕一幕……

大学刚毕业，22岁的我充满了初生牛犊不怕虎敢闯敢干的蛮劲儿，来到夷陵中学报道后第一件事，就是申请当班主任。果不其然，8月底，我成功成为了1106班班主任，那时候我心怀理想，而芦苇，就是我那个班上的学生之一。因为自己年龄小，担心唬不住学生，我刻意穿戴都很成熟，仿佛自己很有经验很大龄的样子。虽然学生常常私底下猜测我的年龄，我总是一副深不可测的姿态让他们没有一个确定的深浅。哪里知道后来不久，热心的家长就在夷陵中学官网上查到了我的信息，知道了我是刚毕业的应届生，于是，各种质疑、不满和举报蜂拥而来。那天晚上，我遇到了一个蛮不讲理家长的谩骂，她甚至打电话给年级主任和校长，控诉我和我的班级。一腔热血满心奉献给学生的我遭受这样的委屈，独自躲在无人走廊掉眼泪，正好碰到晚回寝室的芦苇，她拉着我的手，和我一起数阶梯离开了教学楼。第二天，满满的一封信，透露出坚定又温暖的力量，让我迅速忘记了烦恼，迅速投入到教学和班级管理工作中，这也是我工作生涯里特别温暖而重要的记忆。

芦苇的妈妈是附近工厂的一个职工，每天的工作非常辛苦，微薄的薪水还要供养她和妹妹读书。当时学校有助学金项目，我让她申请，自尊心强的她说，要把机会留给更需要的人。其实我知道，她一点儿也不希望班上同学知道她家里的情况。芦苇妈妈十分自强，也十分保护女儿们的自尊心，她告诉我没关系，把机会留给更需要的同学，我们自食其力没有问题。

后来过了几个月，一个陌生人联系到我，问我是不是芦苇的班主任，她说她是芦苇妈妈的同事，芦苇的妈妈是一个特别善良的人，在工作上帮助了她不少，她心怀感恩，想给芦苇资助500元作为助学金，但是不希望其他任何人知道，也不希望芦苇本人知道这笔钱的来源。别人都说，只有最为艰难的人生，才最能识得人性里最纯朴的善良，芦苇一家的遭遇让我特别触动。我尊重了这位资助者的要求，并单独给了芦苇这笔钱，这一次芦苇没有再拒绝我。我告诉她这是一个慈善家在学校里开设的一个特殊项目，不用对外公开，也不会在班上宣布，每个年级3个人，你是其中一个。后来第二学期，我在我的办公桌抽屉里看到了那位资助人说明信息时留下的纸条，看到芦苇自己这么奋进，又以同样的方式从自己的工资里拿了500块钱给她。看着她没有任何负担地接受了这次费用，我由衷地感到高兴。

想起当时带他们班主任那几年的点点滴滴，不由得感慨万千，如今的我已经不需要扮成熟来树立自己的威严，也不再为了工作吃不下饭睡不着觉胃疼感冒。在经历高中生物教学 3 年以及当班主任 3 年的摸爬滚打以后，我成熟了许多，游刃有余了一些。我和芦苇之间有许多不会对外人讲说的秘密，更可贵的是我们之间那种真诚的互相关心，纯洁的师生情谊。虽然工作只有 7 年时间，但是我真心对待的每一届学生，都有无数感动我、激励我，聊以慰藉的小故事，说也说不完。我知道，夷陵中学的每一个老师都是这样，默默地将每一个感动瞬间化为工作的动力和人生价值观的实现之路，无论当老师好不好，这都是我们的选择，而为自己负责最重要的方式，就是做出选择，忠于选择，快乐地教书育人！

注：最后核实是本人，受骗也是真实的，在我的帮助下，她已经将校园贷还清，并远离这种骗局提高警惕。

# 记住名字是对学生最好的肯定

贺道德

记住一个人的名字，是尊重对方的开始，也是提升自己个人魅力的一条捷径。

由于年岁的增加和身体原因，近几年没当班主任了，再加上或许存在的职业倦怠的缘故，记学生的名字就没以前快了，自己也没感觉到有什么问题，但一件小事让我改变了看法。

本学期接新班一个月后，我对班上的学生还不是很熟悉，还不能叫出全班学生的名字。周五上晚自习后，准备坐学校通勤车回家。搬到新校区后，交通不方便，多数老师开车上下班，而每天下晚自习后坐通勤车的只有极个别老师了，我想今天又将享受专车待遇了。我比发车时间提前 10 分钟来到 2 号通勤车旁，发现车上已坐了几个人了，心里正纳闷，上车后听见学生叫我，才知道车上坐的不是老师，而是学生，是我们班上的 4 名女生。幸好这 4 名同学我都能很轻松地叫出名字，其中有两个“欣怡”（班上共有 3 个“×欣怡”），于是我们有了轻松愉悦的交谈，车上充满了欢声笑语。这几个同学家里住着和她们年龄相仿的德国来的游学生，这些德国学生明天早晨就要离开宜昌了，这几个平时住校的同学是特地请假回家陪德国学生的。有一名同学用我的手机与家长联系，家长无法抽身来接她。她家几个月前才从城西搬家到城东，她对周围环境很不熟悉。我知道从通勤车经过的站点到她家所在的小区，要经过一条树木高大、灯光昏暗、深夜行人稀少的马路，加上又下着小雨，我担心她的安全，于是和她一起下车，多花一二十分钟时间将她送到家门口。

第二天，我收到了这名同学家长的感谢短信，这我并不感到意外，让我感到意外的是收到了另一名同学家长的篇幅较长的短信。短信中说她家小孩性格内向，各方面都不太出众，从小学到初中都不太受关注，甚至一个学期快结束了老师都不知道她的名字，而昨晚老师一下子就叫出了她的名字，并肯定了她的一些特点，她感到非常开心，认为自己在老师心中是很有地位的，自信大增。难怪昨天叫她的名字时她是那么的惊讶，并反问：“您知道我的名字?”原只感受到昨晚同学们的欢声笑语消除了我的疲惫，使我的归途充满了欢乐，哪承想有了意外的收获，教书育人上的意外的收获。记住学生的名字，而且很轻易就叫出来，等于给予学生一个巧妙而有效的赞美。

卡耐基曾经说过：“一个人的姓名是他自己最熟悉、最甜美、最妙不可言的声音，这就是记住对方名字的重要性。在交际中最明显、最简单、最重要、最能得到好感的方法，就是记住人家的名字。”

学生同样如此，获得老师的肯定、欣赏与赞美是学生的心理需要，而这种需要一旦得到满足，他们就会更崇拜老师，更愿意接近老师，可以成为他们积极向上的学习动力，激发他们的思维灵感和创造力。对任何一个学生的任何疏忽都有可能打击他的自信心，从而使他封闭心扉，走向自卑。相反，对每一个学生的关注都可能帮助他敞开心扉，走出自卑，重树自信，从而逐步走向成功。因此，每一位教育者都应尊重学生，关注学生，欣赏学生，赞美学生，而最快记住学生名字就是对学生最好的肯定!

# 保持距离　坚持原则

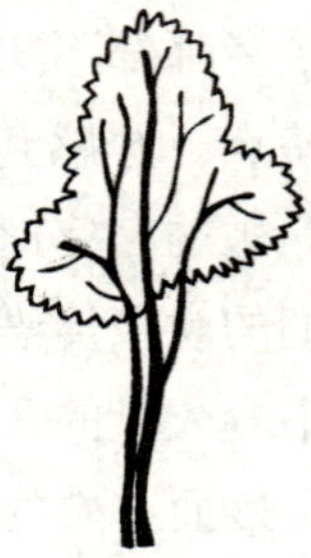

王　方

初为人师，精力充沛，并且很想得到学生的认可。因此，我会花大部分时间在教室里，找学生谈心，辅导学生作业，甚至去宿舍查寝，关注他们的生活等。于是，我很快记住了两个班120多名学生的名字，与学生打成一片。但时间长了，我发现，与学生的这种相处方式存在诸多弊端。

那是一个周末的下午，我匆匆忙忙地吃了饭之后，就开始准备我的公开课。这时手机上的QQ突然亮了起来：

“老师，在?”

这是我班上的一个学生，性格开朗活泼，平时喜欢问问题，也会经常过来与我谈心。这是周末，他突然发消息过来，我想应该是有什么数学问题要问吧。虽然我此时脑袋里全是公开课的事，但我想也不在乎这几分钟。

“在。”我回复道。

“老师，准备一下。”他说。

他的这句话让我着实发了愣，准备？准备什么？除了公开课，难道还有什么重要的挑战迎接我吗？我很诧异，神经也跟着紧绷起来。

“什么?”我问道。

“我生日呀……”他回复道，“我生日你难道不应该表示一下吗?”他继续说道。

我……我从来没有想到他会这样说，也没想到他会用这样的语气来向我讨要生日的祝福。虽然我平时确实很喜欢他，喜欢他上课踊跃发言，课下积极思考问题，同时也常常与老师交流学习生活上的问题，但我万万没想到他会用这么直接且带点命令的语气来跟我讨要生日礼物。一时之间，我感慨万千。

回想起过去一年来，在与学生的相处过程中，我感觉我说得太多，做得太多，与学生走得太近，以至于让他们养成了开玩笑没有底线、捉弄老师、不交作业或迟交作业、上课讲话不守纪律、老师讲过的话不听等坏习惯。还记得，开学初我强调过交作业的时间是 19 点 30 分，如果不按时交作业或作业写得不认真的同学，我会报告班主任，让学生第二天来办公室写。然而我自己说出的话，我并没有履行。时间长了，没有惩罚措施，学生就松懈了。几乎每一天都有迟交作业的同学，我看在眼里，急在心里。直到有一天，我听到两个学生这样谈论道："你数学写完了吗?""没有，数学可以晚点交，还是先写英语吧，英语老师太可怕了!"可怕？我心想，应该是严格的意思吧。同样是女老师，为什么杜老师可以做到让学生心服口服，那么受尊敬和喜爱呢?

后来在走廊碰到杜老师，她说：教育教学是长久之计，不可嘻嘻哈哈，一味地追求学生的"认可"而做无原则的事情。教师的严格不是呵斥，发脾气，而是能谨言慎行且言出必行，这样才能在学生心中树立威信。

是的，学高为师，身正为范，我们是老师，我们和学生需要保持一定的距离，在现在这个师生关系平等和谐的社会里，我们不是用教鞭来震慑学生，而是用我们纯熟的教学技巧，丰厚的文化知识，先进的教育方法，让学生打心底里佩服我们，尊重我们，进而热爱学习，热爱高中生活。

# 家　访

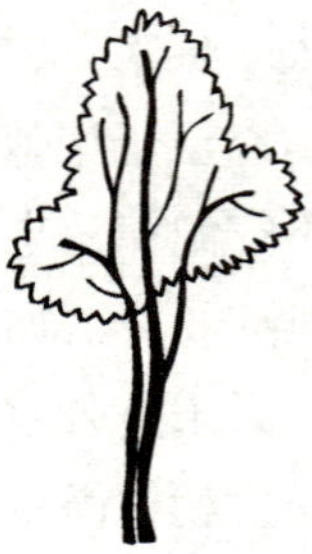

曹文红

家访是班主任工作的一个重要组成部分，是家校联系的一道不可或缺的桥梁，是了解学生最直接的方法，也是与家长沟通的最有效手段。虽然现在通讯手段先进了，家长与学校、老师联系便利了，但家访的作用仍然不可替代。

2011 年 9 月，我担任高一年级理科“宏志班”班主任。班上有一名宏志生 A 同学，她是一个性格沉稳、待人友善的女孩子，来自宜昌市所辖的某县区初中，初中成绩在所就读学校名列前茅。A 同学学习刻苦，同学关系融洽，还担任了科代表和寝室长。但开学后不久，我注意到这个女孩子经常愁眉不展，显得心事重重，情绪较为低落。

怎么了？通过及时与孩子交流并与家长沟通，我了解到主要是因为孩子近期的家庭变故带来的。该生家庭情况一直比较困难，外婆在其母亲年纪尚小时早早过世，奶奶不久前也因病去世，当时已七八十岁高龄的爷爷和外公一直由该生父母赡养。家长对孩子的教育非常重视，孩子被我校录取后，其母亲专门在宜昌某超市找了份工作，并在夷陵中学附近租房陪读。其父亲则在农村家里独自照顾两位老人并照看几亩责任田，十分辛苦和劳累。因为前一段时间奶奶去世加上母亲因胃病住院，孩子感受到父母的艰辛，加之新环境新阶段的学习压力，使情绪受到了较大影响。

怎么办？我把这一情况向班级的科任老师们通了气，一是提醒大家多关注一下这个孩子，二是大家一起来集思广益想对策。恰逢当时学校正在开展“课内比教学，课外访万家”活动，我和班上的语文老师刘老师、化学老师丁老师商量后，决定一起到 A 同学在学校附近所租住的房屋进行一次实地家访。在事先与家长联系并约好家访时间后，10月上旬的一个周三下午，我和刘老师、丁老师一行三人步行至该生所租住处，其母亲早早在路口迎候我们三人，态度非常客气和热情。

进入孩子租住的房间，孩子的母亲忙着给我们端茶递水，还递上专门准备的蜜橘。环顾四周，虽然看起来比较简陋，但房间被收拾得干净整洁，书籍和文具摆放得整整齐齐。短暂寒暄后，我首先通报了孩子的近期情况：孩子能较快适应高中阶段的学习生活，学习成绩和寝室工作都比较出色，对老师也非常有礼貌。但由于高中学习节奏加快，加之身处班级众多优秀同学中间，感觉在学习上压力较大，也影响了孩子的自信心。前一段时间由于家庭原因，情绪有一定波动。家长则向我们详细介绍了孩子初中学习生活情况和近期的思想动态。她告诉我们，她对孩子的学习成绩非常关注，各科每次考试成绩（包括平时每周测试）都及时作了记载和分析。A 同学平时住校，每周末回来与母亲团聚，母女俩在学习问题上交流颇多。刘老师和丁老师则主要就孩子本学科的学习情况与家长进行了沟通，并对家长提出的一些问题作了详细的介绍和解答。最后，我们一行三人从缓解压力调节心态、改进方法提高效率以及孩子的休息和安全等方面给家长提出了一些具体建议，家长也认真作了记录。

时间过得很快，告别家长从 A 同学租住处出来，心中感慨颇深：在紧张繁忙的教育教学工作之余抽出时间进行家访，对学生是一种激励，对家长是一个提醒，对教师本身也是很好的教育和触动。看到家长把孩子教育放在家庭生活中最重要的位置并为此作出了巨大牺牲，可以说是对孩子的未来寄予了厚望，作为老师，我深切地感受到了肩上沉甸甸的压力和责任。同时，作为 A 同学家长的同龄人，我也被他们面对生活的乐观态度所感染。上有两位七八十岁的老人要赡养，下有十五六岁的孩子要读书，自身又体弱多病，对于生活的艰辛却没有丝毫的怨言和沮丧，有的只是要把孩子培养成材的坚定信念和日复一日、年复一年的无怨无悔的付出。这种精神让人感动，更让我们再次感受到了肩负着重大的教育责任。

后记：家访以后，我们几位老师又分别抽时间与孩子进行了沟通。孩子的情绪终于慢慢地恢复过来，学习和生活也都重新充满了劲头。大约一年以后，学校安排我担任另外一个文科班的班主任，我与 A 同学就此告别。后来，每次在校园里遇到 A 同学，她都非常热情地跟我打招呼问好。偶尔在学校门外遇到 A 同学的母亲，她总是停下匆忙的脚步，跟我细说孩子的点滴进步，言语中充满了骄傲和自豪。家访两年以后，A 同学考上了北京的一所“211”大学。

# 关爱·成长

徐旻晶

教育是一项复杂的育人工程，良好的教育应当建立在对学生充分了解的基础之上，学生的学习行为既与学校的教育有关，也离不开家庭的熏陶。通过学校与家庭的充分沟通，了解学生的成长背景和成长经历，有针对性地采取措施，更有助于学生的健康成长。

一、他是怎么了？——家访很必要

X 同学，一个文静内向的男孩子，自进入夷陵中学之后，在学习上，积极性一直不高，上课存在明显的走神现象、做笔记也不认真，作业时常不交，甚至还时有睡觉的现象；在生活中，不喜欢和同学交流，下课时常看到他落寞地独自坐在教室里。看到他如此和班级积极向上的学习氛围不相容，如此地游离于班级集体之外，作为班主任的我非常着急，十分想和他沟通、交流，并找到解决问题的方法。但是，在谈话的过程中，我发现 X 同学更不喜欢和老师交流，往往都是我在讲他在听，对我的问话总是问而不答。要想帮助他首先必须了解他，我该怎么办呢？借助“课内比教学，课外访万家”活动的契机，我想我或许可以从他父母着手，了解他的成长经历，探寻他之所以会形成现在这种状态的原因，于是我决定对他进行家访。

二、原来是这样！——首访解困惑

在家访中，通过和他母亲的交流，我了解到 X 同学在小的时候，其实是个品学兼优的好学生，喜欢看书，喜欢交朋友，但是在成长的过程中，有两件事对他造成了重大的影响，使他由一个勤学开朗的学生变成为一个内向、敏感且不自信的学生。一是家庭的变故，使他变得内向而敏感，不苟言笑；二是在初中时，一场疾病导致他相当长一段时间没有上学，影响了学习，成绩开始下滑，失去了在学习上的自信心，特别是来到夷陵中学后，面对从各个学校来的比较优秀的同学，更加没有自信。由于认为自己是学不好的，就彻底放弃了学习。由于学习态度不够端正，与班级积极向上的学习氛围显得格格不入，使得很多同学都不愿意和他交朋友。

了解清楚他的状况之后，我就和家长、各科任教师进行了交流，并制定了应对的思路和具体的措施，并兵分几路，开始行动。

三、原来可以的！——再访助成长

了解到了X同学的生活背景和经历之后，我们对该同学采取了鼓励、关心的应对路线。

首先，在严格要求中给予人文关怀。允许他根据自身的状况有差别地对待作业，有针对性地进行个别辅导，强化基础，助其进步。

其次，在点滴进步中给予鼓励。只要该同学有一节课上课不睡觉、听课记笔记、自习做作业了，我们教师就进行表扬，助其追求向上。

再次，在谈话交流中给予自信。在交谈中，我讲了许多像他一样基础的学生所取得的进步和成功，使他相信只要肯付出就一定会有收获；同时只要我发现了他的进步和优点，就会当面表扬，使他相信只要付出了就真的会进步。由于不断的表扬和鼓励，X同学的笑容逐渐多了起来，学习积极性有所提高。

最后，在班级事务中给予关怀。在教室的座位安排上，尽量安排跟他同座的都是学习成绩比较好、自觉性比较高的同学，给他树立了一个良好的榜样，或是安排性格比较好的同学，让这个同学多和他交流，让他感觉不再孤单。

虽然现在该同学的学习成绩还不优秀，但是我们的工作已经取得了一定的成效，为了帮助他取得更大的进步，我又进行了再次家访，和家长沟通了他的进步，家长也表示该同学比以前的确阳光了许多，虽然学习的自觉性还不够高，可也接受了家长安排的补课。在交流中，我希望家长也能对他多多鼓励，家长一再表示会积极配合，让他再树信心，健康成长。

我相信只要我们家校齐心，对他加以“爱”的关怀，用“爱”的鼓励帮助他成长，就一定会使他一点一滴地不断进步。作为一个教育工作者，能有什么比学生的发展进步更让我们欣慰呢？在以后的工作中，我们将继续借助“课外访万家”这个平台，家校合作，共同促进孩子的发展。

# 花的启示录

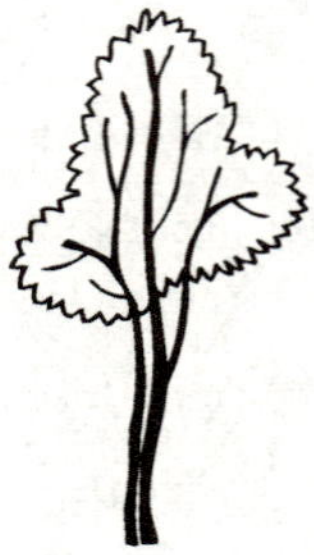

邹永红

## 一

旧历年前，阳历是 2017 年 1 月 16、17 日的样子，我拍了一张照片。

图书城的围墙上，垂下一枝枝柔绿的迎春花枝条。上班日日从墙边走过，恰如歌里唱到的那样：“听惯了艄公的号子，看惯了船上的白帆”，长时间的面对面导致了最深刻的审美疲劳——最熟悉的陌生人，以至于我竟不知道，它在这样的时间点，能给我带来这样的惊喜。

彼时，正是深冬。可是那一天，从墙下过，竟发现十来朵亮黄色的小花缀隐在一片红墙绿绦之中，静默无言，在瑟瑟的寒风中，摇曳得让人怜惜，也坚韧得促人心惊。什么时候，竟开了这么一丛了！何以每日路过，竟不曾发觉！我在心中责怪自己的无感无目，赶紧拿出手机，把这一珍贵的画面定格了下来。

不曾想，日后，它们竟常常进入我的脑海，带起阵阵思绪的涟漪。

## 二

大概可以用阴差阳错来形容吧，我这个口拙话少的人，竟然选了一个以说话为生的职业——老师。是不是就像那几朵早开的迎春花，因了大自然不小心的一点暖意，就毫不犹豫地把自己交给了人间一样呢；而且我们还有一个共同点，都是那么默默无言。

但是，迎春花，早开的迎春花，你真的是默默无言吗？不！你也很诚恳地很真挚地向我向这人间透露了很宝贵的讯息啊——冬天来了，春天还会远吗！只要捕捉到一点暖意，就要尽力绽放自己，就要坚定不移地告诉我告诉这人间——相信未来！

迎春花，你没有默默无言。而做一名老师，我又岂能默默无言！我也没有默默无言！我把你存放在心底，每天做着如你所做的事情。因为，在去往高考的路上，我的学生们，每天都可能有人心中出现冬天，一如你绽放时那饱含斧斤之力的朔风与寒冬。这样的时刻，我必须像你一样站出来，陪伴他们，尽我所能地告诉他们——相信未来！

## 三

我所带的文科班，已经是高三下学期了，恰好也是你出现在我生命中之后，但是，孩子们的作文还是存在大大小小这样那样的问题，诸如审题啦、结构啦、剪裁啦、点题啦……每次课堂宣讲作文，并不能起到很满意的效果，其中总有一部分学生听不懂或是听不进，同样的问题反复出现。怎么办，总不至于让他们带着这些问题走进高考考场吧！尤其是里面还有一些非常努力奋进的同学，更不能耽误了。而对于那些到此时还不努力的人，我的付出与陪伴，或多或少也能带动他跟着学一点吧。文科班的女生多，不太来找我。在这样的态势之下，我主动出击了。

从春节来后的第一次收心考试开始，对照着他们的得分情况，我在每一个人的试卷上一题一题地给他们标注出失分的原因。尤其是作文，给每一篇作文划分出层次，概括好内容，指出孩子们做的好的需要保持的点；更主要的是帮他们进行修改，乃至于病句和错别字也都一一加以订正，最后再缀上几句心里话。如此做足了准备，我再去找他们，帮他们分析试卷，逐题讲解。大部分都温言悦色激励以对，而学习不用心者，其间也不乏禅宗似的急言棒喝，当然最后再细语安抚，告诉他全心付出，则未来可期。

迎春花，你知道吗，在我的带动下，孩子们的劲头都被点燃了，他们有问题就来问我，追着我不放，甚至有丫头，在我忙不过来没找她的时候，还怪我忘记了她，呵呵……

还有几个很用功的丫头，每次都考不好，但是经过我的这一番苦功，也是她们自己的努力，成绩在摇摇晃晃中慢慢有了起色，真是太好了！

再后来啊，每次考完了，不需要我再去收答题卷啦，他们在考后会主动拿着试卷来找我了，包括一个平常学习不主动的男孩。甚至我又在班上发现了几个可以追逐高分的人才。

苏霍姆林斯基说：“不能把小孩子的精神世界变成单纯学习知识。如果我们力求使儿童的全部精神力量都专注到功课上去，他的生活就会变得不堪忍受。他不仅应该是一个学生，而且首先应该是一个有多方面兴趣、要求和愿望的人。”在找孩子们分析试卷的过程中，我也没有让这个过程变成就试卷讲试卷，为成绩而谈成绩，如此这般，在我看来，未免失之于残忍，花季的少男少女，怎能如此单调。为了调动他们的谈性，我也会主动跟他们谈爱好谈心中的种种不愿宣之于众的奇思妙想。班上有个女孩，温润典雅，语文上110分的次数很少，但是她明明应该有这个能力的。一次大考之后，她的成绩相较于之前有了进步，突破了110分的大关。我拿着做好了准备的试卷找她出来，坐在早春还带着料峭寒气的太阳之下，主动挑起话头，谈起当下的娱乐圈，一下子打开了她的话匣子。小丫头很喜欢吴亦凡、TFBOYS，并直言上课走神就是因为想他们去了。她还告诉我：“这两天我失恋了！”哈，都这时候了，还在谈恋爱，我的心悬了起来。正想着破解之道，接下来她的话却让我哭笑不得，原来是她喜欢的一个男星谈恋爱了，一天的课堂都在黯然神伤呢。这么大的孩子，其实是知道孰轻孰重的，我们从人生阶段的重任谈到世界上最遥远的距离，她终于从心里承认了这些人于自己而言的虚幻。后来，我隔一个星期就问她一次，小丫头越来越坚定了脚踏实地、抓紧学习的念头，也让我稍微松了一口气。

### 四

写下这篇文字的时间，已是2017年的3月29日，草长莺飞，弱柳垂波。图书城的墙畔，当日的十数朵迎春花想来已先期离去，但是经过她们的铺垫蓄势，如今的墙头已是一片黄色的花海。那柔嫩的黄色花瓣，在轻拂的春风中泛起阵阵波浪，娱人目心。不过我心中始终忘不了那冬寒中孤零零却坚毅果敢、怒放自己的报春之花。

还是苏霍姆林斯基所说：“没有任何东西比人类的爱更富有智慧、更复杂。它是花丛中最娇嫩的而又最质朴、最美丽和最平凡的花朵，这个花丛的名字叫道德。”

迎春花，哦，迎春花，我愿如你一般，行走在教学的园地，用自己的爱——你一般的爱——去陪伴呵护我所路过的每一个学生，像你一样地告诉他——冬天之后，一定是春天！人生只要努力绽放自己，未来一定可期！

# 三访叩开学生心扉

韩　山

一、引子：电话交流。

王同学是高一分班时凭期末成绩进的重点班。进班最初给我的印象是不太爱说话，有个性。跟他的交流还是从寝室问题上开始的：本来他是住读生，但刚开学两个星期就提出请假退住，理由是不习惯学校的住宿生活，想体验走读。因为作息时间和以前不一样，早上 7 点 10 分上课，晚上 10 点下自习。如果走读的话，应该是很晚才回家，还要提前到校，如果较远的话，会赶得比较辛苦。考虑到他住刘家大堰，尽管坐车比较方便，但下车后走进去还有段路的原因，我和家长作了电话联系，同时也将他家里的情况作了初步的了解：因为他之前快成人的哥哥出事后才有的他，所以父母年纪都很大了。也因为这个，父母基本上就是在生活上由着他。交流的结果也是显而易见的，同意他走读，并于第二天带来了家长的书面申请。所以也就办了退住。

二、校访：第一次深入的交流。

进班时王同学排在第 25 名，排除以前重点班的同学，他的成绩应该是不错的。期中考试是第 47 名，期末时就退到了第 51 名，基本上就是倒数了。尽管中途也和他家长、他本人做过多次的沟通，但没有效果。依然是上课精神状态不好，用手撑着头、不做笔记，甚至睡觉；拖沓、迟到也是常事；连擅长的理、化、生也下滑厉害。总之整个人就像没生气一样。基于此，我把他父亲请到了学校，进一步了解他在家的情况。跟家长反馈他在校的表现及成绩的大幅下滑，甚至比以前的同学都差不少时，家长也感觉到了事情的严重性，说出了他之所以走读，是为了回家能上网，而且基本上每天要过了 12 点才会睡觉。这样的话，那么上课精神不好就可以理解了，成绩下降也是自然的，由此也看出了家长的放任。了解真实情况后，我直接指出这种现状需要改变，并与家长商量让其住读。

三、家访：三方更深入地研究对策。

高二开学后，尽管已经住读，但他的表现还是不尽如人意。通过电话联系后，利用晚上的时间，我让王同学带我进行家访。从离校到他家楼下用了五十几分钟，这还是比较顺利的情况下，如果是在等车的高峰期肯定要超过一个小时。尽管如此还是每天坚持回家，还不说每天要那么早起床，可见其上网的毅力有多大。到他家后，受到他父亲的热情接待。看到客厅里的音响设备，交谈后才知道他父母都喜欢跳舞，所以每天早上和傍晚在广场上组织跳舞，也是收入的来源。之所以现在只他父亲一个人在家，是因为他母亲已经到广场上班了。在王同学的房间里，看到电脑就在床头，到了不得不睡的时候倒头就可以睡。由此可见，让他住读确实是个考验，最初的不适应肯定避免不了。随后我跟家长反馈月考成绩，王同学进步很大，上升到了第 34 名。同时也了解到他每周六回家依然上网到凌晨，在考试成绩的良好开始下，他父亲也跟他提出了断网，一心搞学习。他也积极回应等网络年底到期后不再续费。

四、回访：让改变能持续。

期中考试后，我直接联系家长再次家访。尽管王同学期中成绩又下降了，但他父亲还是很高兴，因为王同学回家后破天荒地跟他们汇报了成绩，并表示后期一定努力。按他父亲的说法，这估计是上学来的首次交流。毕竟在 16 岁和近 60 岁的差距下能听到儿子的这句话，是非常难得的，也难怪在跟我复述时他父亲一直笑开颜。之后我邀请他一起到学校看看王同学课堂上的情况，不巧的是，在教室外看到的恰恰是他上课打哈欠的一幕。家长才不好意思地说，周末回家上网又到了凌晨两点，所以现在上课的状态不好，不过他保证了年底后不再上网。下课后，我跟王同学讲了他父亲来校看到的一幕，并鼓励他努力学习，不辜负家长。

尽管王同学后来依然有状态低迷的反复，但从其改变的大方向上来看还是好的：第一步是住校了，第二步是课堂上能开口了，第三步是学习上进步了，第四步是能渐渐地约束自己了。高三的 3 次调考成绩应该说是稳定的，也回到了最初进班的水平。并且每次的调考后，家长不再是通过我来了解成绩，而是王同学自己把成绩告诉父母。这个转变让家长也非常欣慰，多次在电话里感谢老师的教育。

五、结果：让所有人满意。

高考成绩出来后，看到自己的成绩，一向不太爱主动跟老师交流的王同学，主动来到了办公室，说出了他发自内心的感谢。前几天在接到华中师范大学的录取通知书时，他爸爸打电话请我再去家里坐坐，幸福的声音让我也有无以言表的成就感！

# 一次失败的家访

杨元璋

萧同学是我 8 班的班长，他在我眼中，是一个阳光帅气、很有主见的孩子。他在班上有很强的号召力，篮球比赛，他是队长，同时也是主力，带领 8 班冲进 4 强。远足时，他走在队伍最后，陪伴和鼓励每一位落后的同学。他的成绩也很优秀，在年级一直在 150 名左右。从高一下学期开始担任班长以来，班级的日常管理和大型活动的组织工作，都做得有声有色。他还帮我分担了大量的班委会建设工作。8 班的发展和成长，是有他的功劳的！

可是就在前不久的一天，早上我查班时，他没有在教室。我开始以为是迟到了，并没有太在意，可是等到早自习下课的时候，他还没来，第一节课上课了，他还是没有进教室。我判断肯定有什么事情发生了。因为我班上是有严格的请假制度的。作为班长，他不可能不经请假两节课不到。于是我打通了家长的电话。家长告诉我，他不想上学了，可家长也说不出什么实质性的原因。我的第一反应，情感上的压抑终于在高三的压力下爆发了！因为，高中三年，我只与他的妈妈有过交流，从未见过他的爸爸，也从未听过他和他的妈妈提及过他的爸爸。虽然班级名册上有爸爸的信息，但这个人始终未出现过。我一直怀疑他的家庭可能有变故，只是因为涉及个人隐私，我从未向他求证过。

他就住在学校旁边的金榜名苑，我略加考虑后，直接去了他家。在电梯口，我遇见了迎接我的妈妈，这一次，他妈妈终于把她家庭的事情和盘托出。原来，这是一对可以说是被遗弃的母子。从萧同学上小学时父母离异以来，爸爸从未有过一个电话，这么多年，爸爸只是给过 500 元钱的生活费，而这 500 元，妈妈始终放在那张已显陈旧的银行卡里，从未动过，一放就是10多年。而妈妈是一个很要强的女人，也只有要强的女人，才能独自一人把孩子抚养这么大，而且给孩子创造了不错的物质生活条件。妈妈长期一人在上海打拼，孩子独自在宜昌上学。虽然妈妈觉得自己付出了很多，孩子也很体谅妈妈的难处，在生活上很节约，但在母子之间的情感上，孩子觉得是空缺的。

进到萧同学的卧室，他还没有起床，我随手拉了一把椅子在床边坐下来。先随口闲聊了几句，我试图让氛围缓和一点，他倒也还平静。于是切入正题，聊起了他的家庭，说到了孩子对父母的生活和人生经历该有的尊重，还有对妈妈的体谅。可是话说出口，我却感到了语言的苍白无力，这些，孩子都明白。我们也聊到了他自己的人生，他自己现在所处的时期，该有的选择和状态，这些，孩子也明白。孩子所不能接受的，是妈妈以孩子的成长和优秀来作为自己当时带着孩子离开他爸爸是正确的选择的一种证明，妈妈需要孩子来帮助她证明自己的生活是成功的。于是，当妈妈的意愿与孩子的意愿不相一致时，矛盾就出现了。说到这些的时候，萧同学有些激动了！看来，问题主要是在妈妈身上了。而我此行的目的，原本是想说服孩子振作起来，现在，我已找不到更好的说辞！作为班主任，面对我优秀的班长，一种疼爱的感觉油然而生。我没有再试着说服他马上上学，只是坐在床前陪他聊了几句关心的话，待他平静下来后，我告诉他，我准他一天的假，建议他出去转转，这一阵情绪过后就回学校，我等他回教室！在他答应我之后，我便起身离开了。

从卧室出来，在家门口，我和他妈妈交换了一下意见，也给了他妈妈一些建议。我内心也明白，这些建议显得有些冠冕堂皇，在这对母子的现实生活中，要挣脱现实情感的窠臼再去建构一种理性的情感，似乎太难。

从萧同学家里出来，我想起了一句话，静待花开！一朵生命力旺盛的花，自有他经历风雨的机缘，我辈若是臆想能给他风和日丽，是否反倒煞了风景？况且，我安得有此能耐？面对萧同学，我优秀的班长，此情此景，作为他的老师，此时该有的也许不是去说服，而是陪伴！我只是他人生中的过客而已，能尽我所能，让他从我的陪伴中获得些许勇气与温暖，走好前行的路，便是造化。不求功德圆满，但得一份安宁！

# 生命如花绽放　只为那次家访

潘冰华

**题记：家——承载爱与责的根**

**访——追寻思与行的魂**

金秋十月我被邀请参加一场婚礼。鲜花丛中的新娘是那样的妩媚漂亮，羞涩中带着自信，举止中满含柔情。看着新娘如花的笑脸，穿越这幸福的场景，我的思绪回到了10年前……

新娘是我10年前的学生，叫蓉。

那时我担任高二文科班的班主任。文科班女生多，女孩子的温柔解意、细心乖巧、勤奋踏实让我爱在心头，但女孩子的过分敏感、情绪多变又让我防不胜防。当她们情绪烦躁时，我是心理医生；当她们使小性子闹别扭了，我是调解员；……次数多了，我真是怕她们又哭哭啼啼地找来。

蓉经常就是作为风暴中心的“主角”向我走来。在学生中，她很突出，第一，她的衣着比较讲究，让人猜测她一定有一个殷实的家；第二，她头脑冷静，处事干练，在最基层但最复杂的“管理一线”——卫生委员的位置上工作十分得力，让老师放心；第三，她的人际关系好像很糟糕，在一个多月的时间里，各种小报告都指向她，各种冲突都少不了她，许多人说她脾气大，说话冲，惹不得，很多人都和她对立。一时间班级的“敌对气氛”弥漫，仿佛有许多地雷一触即发。而蓉，每次事件后脸上的表情是冷硬？是倔强？是桀骜不驯？是挑衅？我说不全，但有一点是无疑的：你看不到温柔，找不到柔顺。

因为许多学生不再听她的指挥，我只好委婉地卸下了她的职务，当然在班上我对她的工作给予了中肯的评价，私下对她安抚又安抚。为了缓解她和许多同学的矛盾，我一个个做工作，说尽千言万语，使出千方百计。几个月后班级终于表面上迎来了一团和气。其间她偶尔也会和别人有冲撞，但每次我都“救火”及时，没有大碍，在一派“祥和”中，走到了高三，但我的心始终悬着。

高三学生的生活在中国大地上应该非常雷同，在书山题海中许多心选择沉静。蓉的成绩一直不太理想，班级很多女生不和她讲话，许多时候她的表情是漠然的。为了让她有点温暖，我常常找她说话，一直鼓励她，许多学生说我偏爱她，总在关心她，但是我感觉我并没有走到她心里。突然有天晚上她没有来上自习，母亲电话请假说病了；过了不到三天她又请假两天，还是病了。第三次请假的时候，居然五天没有来，最可怕的是她母亲告诉我蓉坚决不读书了！我简直不相信自己的耳朵，一分钟都不能待在办公室了，我决定家访！

按照联系本上的地址，当我下了车，东问西问，七弯八拐，满头大汗地走到一个狭窄的胡同里，踏上发黑的台阶，叩开生锈的铁门时，进入我眼前的境况让我大吃一惊：这难道是现代城市家庭的摆设吗？破旧的门帘让人感觉已悬挂百年，丝丝缕缕难挡光线；古老的残破的床单遮不住发黄的棉絮。别的就不要再说了吧。脸色蜡黄的父亲坐着欠了欠身，瘦弱的母亲穿着一件很旧的衣服一脸的歉意，不断说着“给老师添麻烦了”。当我目睹了她的家，当我知道她父亲生病已久，每月的收入只够买最便宜的药，全家生计靠母亲给人看店子的钱维持的时候；当我听她述说孩子父亲因为疾病因为落魄很暴躁，常常发脾气，甚至对女儿说“要是你考不上大学就去死了算了的时候”，我的心缩紧了：我理解了这个家为了让女儿在同学中间有自尊，所有的钱都用在了孩子身上；我理解了这个孩子尖利的言辞下是一颗自卑脆弱的心，她害怕于是她攻击，她孤独于是她夸张地表演强大。她承载着全家的爱，背负着全家的希望，她压力如山！学业竞争不如人，她感到恐惧甚至绝望，只有内心焦虑失常的人才会说话冲，才会像刺猬一样的扎人啊。

当我看懂了看透了这一切的时候，我与她的交流是那样的真实贴心，孩子，你所有的心历路程我都理解，怪只怪我到现在才来家访啊！

这次难忘的家访，让我真正走到了蓉的心中，她信任我，依靠我。她愿意丢掉用来“防御”的“武器”——尖刻，改用微笑来面对自己的同学，不再把同学列为假想敌；遇事她懂得了态度决定成败，交往的态度应该是谦和，求学的态度应该是执著；她认同了“我生于贫贱，但我绝不会死于贫贱”的誓言。紧绷的神经得到了舒展，困扰许久的交往问题、失眠问题、胃疼问题都改善了。因为我知道心理问题在没有得到解决时，会呈现躯体化的倾向。在高三日益艰难的考验中，她一次次挺过来，哪怕因为在谷底几乎看不到任何希望的时候，痛哭一场后她依然挺直脊梁，最后她走进了高考考场，发挥出高中三年最好的成绩。家访竟然让这个孩子的生命如花绽放！

今天，她的人生已经步入了幸福的轨道。凭借出色的组织才能她成为一家公司的人力资源主管，在这个美丽的秋月又收获了真挚的情感。一个曾经想要放弃的生命在一次家访后被激活，试想如果我当时只是端坐在办公桌前拿起电话，例行公事地做个劝说，也许今天的她就是另外的模样。笑容不会如此灿烂，对母校对老师不会如此感恩。10年过去了，不管身在何方，每年的教师节、春节那个甜蜜的声音就会在耳边响起：老师，我想您！

每一个孩子的个性、表现莫不打上了家庭深深的烙印，走进社区，叩开家门，你会找到学生成长的起点、解读出他们行为的密码。你会多了一份理解，少了一份武断；多了一份透彻，少了一份盲目。

不要怀疑，不要犹豫，不要观望，充满热情的、大胆地对学生进行家访吧，你会发现——只是因为多了一条路，教育就多了一个手杖，孩子就多了一份成功！

# 20年后我们一起去打仗

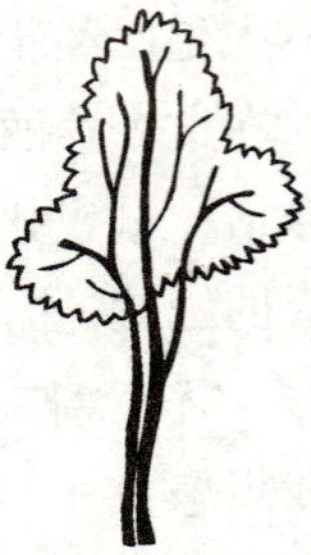

杜天维

清晰地记得我结婚那天，孩子们给我送来的一份珍贵的礼物——满满的一本寄语和照片，里面有这样一句话：20年后，我们一起去打仗。这是小陈同学写给我的。

他是一个高大结实的男孩，高一下刚分班进教室一眼就认出来他就是以前邻班的一个经常跟我打招呼的孩子，这孩子还是比较尊重老师，就是比较痞，学习上因为高一上贪玩，属于一窍不通型。

为了让他能及时跟上不掉队，我找他沟通，了解到这孩子内心还是想学好，但就是内容掉得有点多，跟不上。于是我建议他平时作业只做基础题和课本后的题目，数学这科就让他每天找我勾题做，然后我给他批改讲解，渐渐地数学有了一些起色，我深感欣慰。

后来有一天，自习课无意间发现他常常低着头，经过多次观察确定在玩手机，找他面谈他矢口否认，我也没有当面揭穿，只是让他要把心思放在学习上，切莫因为电子产品耽误大学学习时光。一天上午自习课时，我又发现他低着头，走近一看，抓了个正着，我拿过手机扔了出去摔坏了（因为就在头天晚上我反复又强调过不允许带电子产品进校园）。下课后他主动找我沟通，说：杜老师，你之前对我很好，所以我刚才没有跟你当场顶撞。这话一听我心中甚是恼火，但细想起来，他以前也跟老师顶撞过，更何况我摔坏了他的手机。于是我跟他说，你好好学习，等到你以后考上一本，我送你一部手机。于是他答应以后好好学习，平时坚持看书、问问题。

一个月后，他的成绩有一些进步，我深感欣慰。但没多久，他懒散、上课低着头的习惯又开始了，经过几次观察我才发现他这段时间沉迷于韩寒的小说，已经看了好几本了，最近在看韩寒的新作《我所理解的生活》。韩寒跟我同为 80 后，我也看过一些他的小说，所以与小陈交流起来应该也不困难。

我找他聊起了他最近的学习状态，他感觉自己基础差，学习乏味无动力，所以看起了小说。对于这种情况，我跟他聊起他的梦想，从目标入手，结合实际情况，建议他去学习传媒，因为传媒入手快，且对文化科目分数要求不是很高。但平常的基础知识还是必须要求掌握，于是我坚持每天对他的数学基础知识进行检查，每天让他上课就把书上的基础知识弄明白，完成课后习题我帮他批阅。

后来，高三我被安排去带文科班，九月婚礼那天，孩子们来参加我的婚礼，带来了一份特别的礼物——写满了祝福和贴满我们共同经历的照片的笔记本。里面小陈同学跟我写道：“20 年后，我们一起去打仗！”在我看来，对他而言，再多的言语也抵不过这句，此中的祝福和感激让我久久不能忘怀。

# 最后的“辅导课”

涂欣澍

在距离高考还有26天的那个清晨，我收到了一封求救信。

那天清晨，原本是一切如常，高三的师生还在抓紧着最后的时间奋力鏖战，在高一任教的我则显得比较轻松，在食堂吃完早点才向办公室缓缓走去。刚到办公桌前，桌上多出的一个封装严实的牛皮信封迅速引起了我的注意。信封正面并未写字，却在背面的右下角找到一行娟秀又小心翼翼的字迹：“涂老师，help me！枝。”

是她，小枝同学，高三×班的一个女生，两年前她高一时我们有过一年师生缘分。后来各自奔忙，在偌大的学校竟然偶遇都难，但每次见到我她一定是雀跃地冲上前热情地问候。这样可爱的姑娘，在高考已迫在眉睫的当下写信向我求救，我不禁有些担心。

撕开信封，密密麻麻两页纸，细细向我陈述她地理成绩的起起落落与现阶段的手足无措，请求我的指导。原来是成绩问题，我松了一口气，虽然时间不多了，但是如果运用得当仍然可以提升不少。我当即算了算，算上当天，距离高考还有26天，结合她信里所说的情况，我在脑子里迅速搜罗高三最后一个月的复习策略，毫不犹豫地着手帮她制定起了复习计划。大课间时，我拿着那洋洋洒洒十几条去找她，才聊了几句，我就傻了眼，她的问题远比信中所呈现的多太多，基础薄弱得完全不像即将高考的学生。只有26天了，地理能否在这么短的时间里提升起来，确实是个可以将她毁灭也可以将她救赎的问题。

那天中午我没有回家，她的问题这么棘手时间又是这么紧迫，我丝毫不敢懈怠，赶紧着手帮她整理资料，安排下午的复习任务。

原本缓缓流淌的生活，因为小枝同学的到来，变得汹涌激昂起来，我不得不在心里默默地盘算着所剩的时日，殚精竭虑地安排着她每日的进度和辅导内容。她也是争分夺秒恶补着过去积攒的太多遗漏，每晚看书到深夜。我每晚快12点时发短信催她睡觉，却往往一个小时后才收到她回复的“好，晚安”。就这样大约一周过去了，在高三的又一次练笔后，她兴奋地告诉我我讲的解题技巧派上了用场，我帮她梳理的基础知识也考到了不少。她渐渐从最初的焦躁不安变得从容踏实，时间毕竟太仓促，我又担心她熬坏了身子，告诉她尽力就好。

前几天接到小枝爸爸的电话，说到小枝最近的转变，说了许多感谢，并要我把银行账号发给他，要给我“辛苦费”。挂掉电话后，我才开始认真思考，当初我为什么要接受小枝的请求帮她辅导。

她所在的这个班级，有着许多调皮的体育生和桀骜的艺术生，更有着不少想法不俗行为特异的“才子”，只是成绩从来不算好，但这并未妨碍我对这群孩子发自内心的欣赏：单纯，不做作，热情似火，才华横溢……虽然我只教过他们一年，同学们却是一直视我如老友：教师节、春节、生日，我都能收到他们的祝福；听闻我生了宝宝，他们几经波折找到我家送给宝宝一个小床铃；待我产假结束返校上班了，他们三三两两找到我的新办公室，趴在门口只为看我两眼与我叙几句别来情形。上一届全校青年教师五项全能比赛时，我选择在他们班开展班团活动，那时他们正值高二且临近月考，这个活动势必会占用他们不少课外时间，然而全班同学闻讯积极响应，当即立誓要帮我拿到大奖。尔后，各种策划方案纷至沓来，更有同学毛遂自荐帮我组织，几天时间便打造出一场精彩纷呈的作品，斩获班团活动比赛一等奖。就是这样一群暖意融融的孩子，叫人如何不爱？如若他们有事相求，我又岂能袖手旁观？在夷陵的这3年，我一路关注着他们的成长，一次次为有需要的同学伸出援手，打心眼儿里希望他们每一个同学都能一路顺风顺水，考上理想的大学。

在高考已迫在眉睫的此时，得知小枝同学在地理学习上面临的困境，我着实替她着急，恨不曾早些知道这样的实情而早做打算。那天我没有一丝迟疑地接受了她的“请求”，甚至来不及思虑自己是否有时间，更不曾想到事后要收取所谓的“辛苦费”，满心只想着一个问题：“我怎样才能在这么短的时间里最大限度地提高她的地理成绩？”

捷克教育家夸美纽斯说“教师是太阳底下最光辉的职业”，而现实中这句话更多的时候是老师们每个月拿到工资单时用来自嘲，加之每天高负荷的工作量，教师很容易迷失掉这个职业的真正价值所在，渐渐心生倦怠。笔者从事这一职业近10载，每每回想起来最有幸福感的时刻，不是某次发了多少奖金或者某次得到领导赞誉，而是我的学生一次次对我表现出的爱与信任。“人类灵魂的工程师”这一称誉，道尽了教师这一职业的光辉与伟大，同时也寄托着重重的责任，唯有这一职业，可以用爱与关切去撼动与塑造一个个灵魂，去成就与创造一个个未来，同时收获一群年轻生命的深深爱戴，还有什么事业是比这更动人的呢？

高考的前一天下午，我专程赶到学校给小枝上了最后一节“辅导课”。具体内容已经无关地理了，除了少有的几句关于应试的注意事项外，剩下每一句都是说着未来，可爱的姑娘脸上一扫考前的紧张与不安，满满的都是对未来的幸福憧憬。临别时，我们颇有默契地热情拥抱着对方，是告别，也是祝福，郑重又温暖。

那天我给小枝爸爸回复了一条短信：“感恩这个职业，让我遇到了这些可爱的孩子，更感谢孩子对我的信任与爱戴，使我有这样的机会去帮她们改写未来。我可以做的也比较有限，但是我会尽力，这是我的职责与心愿所在。一切付出只愿孩子前程似锦，再无其他。”

# 待生如母邓老师

王文格

记不清楚是哪一年的事儿了，正是这一记不清楚，正说明我要讲的事儿在我心中记忆犹新，如在昨日。

那是一个寒冬的夜里，女儿突发高烧，我们夫妇不得不带她就近去三医院输液。刚进输液室，在柔和的节能灯光和电视屏幕的荧光中，我看到三个模糊的身影，两前一后地坐在椅子上输液，其中两个女生穿着我校的校服，被学生戏称“番茄炒鸡蛋”的那一款，所以，虽光线昏暗，也显得特别醒目。还有一个着深色衣服的中年妇女，陪坐在前面的女学生旁边，因为忙着协助医生给女儿打针，就没仔细看，心想一定是学生的母亲。

等医生给女儿打好了针，我们转身准备坐到椅子上的时候，耳旁传来一个亲热而关切的声音：“小格格（同事们对我女儿的爱称）怎么啦？……”我回头一看，是邓艳红老师。

我们挨着邓老师原先坐的椅子坐下，聊了起来。原来，邓老师班上的这个学生病了，生活老师让她联系家长，因为太晚，邓老师就直接带她来医院治疗了。聊了一会儿，因为我坐的椅子老是咯吱咯吱地响，我们一家三口就换到邓老师们座位侧旁靠墙的位子上去了。

邓老师依然坐在前排的女生旁悉心照料着，一会儿问那女生“冷不冷”，一会儿去给那女生换暖手袋，一会儿站起来看看吊瓶里还剩多少……不知情的人，一看就以为是一位慈爱的妈妈在照看自己生病的女儿。邓老师时而转过身去问一下坐在后排的女生“感觉怎么样”，那女生只是抬头简单地回答一声“还好”，然后又将目光收回到手中的电子书上。我估摸着，这个女生也是邓老师班上的吧。

大约凌晨两点钟的时候，坐在前排的女生的药水先输完了，医生拔了针，邓老师起身说：“我先送你回学校吧。”

那女生说：“还是等一会儿，一起走吧。”

邓老师坚持说：“不早了，早点回去可以多睡一会儿，明天还要上课呢。”

在邓老师的坚持下，那女生只好同意了。邓老师转过身对后排的女生说：“晓晓（名字我忘了，但记得不是叫的“畅畅”），王叔叔在这儿，你不着急，我一会儿来接你……”，回头跟我们打了声招呼，然后搀着前排的女生出去了。

大约过了20分钟，邓老师气喘吁吁地回来了，额头上分明冒着热气，我知道邓老师最怕坐车，来回两公里的路程，她一定是跑着赶过来的。这时，坐在后排的女生也打完了针，正提着吊瓶去请护士拔针，看见邓老师恰好进来，就喊道：“妈，我针打完了……”

我纳罕地望着邓老师母女俩，原来这个女生是邓老师的女儿！倘若我早就知道这两个女生中有一个是邓老师的女儿，那我一定认为是坐在前排的那个。

邓老师跟我们辞别后，和女儿手挽手地走出医院，我送她俩出来，目送他俩离开。街面上空荡荡的，路灯把她俩的影子拉得老长，我心想，也许把这影子的长度立起来，也不及邓老师在我心中的高度吧！

# 我的教育信念如是说

万永翔

现在，人们喜欢谈论和探讨教育信念和师表文化，这是一件很有意义的事，值得肯定和发扬。那么，究竟什么是教育信念和师表文化呢？笔者认为，所谓教育信念，就是一个人或一群人从事教育工作时自己认为正确且恒久秉持不变的观念。所谓师表文化，就是有关教育单位（学校是主体）在基本师德规范的基础上形成的为人师表的优良传统以及受这种传统影响的现实师表氛围。二者共同构成教育工作者职业尊严和幸福感的根基，也构成教师的核心竞争力，进而也成为支撑整个教育大厦的基石。为人师表和师表文化大家谈论得比较多，也比较深入，笔者不再赘述。下面，笔者主要针对教育信念谈谈自己的认知。

人如果没有信念，就会没有自己的思想和主见，做事就会缺乏目标性、方向性和深入性，就算是有着某种理想，最终也会变成空中楼阁，甚至会被消解掉。同理，一个教育工作者如果没有教育信念或者教育信念不正确，其日常教育教学工作必定是漫无目的的、肤浅的。如果脑袋瓜子还比较灵光的话，用过去不无贬损的话说，充其量也就是一个“教书匠”而已，永远成不了一个“师”，更成不了一个“家”；如果脑袋瓜子不灵光的话，立足讲台恐怕都有问题了。反之，即便你脑袋瓜子不怎么灵光，只要你有着自己正确的教育信念，执着一念地做下去，相信至少成为一个真正的“师”，还是不困难的；脑袋瓜子灵光者，自不待言。可见，教育信念之于一个教育工作者，是多么重要。我说它是支撑起一个教育工作者职业尊严和幸福感的根基，是教师的核心竞争力，推而广之也是支撑起我们教育大厦的基石，其实一点都不为过。

恰如“一千个观众就有一千个哈姆莱特”一样，关于教育信念，不同的人也有不同的理解。美国教育家杜威的教育信念是：①教育即生活；②教育即生长；③教育即经验的不断改造或改组；④学校即社会；⑤从做中学。苏联著名教育家苏霍姆林斯基的教育信念是：“我要关注的是，让我所培育的每一个孩子都成长为会思考、会探索的有智慧的人，让认识过程的每一步都使心灵变得更高尚，使意志炼得更坚强。”“在我们所教育的人的身上，高尚的道德品质、丰富的精神世界和体质的健全发展应当合而为一。”我国著名教育家陶行知先生的教育信念是：“真教育是心心相印的活动，唯独从心里发出来，才能打动心灵的深处。”“千教万教，教人求真；千学万学，学做真人。”而叶圣陶先生的教育信念是：“教是为了达到不需要教。”“教师之为教，不在全盘授予，而在相机诱导，必令学生运其才智，勤其练习，领悟之源广开，纯熟之功弥深，巧为善教者也。”……这些教育大家的教育信念，不仅成就了他们作为伟大教育家的理论基石和一世英名，而且至今仍深刻影响着广大教育者。因为大凡教育信念，都蕴含着教育者对教育的本质尤其是对学生成长和发展内在要求的深刻理解，都蕴含着对教育规律的发现、提纯和运用。

作为一个热爱教育事业并为之奋斗终生的人，笔者当然也有着自己的教育信念。我的教育信念就是：把书教好，有爱心就能把学生培养成身心健康的人才。当然，我这里的“把书教好”是含有教书和育人两方面内容的。也许我的这种教育信念，在某些喜欢动辄满口这西方哲学家教育家、那行为主义建构主义的专家看来，是拿不上高大上台面的小儿科。但是我要说，我的教育信念是基于我读小学几件事情的真切痛苦感受和从事教育工作以来的长期实践和思索，虽说并不是高大上的理论，但却是符合教育规律的真切认知。

笔者读小学时因一件小事被老师误解（老师并不听我解释，而是做出了他自认为合情合理的解读），而被老师划入“坏学生”之列，以至于几年后，一个政治老师还因看到我玩耍而将我的行为深入解读为我要“做坏事”，并在全校集中放学会上点名猛批我一通，甚至给我安了一个“思想意识坏”的罪名。那种屈辱和无奈，不是一般人能承受也不是现在的孩子们所能想象的，我只能像文天祥所说的一样，“痛定思痛，痛何如哉”！当然，我并不恨那两位老师，因为20世纪70年代中期，中国农村教育现状基本上就是这个样子。

好在进入初中后，我遇到了一位邹姓恩师——他是我的班主任和语文老师，我的处境才发生了天翻地覆的变化。因为他说，一个小孩子有时就是顽皮一点而已，哪有什么思想意识坏不坏的？这样热爱学习、成绩优异的学生怎么能不担任干部呢，至少当一个学习委员嘛！后来过了一段时间，我的恩师说，这样吧，你的语文就不用在我这里背诵了，我相信你都会自觉背好的，你专门帮我检查其他同学的背诵。你们知道我那个时候内心的感受吗？我只觉得自己一下子从十八层地狱直接升入了天堂，觉得邹老师就是自己的再生父母，觉得自己不好好学习、不认真当好干部就对不起老师。后来还是这位邹老师，组织全班同学讨论我的学习成绩为什么这么好，号召全班同学向我学习；引导我作文入门，并将我的习作带到公社（大体上相当于后来的乡镇）参加评奖；借给我小说看，使我发现文学世界是那么美好。最难忘的一件事就是，有时我在家看书入迷，忘了帮父母做家务或农活，自然会被父母训斥，邹老师知道后，一次专门到我家搞家访，他劝父母在我认真读书时哪怕自己累一点，也不要打断我不要吵我，他说我这么喜欢读书，将来一定前途无量……

但自己那时还只是个懵懂无知的孩童，只觉得邹老师对自己好，要好好读书，用优异成绩回报老师，并无能力思考其他什么。后来当我踏入教育界时，我想到了自己读小学时的遭遇，想到了读初中时邹老师的关爱和呵护，于是暗下决心，要做一个像邹老师那样爱学生的好老师；我对自己说，可以偶尔对学生发脾气，但绝不可以冤枉学生，更不能侮辱学生。所以，当学生劳动课上山打柴要交到厨房时，我对学生的爱就是指导学生打柴不让自己受伤，帮助学生砍柴扛柴；当大冬天夜里学生生病时，我对学生的爱就是背着学生在星光和雪光映照的雪地里，走四五里路，将学生送到医院里；当学生学习有困难时，我会在办公室为学生耐心解答问题甚至多次忘记了吃饭；当学生放假时，我会跟着学生翻山越岭走几十里山路去家访，并和学生家长一起劳动……现在想来，从事教育工作之初的这几年乡镇经历，既是我以恩师为楷模的一种自发式学习行为，也是将懵懂的教育信念用之于实践的探索之举，为我今后的教育工作奠定了坚实的基础。

时光荏苒，命途曲折。若干年后，我已是夷陵中学的一名骨干教师。我认为促进我专业成长和发展的，就是我的教育信念。换句话说，我的教育信念逐渐明晰的过程，其实就是我专业成长和发展的过程。我能够成为一名特级教师，成为宜昌市名师工作室主持人，能够为学校发展和宜昌教育事业作出一番贡献，能够享受一个教育工作者的职业尊严和幸福，本质上就是得益于我的教育信念。

说到我的这个教育信念，还有一个故事。前些年，我带一个理科班的语文。因我敢爱敢恨，经常给学生介绍一些课本以外的方方面面的知识，探讨一些学生感兴趣的重大话题，学生都很喜欢我，亲切地称我为“翔哥”（尽管那时我早就是“翔叔”级别了）。有一次，一个思想很活跃也很有个性的男生在课间问我：“万老师，请问您的人生理想是什么？”我回答了四个字“把书教好”。他很诧异：“以您的学识和本领，完全可以做出其他的大事，您的理想居然只是‘把书教好’？”我想了一下，很郑重地告诉他说：“不错，我的理想就是‘把书教好’！因为我既然选择了教师这个职业，就要像我以前的初中语文老师邹老师，还有后来我的大学古典文学老师廖老师一样关爱呵护学生，把你们学生培养成身心健康的人才。”当然，我不会把自己小学那几年的痛苦经历告诉学生们，因为那毕竟是段灰暗的日子。过了一段时间，这个学生专门写了一篇文章，大意是说他经过认真思索，看出了我平凡中的伟大，而他自己是多么的轻狂无知。该班的另一位男生曾被我语重心长地批评过一次，他后来在一篇作文里这样写道：“记得你对我们的谆谆教导。当时的我具备年轻人特有的狂傲，对此不屑一顾。可后来我所付出的代价，却往往印证了你的推断。无知的人啊，对一位经验丰富的长辈，又有什么可执拗的呢？你不很注意自身的形象，乱糟糟的头发，土里土气的衣裳，物质分配的不公也许使你感到痛苦，但讲台上下和学生心灵的交流，却又使你感到人的尊严。黑格尔说过心灵能从矛盾对立中挣扎出来，仍然能坚持自己的性格，就更能显出人格的伟大和刚强……我敬佩你，不仅仅因为你的真切质朴，更是因为你一登上讲台，生活中的满面乌云就变成了课堂上的阳光灿烂。尊敬的老师啊，你已经跳出了物质的桎梏，将灵魂升华到了最高境界。叫我怎能不饱含热泪将你颂扬？”几年以后，一位已经参加工作的学生在教师节给我寄了一张明信片，上面有一句话令我终生不忘：“老师，来生我还做您的学生！”这些话说得我都有些脸红，但我知道这是发自学生内心的，是我用爱培养他们的结果，而且我也愿意将学生的这些话刻在心中，作为我在教育这条“光荣的荆棘路”上不断探索前行的心灵慰藉！

我曾经说过这样一段话：“‘爱学生’不是空洞的教义，而是真切的实践。当你把爱落实到用心研究教育、真心激励学生时，你就懂得了教育的真谛。”这是我对自己教育信念的深化和完善。我愿以此与各位同仁共勉，让我们真正成为习总书记要求的“有理想信念、有道德情操、有扎实知识、有仁爱之心”的好老师，为发展具有中国特色和世界水平的现代教育，培养社会主义事业建设者和接班人作出应有贡献。

# 我的支教体验

付大平

在我们的教育生涯中，会遇到许多学生，会反思自己的教育方式和效果。上个学年令我印象深刻的是一个农村学生。

2014年我主动申请去五峰一中支教，这是一个山区县城高中，农村生源学生占比大，家校距离远，学校实行月假制度。我有幸被学校安排带一个重点班和一个普通班。

接连两天，我发现班上一个男生的学习状态一反常态，上课无精打采，起来回答问题也之乎者也不知所云，而以前他都抢着回答。我知道这个叫沈承飞的学生的地理成绩很不错，这令我有点意外，想到还有两个月就要高考，真心替他着急。于是上课时我没多说，让他坐下思考。下课后我叫他到办公室。

到了办公室，我本以为他会主动和盘托出的，没想到还没等我问话，他却说："老师你还是别问我了。"一看这个情况，凭着多年的教育经验，我断定里面有事。于是我转移了话题，跟他聊到了他的兴趣爱好、性格特征、家庭情况等。教育是个充满生机的过程，是人与人心灵的相遇和对话。通过这样的方式让每一个孩子都能感受到我对他们真挚的爱，使他们都能主动打开自己的心扉，真诚地与我进行交流。很快沈承飞也动摇了，跟我说可以告诉我，但要我替他保密（后来才知道他是担心受学校处分和让家长操心）。我答应了。原来他是在玩手机QQ时被骗了4000元，我看了他的聊天记录和转账记录。一次，一个陌生人突然加他为好友，寒暄了几句，告诉他可以代理电话卡，面值100元的电话卡进价只要50元。因为家庭贫困，沈承飞决定一试，帮家里减轻点负担。开始几次合作得很好，这让沈承飞小赚了几百。有一天好友问他有没有兴趣当五峰的电话卡总代理，沈承飞没加思索就同意了，这次他一下就投了4000元，当然这里面有3000元多是找同学借的。结果这次对方收了钱就再没回音了。最近同学催还借款，沈承飞又无法向家里说，就出现了我上课时看到的状态了。

知道了内情，一方面我很庆幸自己观察仔细没放过这个细节。山区住校学生家长管得少，若我没发现，后果也许不敢想象。另一方面，我跟他讲学生不能带手机，更不能与陌生人聊天，赚钱更不是现阶段要做的事情。安抚他先安心学习，并说他也是受害者，初衷是好的，告诉学校和家长了也许能想些办法，使事情解决。他同意了我的做法，首先我带他去报了警。后来马上我又会同这个班的科任老师，每人给他捐些钱，并打电话联系家长，家长也借了些钱，把同学的账都还上了。事情解决了，沈承飞也重新步入了正轨，并顺利参加了高考。

2015年教师节时，我收到了一封来自考进大学的沈承飞的来信，信中他称我是他的恩人，把他从悬崖边拉了回来，他会永远铭记我的教诲。

“起始于辛劳，收结于平淡”。是我们教育工作者的人生写照。其实教师的工作没有任何豪言壮语，也没有惊天动地的伟绩，唯有的是默默耕耘、脚踏实地、师爱永恒。

# 倾听中的领受　领受下的倾听

## ——家访手记一则

杨　勇

人们常说“没有无缘无故的爱，也没有无缘无故的恨”。同样，也不会有无缘无故的家访。家访其实是有着强烈趋近目的的，它直接关涉学生现实的学情。因而，家访的诱因至关重要，它关乎家访的成败。

在对我班学生周芷禾进行家访的前3天的一个晚上，我清楚地记得那已经是11点半左右了，我的电话响了，电话显示是周芷禾的母亲。可奇怪的是，电话那头传来的声音并非周芷禾的母亲，而是异常喧闹的叫嚷声、吵闹声，并伴随着低沉的抽泣声。电话里的这种声音一直持续了5分多钟才挂断……第二天这学生到得很晚，我估摸了个大概，没有为难她，让她进了教室。吃早饭的时候，在早摊点我碰见了她的母亲，她的母亲欲言又止，我挥手阻止了她想说清楚的努力（时间场合都不对），宽慰她：“事情我已清楚了，我来着手解决。”吃面条的时候，摊点老板故作神秘地透露：“你们学校的学生好狠哟，敢跟爹妈干架。”说实话，那碗面条让我全然没了胃口，虽然当时我已是饥肠辘辘。那一天，我没有找她，说实话，我没有十足的把握能解决她们母女一直以来备感纠结的问题，所以，我选择隐忍，选择等待。

幸运之神的降临往往就在不经意间。我感谢自主招生提供给了我解决问题的背景。就在第3天，我突然接到了她母亲的电话，有些气急败坏。她说，周芷禾把她千辛万苦争取来的自主招生资格放弃了，而且还跟自主招生负责人信誓旦旦地保证：她已经经过了深思熟虑，永不后悔！可怜天下父母心！……宽慰之余，我向她母亲详细描绘了我的家访计划，并得到了她的首肯。

……

再正常不过的晚自习放学。我把她叫到身边，告诉她：家长今天有事，不能来接她。同时我也告诉她，我和她有一段相同的路要走，可以一起回家。她有些讶异，但还是爽快地答应了。

她一直很勤奋，虽然成绩一直保持优胜。出教室的时候已经有些晚了，朔风野大，虽然依然眷恋着枝头，但枯黄的叶子还是不以其意志为转移地飘然而下，伴随着昏黄的路灯，做一生中的谢幕演出。有些伤感，有些凄美，我将脖子缩进肥厚的衣领，想着即将开始的谈话，心中仍有几分忐忑。

“今天家长没来接，没什么不习惯吧？”我不经意地问她。“没有，其实天天来接很辛苦的。我也没这样要求过。”周芷禾有些触动。“他们轮流来接还好一点。”我依然轻描淡写地提及。“老师你也太不了解我们家的情况了吧！”她有些急了，“我爸在深圳，这边都是我妈照顾我。”说到最后，她有些哽咽。“哦，原来是这样！”我顿作恍然大悟状，“那你们母女关系一定很铁啰？”我刻意在“很铁”两个字上加重声调，试探地问。

沉默……，脚下的那段路因而突然显得漫长起来。“我知道那晚我妈给你拨了电话，但当时的情形我们谁都控制不了自己。”迎着路灯光，她的眼睛有些闪亮，“事后我们其实都很受伤。”她唏嘘不已。

我的情绪也受到了她的影响，我突然觉得这样一直听她说下去也很不错。有时候，倾听可以超越一切技巧。“有时候，我觉得我妈妈真的很不容易，我小时候她生过一场大病，差点就丢下我了……”她沉浸在了往事的回忆中。一刹那间，我想起了我照顾在病榻上呻吟的父亲的情形，想起了他无助的眼神……个中滋味，我能领会，我懂！

“这些想法，告诉你妈妈了吗？”我忍不住轻轻问她，“那倒没有，我觉得，说这些太矫情。我觉着吧，不说她也应该懂！”有思想的孩子，可轻狂的岁月让你连正常不过的亲情的表达都要吝啬，都觉着奢侈。我认同你的初衷，却要提醒你维系的方式。

“不一定要说出口，就用你们母女所认同的方式吧。比如说自主招生资格的保留与否，至少要亲口告诉她你为什么这样选择。”我正色地告诉她，“这个你也知道了，其实我的想法是……”她有些不好意思。“你的任何想法我都尊重，”我果断地打断了她，“前提是你必须坐下来心平气和地同你妈妈沟通交流。”“好吧，我听你的。”这次，她没有再争辩的意思……

抬望眼，目的地已到，家中如豆的灯火温暖在目。而家访的目的已达，——它就熔铸在这一段路途。

我们相互挥手作别，明天都要早起。

# 我们为什么不能犬儒

邹少峰

2018 年 9 月的某个中午，我收到了班上万同学的爸爸从五峰发来的短信。在短信中他表达了自己的忧虑：一向开朗的孩子在中秋节回家后变得不喜欢说话了。

虽然开学时间不长，我对这个孩子的印象还是比较深刻的。进班的成绩是第五名，但是科任老师反映他上课的表现不是很好，并且有多次不交作业的记录。截至那天，我已经私下里批评过他两次了。

本来以为自己还是很敬业的，但是看完短信之后却有些惭愧。不得不承认，我平时还是太过于急功近利而忽视了学生们内心的想法。班上的孩子在老师的眼中都是那么的普通，有些甚至还是令老师感到头疼的 trouble maker，但是在家长心中自己的孩子就是独一无二的，永远都是最优秀的。下午自习课的时间，我又找他谈了一次。不同的是这次没有训斥，完全像朋友似的聊天。可能还是对我心存防备，刚开始我可以明显感觉到他在敷衍我。我甚至觉得，如果不是因为老师的身份，他可能就要对我表现出不耐烦了。但是我没有介意，而是给他讲了一些我自己上高中时的经历、困惑等。随着交谈的深入，这个平时看到老师总是充满笑容的孩子也逐渐向我坦诚地讲述了开学以来遇到的困难：离家远不习惯，课程多听不懂等。与此同时他还向我透露了自己的理想——华中科技大学。他告诉我，这个理想除了我，连他爸妈他都没说。我感觉到这个孩子冰封的心开始解冻，而我的内心也有一些温暖的东西在流淌。

很多天前的一个晚上，下班和同事走在路上时我谈到了作为老师我们真的不能犬儒，直到那天我才有切身的体会。九月初家长把孩子送来时都对我们充满了信任和期待。每一个学生的背后都承载着两个、四个甚至是更多家人的希望和期盼。尽管现在解构主义盛行的时代，老师的尊严一再遭到践踏；尽管在成功学大行其道的今天，我们看起来依然那么的默默无闻，但是我们不能自我贬低，随波逐流，任犬儒主义的思想蔓延。我始终认为，我们是社会的中坚。唯有克勤自勉，兢兢业业，才能不辜负学生也不辜负自己。如此，才能智者蜂起，百家争鸣，让思想的光芒肆意照射；如此，才能勇者辈出，齐头并进，让实践的理性改变现实。

台湾作家张晓风在一篇文章中写到：世界啊，今天早晨，我，一个母亲，向你交出她可爱的小男孩，而你们将还我一个怎样的人呢？这句话实际上也道出了每个家长的心声。作为老师，我们应当三省吾身：3 年后我们准备还给家长还给社会一个什么样的孩子呢？

# 我的家访手记

周　晶

作为教育者，我们往往忽略了家庭这个强大的教育环境，对于学生的了解一般停留于在校表现和学业成绩上，十分片面，一旦出现问题无法从根本上解决。因此家校沟通就显得十分重要了。刚好自己所教班级的一名学生连续出现了多次考试成绩下滑的情况，我心里盘算着找个机会找他父母沟通一下。经历了几天的阴霾天气，难得周末放晴了，趁着大好春日，我决定到距离自己家不远的学生家里去看一看。

王同学是走读生，发展很全面，能力很突出，班集体各项活动都少不了他的参与，平时一向开朗热情的他最近变得心事重重，课堂自习也无精打采的，我开始还以为是生病了，后来在他交上来的笔记中才发现了原因。因为人际关系、学习压力等问题困扰住了这个阳光男孩。

得知我来家访的消息，王同学的妈妈特别高兴，早早地在楼下迎接我们。踏上楼梯的过程中，他妈妈就和我们拉起了家常，为了照顾老人和孩子，他们想办法买了门对门的房子，尽可能地创造条件供孩子发展特长爱好。一进门，就被这个家庭浓浓的温馨氛围打动了，头发花白的奶奶在厨房忙碌着，家里布置得简洁又不失艺术气息。

王同学见自己的老师来访，稍显几分羞涩，倒是他妈妈快人快语，热情地介绍着孩子的表现。从生活的各个方面都谈得很细，真是一位慈母型的家长，每天晚上都在小区门口等着放学的孩子，风雨无阻。我发现一个细节，当母亲谈到开车送饭或等他回家的时候，王同学显得特别幸福，总是颔首微笑。看来，他也对母亲的付出深有感触。我先肯定了他的在校表现，表扬了他在部分学科上的进步。在父母和其他老师面前好好表扬他，这是这个可爱的学生在笔记里告诉班主任的小心愿。我想这个要求并不过分，只是客观实际地把他在校的良好成绩反馈给家长，让家长也为孩子的成长高兴一下，同时还可以鼓励学生再接再厉，何乐而不为呢?

我也帮助王同学分析了学习现状，要重点攻克弱势学科，要把对待活动的激情放到学习上来，更加专注地上好自习课，他一定会更优秀。作为班主任，我也比较担忧这个学生因为心性率真，不会处理人际关系，委婉地指出要懂得和其他同学分享自己的兴趣爱好，相互学习合作，用无言的贡献和无声的帮助去获得更多同学的认可。

不知不觉，时间已经到了正午，我也该起身告辞了。家长非常热情，一再挽留我一起吃午饭，我谢绝了。一次短暂的家访，能够唤醒学生潜藏已久的自信从而全面进步，能够让家长满意，我觉得，牺牲一点业余休息时间，又算得了什么呢?这次家访，我不知道是否真的完全解开了这个学生的心结，但是听到他说，只有考试考好了，我才对得起我妈妈。这是在心疼每晚在路边守候的妈妈，也是家校沟通的成果。老师全面反馈学生学情，家长真实了解孩子在校表现，学生获得了老师和家长的双方信任与鼓励，情感得到了振奋与激荡。

回家的路上，艳阳高照，不免让人觉得有些疲惫，但是身受着被访家庭学生和家长的真心感激，我也备感欣慰。的确，春风化雨，潜心育人，桃李芬芳，这就是我们普通教师的最大心愿。

# 一个特别的生日

周　晶

2018年10月的一天，我发现放在口袋里的手机，异于寻常地震动个不停，无奈赶着去上课，不敢心有旁骛，只好匆匆关机。上完课回到办公室，顾不上喝口水润下喉咙，打开手机，才发现一向冷清的学生班级微信群异常热闹起来，还有多条@我的消息。大致内容是“红包不要抢，我发给周老师的”、“误抢红包者，双倍发出”、“周老师，生日快乐”。满屏的祝福语间杂着误抢红包的道歉文字，我瞬间有种说不出的感动。自过了25岁这道坎，之后的每个生日早已失去了当寿星的欣喜，即便有家人刻意准备的饭菜和朋友真诚的问候，也让我对过生日提不起多大热情。除了提醒我又老了一岁，让我对镜自怜感叹眼角又多了一些皱纹，腰围和臂膀仿佛又粗壮了一点点之外，就没有什么特别的意义了。

可是这一天，我却实实在在被打动了，这种被人挂念的激动甚于往常任何一个重要细节带给人的惊喜。因为他们，是我曾经的学生，早已毕业4年之久。有几个学生其实在高一下学期就已出国留学，平时几乎没有什么联系，而今天，却意外地在微信上发来祝福，的确让我，感觉很温暖。我看到一个平时不善言辞的小姑娘在微信里说道：“周老师，离开你和母校已经4年了，每一届你都会拥有不同的学生，陪他们走过一生中最奋斗的岁月。可于我而言，这最‘奋斗’的时光中的你，却是唯一一个，我只有一个陪我走完高中的班主任啊，我是开心的，也是幸福的。记得高中有次讲作文时，你给我们讲沈从文的《湿湿的想念》，现在，远方的你已经成为了我湿湿的想念。想念高中，痛并快乐，却总有你相伴的岁月，希望你幸福快乐一辈子。”看到微信上一个个熟悉的名字，我仿佛又看到了他们那一张张青涩而真诚的笑脸。被幸福包围的我，饱含热泪给他们一个个回复，感谢学生们的牵挂并嘱咐他们好好学习，快乐生活，早日收获自己的幸福。

这一天，原本一个普通的生日，却因为学生们的一个个朴素而滚烫的文字祝福显得格外珍贵，让我难以忘怀。让我对这个原本有些排斥的日期，竟有了一丝丝期待。

带完那届学生，我就没有当班主任了。我曾暗自欣喜不当班主任，不必每天早出晚归，查早读自习和晚寝，不必手机 24 小时开机随叫随到，不必为大考小考分析班级成绩疏导心理排解压力，等等等等。不当班主任，真的是说不完的轻松。可是，细细想一想，思想的确轻松了不少，只是对比想起过去已经毕业和现在正在教的学生，有时候，心里仿佛空落落的。

少了点什么呢？我一下说不出来。我还是像以前那样认真备课，尽心辅导，不敢忽视教学中的任何一个环节，所带班级的成绩在各方面也有进步，我应该感到满足和快乐啊。但事实上我觉得我内心里一点也不高兴，总是觉得现在所带的学生与我之间有段很深的距离，对老师总是尊重中带有一点敬畏，客气中又有一丝冷漠。通过这次生日祝福事件，我终于知道问题所在了。那一届学生我整整带了 3 年，完全把他们当作了自己的孩子一样去呵护，以至于后来学生都称呼我为“亲妈”。学生们对我的情感回报才让我感到作为一名教师的价值和意义所在。而现在工作当中，我仅仅是完成了任课教师在课堂知识传授过程当中应尽的责任，在学业上对我的学生进行帮助和指导，而在其他方面，我的投入实在太少。难怪我曾疑惑甚至抱怨现在的学生一届比一届情商低，智商更低。其实是我对现在的学生付出的精力太少啊，也许我根本就没有真正地走进他们的内心，因而也就无法产生彼此的共鸣了。感受不到学生的亲近和信赖，自然在我的心中，总是有一大块地方会空荡荡的了。

曾经看了一点点陶行知的文章，对他的《我之学校观》里的一句话，感触特别深。他说：“我要有一句话奉劝给办学同志，这句话就是‘待学生如亲子弟’。”教师只有诚心诚意地爱护自己的学生，才能诲人不倦，教好学生，成为学生心目中爱戴的老师。陶行知奉行的是“爱满天下”的宗旨，他说：“我们奋斗的工具是爱心而不是武力。”在他看来，爱是一种力量，高尚纯洁的师生关系，更容易引起学生心灵的共鸣。在我看来，爱在哪里，你的幸福就在哪里。爱自己的孩子是本能，爱别人的孩子是神圣。作为一名教师，对学生传授的知识总是有限的，唯一可以取之不尽用之不竭的，那便是爱。我愿意用自己一生的时间，用关爱去诠释一名优秀教师的价值和意义。

# 教育需要包容和等待

许晓佳

2017年元月3日晚6点10分，学生过完元旦假期如期返校，可我班有一名学生小许却杳无音信。等到6点30分仍不见踪影，我便开始联系其父，可父亲却说他离开家了。这可把我难住了，我随即联系生活老师看他是否在寝室，可生活老师回复未看到，随即我也回复他父亲这一结果，希望他父亲能快速去把他找到。可他父亲闻讯后非常淡定，说这次他也不想找了，之前发生过类似的事情两三次，每次都是他父亲从网吧把他找回来再批评教育，这次也算是把他父亲伤透了脑筋。但他父亲也很了解自己孩子，说这次之所以不再找，是因为他身上也没多少钱，过一两天，他身无分文了，自然会联系家长并回家，也好给他教训。而且他父亲很通情达理，向我保证，若出了问题，后果自负，一概不找学校麻烦。我也嘱咐他父亲，若有任何情况，随时保持家校联系。这下我也松了口气。

每天我都与他父亲保持联系，到了第3天，得知他与家长有了联系，也对前几天的情况有了知晓。他迷恋上了电竞，想把这当作事业来做，还是很有“理想”和个性的，但他太固执偏激，一意孤行，丝毫不听劝告。其间我也及时将该生情况逐级反映给年级组、学工处和分管校长。分管校长由于对该生的情况很了解，即高一时他也犯过类似错误，现在是旧病复发，所以分管校长态度鲜明，毫不姑息，劝其退学或转学。我随即也反馈给家长了，家长还是很不愿意，再三恳求给他最后一次机会调整并表示履行相关请假手续。中途我也利用中午休息时间去他租住的房子找他，好与他当面沟通。可第一次去时，房门半掩，但人不在家，我只好给他留了张纸条，表示劝诫，随后我到周围网吧试着寻找，也未找到。时间关系，只能下次再来。第二次去时，是他父亲从枝江赶到宜昌来办手续并接他回去，当晚 6 点，我约好再去他那儿，此次才见到他。他无一丝愧疚，很坦然淡定，他父亲让我与他单独交流了一会，可他无丝毫回心转意，还跟我讲他是如何把电竞当事业在做，每天是如何训练的。我因势利导，告诉他，他的精神令我感动，但不合时宜，可他不以为然，我也感到黔驴技穷似的。他父亲和我办好请假手续，便把他带回去了。

虽然他离开学校了，我没有责任了，但他的问题在班上难免有影响和议论，为了给全班同学有个交代并做好教育引导，首先我向同学们通报了这一事情经过，然后我发动班长在班上宣传动员同学们伸出援助之手帮助小许悬崖勒马，并由生活委员购买统一的明信片。倡议一发出，同学们便纷纷行动起来，有推心置腹的肺腑之言，有诙谐幽默的调侃之语，甚至还有一同学赠书给他。当班长把这些上交给我寄出时，让我充分感受到全班同学满满的暖意，这也正是我的初衷所在，也是对全班同学的最好交代和教育。同时，我也发动科任老师出谋划策，表示关心。虽然科任老师不能亲力亲为，但是我班英语老师利用辅导时间让部分学生讨论该生的问题，同学们畅所欲言，各抒己见，愈辩愈明，让老师也感到孩子们还是很有主见和是非观的。还有一些家长利用家长群表示关心和沟通。我看了这些留言感到处处都是班级的温暖。

寒假很快就结束了，新学期即将来临，小许会不会来，我的心里也没底，但内心还是希望他能来。我主动联系了他父亲，他父亲也是没底，但还是劝其返校了，并表示积极配合学校的管理，若有异常，随时向他说明。毕竟小许离校时间过长，影响不好，我也再次给他警示，返校前我要他写好保证书，一式三份。没想到，他很配合，也很认真，不仅写得很全面很深刻，而且三份都是手写的。开学后，我也在观察和了解，的确发现他在努力改变，日常行为和作业完成都不用老师过问，并且自己主动要求坐在讲桌旁边听讲，有时也听到科任老师表扬和肯定他的转变。另外，他也很关心班级管理，开学第二周在给我的交流本上，他提出小组座位模式的建议，给我启发，我也积极采纳并予以表扬。他还提出了包干区值日时迟到的原因和现状，提醒我关注，并令这个问题及时得到了解决。

看到这些可喜的变化，我不禁在想，老师对学生的影响真是深远啊，老师教育学生的责任也真是重大啊，若是我不理解家长，不包容他，他也许就失去了重返校园的机会；若是我不动用各方力量唤醒他，若干年后，等他醒悟来，一切都一去不复返了。正是因为我没有放弃，所以我用强大的内心告诉自己要理解和包容各种问题学生。他们的问题是阶段性的，是暂时的，关键是我们作为教育工作者要想方设法帮助他们觉醒和转变。正如医生用医术治病救人、妙手回春一样，想必病人痊愈后会感激不尽，医生才会体现自我价值和社会价值。我们教师尤其是班主任不也是只有这样才能实现教育理想吗？